Variations on a
Theme Park:

The New American City
and the End of
Public Space

失根城市

當代都市的斷裂、擬仿，
與公共空間的消失

編著

邁克爾·索金

Michael Sorkin, Editor

譯——賴彥如

〈導讀〉

偽造城市的誕生與衰亡

侯志仁

（美國華盛頓西雅圖大學地景建築系教授）

建築與都市設計學者邁克爾・索金（Michael Sorkin），曾任紐約市立學院
(City College of New York) 都市設計教授，並授課於古柏聯盟、哥倫比亞大學與耶魯
大學等名校，也曾是村聲週報 (Village Voice) 專欄作家，筆鋒犀利且時而戲謔，
但待人卻十分和藹友善。除了學術上活躍的成就之外，他的事務所也推出過諸
多前衛、實驗性的提案。索金教授不幸在 COVID-19 疫情期間染疫過世，享年
七十二歲。在他眾多的著作當中，對都市設計領域最具影響力的就是本書：
《失根城市》（原名：Variations on a Theme Park: The New American City and the End of Public
Space）。

《失根城市》出版於一九九二年，當時的北美洲城市正經歷一波新的轉
變。郊區化挑戰了傳統的城市脈絡與運作，人口與商機的轉移，形為所謂的
「邊緣城市」[1]；同時，頹敗的市中心同時也面臨新的開發，房地產的炒作帶
動了舊城區的縉紳化；此外，資訊與網絡科技，開始模糊了時間、空間與公私
領域的界線；無論是市中心或是郊區，消費空間漸漸取代習以為常的公共空
間，城市變得購物中心化，而這些新的都市區塊，包括所謂的「邊緣城市」，
只有城市的面貌，而沒有舊有城市的內在與紋理。

---

[1]　Garreau, J. (1992). *Edge City: Life on the New Frontier*. New York: Anchor Books.

　　索金在本書中認 二十世紀末的北美城市有三種特性：「地理感的消失」、「對維安的痴迷」，以及「擬像化的城市」。在新一波的城市轉變中，由於所有空間都可以被複製，原本穩定的地理連結一一被瓦解；各種透過空間與科技的監視與維安措施，反映出北美文化對城市的深層恐懼以及對他者的歧視；最後，一個複雜且充滿不確定性的真實世界，被偽裝、虛擬、仿造與被控制的環境所取代。他認為這一個失去地理感、粉飾太平與擬像化的城市，與一個被刻意創造出來主題樂園沒有兩樣，這也就是本書英文書名的由來。

從購物中心到「去城市化的城市」

　　《失根城市》是由八篇專章所組成，除了索金之外，另外七位作者多數也都是北美洲最具影響力的都市與建築學者。

　　首章的作者瑪格麗特・克勞福德（Margaret Crawford）目前是加州大學柏克萊分校建築系教授，她從當年北美洲最大的市內購物中心「西艾德蒙頓商場」(West Edmonton Mall) 切入，點出當代這些看似單純平凡的購物中心，其實是資本家精心打造出來的吸金不敗神器，從客群的分析到店家的組成，公式化與精算的商業操作，主宰了顧客的消費模式，也影響了城市不同區位的發展與消長。購物中心以一個舒適、乾淨但去脈絡化、時間到了就會關閉的殼子，取代了傳統的店家、產業與社會關係，這些大型、封閉的購物中心，也替換了原本開放的都市環境。

　　新科技改變了當代經濟，也催化了城市的轉變，美國科技重鎮加州「矽谷」就是一例。在政治學者蘭登・溫納（Langdon Winner）的筆下，真實的矽谷其實是個充滿矛盾與對比的地方：科技研究與自由創業成功的背後，有著大量政府資源包括軍方訂單的支撐；這裡有最先進的產業，也有長久以來的貧富差距，服務業與工廠裡的勞動階級，必須面對著高生活費用與隨時被裁員的危機；無論是白領或藍領階級，科技化的工作環境並沒有變得更民主，反而更容

易被資方所控制；此外，乾淨無塵的高科技廠房外頭，卻是嚴重的環境汙染，許多美國高汙染的土地因為需要大量資金長期投入來清理，被聯邦政府指定「超級基金」(Superfund) 地點，矽谷所在地聖塔克拉拉郡的「超級基金」地點數量，就屬全美最高。

美國在高科技發展的同時，傳統產業紛紛外移，留下都市裡大量閒置的土地與高失業率。在都市經濟轉向以金融業、服務業、娛樂等產業為主流時，房地產的投資與開發以及新的人口，帶來了新一波的轉變。在紐約，這個轉變成了階級衝突的引爆點。研究都市縉紳化的地理學者尼爾‧史密斯（Neil Smith），以紐約下東城「湯普金斯廣場公園」(Tomkins Square Park) 一場警方與民眾的衝突為例，點出這個轉變過程中，都市空間的意義與價值重新被建構：勞動階級的社區，被投資客形塑為有待拓荒的「邊疆」。同時，房地產開發造成無家者數量劇增，公園成為無家者臨時的庇護所，隨著警方的驅趕，公園成了各方爭奪的場域，在執法的過程中，市政府成了城市縉紳化的幫兇。

在城市街區被購物中心所取代之際，熟悉的都市空間結構，也被後現代片斷式的符號與外表的復古形式所替代，這個轉變也包括了原有都市結構的解體與去脈絡化。地理學者愛德華‧索雅（Edward Soja）以南加州的橘郡 (Orange County) 為例，分析這一個具有城市的規模、人口與經濟，卻沒有城市之實的虛幻地景。在橘郡以及美國多數的城郊區，所謂的「城市」是分散在公路網絡上一棟棟孤立的建築物，沒有中心、沒有天際線，也沒有邊界，「任何事情都有可能，但沒有一件是真實的」。在這裡，「主題樂園」並非只是人們假日會去的場所，而是如影相隨、無所不在、無孔不入。他稱這個現象為 Exopolis，也就是一個「去城市化的城市」。

從「假城市」再回到迪士尼樂園

不只是在新發展的郊區，這個「去城市化的城市」現象，也伴隨著新的空

間形式，轉變原有的市中心區。加拿大的建築學者特雷弗・波迪（Trevor Boddy）把矛頭對準了如雨後春筍般，在許多北美寒帶城市所出現的行人天橋與地下通道。這些連接著市中心商業大樓的行人天橋與捷運站的通道，雖然為人們帶來便利，但其取代街道的做法，卻削弱了城市街道的活力；同時，由於維安的措施，這些空間帶來連結的同時，卻也對城市進行了切割，阻隔了不同階級、種族與文化背景民眾相處的可能，形成「空間的種族隔離」（spatial apartheid）。波迪認為這種空間的隔離與多層化，造成了「市中心的郊區化」（suburbanization of downtown），原本真實的城市，變成只有城市模樣但沒有城市之實的「假城市」（the analogue city）。

　　這種隔離不單只有垂直的面向，在新一波的城市轉變中，各種空間的阻絕甚與監控，使得不同族群的隔離變得更全面化。都市學者與名作家邁克・戴維斯（Mike Davis）就以洛杉磯當時新興的金融中心「邦克山」（Bunker Hill）為例，分析這一個「軍事化」、「碉堡化」的城市開發與治理策略。對比於相隔僅幾條街破舊的市中心街區，邦克山像是一座被層層守衛的孤島（Bunker 的中譯很巧就是碉堡）：白領上班族可以直接將汽車開入室內停車場，搭電梯上班，一般人卻不得其門而入；商業大樓有著碩大的廣場，但除了午餐時間有上班族會聚集之外，其他時間卻如空城一般。「邦克山」有著城市的天際線，但它的底部實際上是個監視器無所不在、軍事化、獨立於城市之外的碉堡。

　　在這一波的城市轉變中，即使歷史保存也難逃商業與去脈絡化的命運。規畫史學者 M・克莉斯汀・博耶（M. Christine Boyer）以紐約的「南街海港」（South Street Seaport）為例，說明舊城區如何被開發商挪用為商業空間，將懷舊轉變成商品，包裝著一般購物中心裡就有的連鎖店家。在這裡，歷史空間成為一座既實體又虛幻的布景，原有的街道與公共空間，被挪用作為消費場所，城市歷史被簡化為建築的風格與形體。其他的元素，包括產業與住民，也都可以被替代。這樣的開發模式，在不同的城市不斷被複製，也同時將這些城市空間簡化為只為消費者服務的觀光景點。

　　來到本書的最後一章，索金帶著讀者回到這些北美洲「新好城市」的原型：迪士尼樂園，在一個主題遊樂園裡，真實、混雜的城市，被仿真的美好世界所取代。但他也指出，這一類的城市仿造化，其實更早之前就有，包括早年的遊樂場、世博會，以及十九世紀的「花園城市」(Garden City) 都市規畫理論，都意圖營造一個虛擬的環境。以標榜結合田園之美與都市便利的花園城市為例，這個花「園」就是近代北美城市主題遊樂「園」化的原型，透過田園的景象與空間的隔離，它試圖營造一種有城市便利、但沒有城市問題的城市，換言之：一個假象的城市。

從北美到東亞：全球化的主題樂園城市

　　在《失根城市》於一九九二年出版時，書中的許多作者即預言，當年這些北美城市的現象，很有可能隨著資本的流動與商業模式的擴散，在其他地方被複製。多年後，這個預言不但被實現，還被發揚光大、變本加厲，失真的城市如今成為另一種真實與日常。從東西德統一後的柏林到改革開放後的上海，以及後泡沫經濟的東京等地，新的開發案像是旅美德裔建築師 Helmut Jahn 在柏林所設計的「索尼中心」(Sony Center，現稱 The Center Potsdamer Platz）, 或是美國建築事務所 KPF 在東京所設計的「六本木山丘」(Roppongi Hills)，都採取了封閉式、內向，與周邊街區脫離關係的空間佈局，意圖營造一個可以完全受控的環境；在上海與中國其他城市，結合局部歷史建築保存的「新天地」開發模式，不只挪用了北美洲的樣本，本身也一再被複製。

　　除了空間的佈局外，私有化的運作與治理邏輯也不斷重現。在東京，公私協力 (Public-Private Partnership 或簡稱 PPP) 的模式，已成為許多公共建設或換取公共

環境改善的途徑 [2]。以東京涉谷最新的幾座公園為例，在地產與建設公司的主導下，被置入的商業設施模糊了公園的公共屬性，公園的使用者被當成是購物中心的客群。一個最顯著的案例就是夾在明治通與 JR 鐵路之間的「宮下公園」，在所謂「購物公園」的開發模式下，新結構體包含了一座四層樓的購物中心，以及一棟十八層樓的旅館，還有一條集結日本各地料理的美食街，而位於四層樓高的公園本身也成了商品的展示空間。宮下公園的改造案幾乎集結了本書中所探討的各種主題城市現象，包括城市的購物中心化、沒有城市的城市、碉堡化的空間，以及切割不同社會族群的「假城市」（宮下公園原本集結的無家者在改建過程被迫遷）。

在台灣，我們也可見到許多類似的案例，像是透過 BOT (Build-Operate-Transfer) 模式（也是公私協力的一種）所興建的台北三創生活園區，其主體理應是停車場，但附屬的資訊園區，卻被開發廠商營造成了新的商場與商業大樓，成為實質上的主體；台北東區的大巨蛋也採用了相同的模式，室內棒球場被商場與商辦大樓所包夾住，「附屬事業」的重要性超越了開發案的主體，在原本的規畫裡，觀賽的人潮竟然必須經由商場來疏散。在美其名為公私協力、實為新自由主義私有化的套路下，城市被商場化、購物中心化、私有化。這些一連串爭議性的案例也提醒我們，難道除了 BOT 之外，公共建設沒有其他的模式了嗎？

批判、期許與抵抗

從三十多年前本書的出版，到今日主題園城市的全球化，我們可以看到幾個共同的現象。首先，幾乎所有的空間與城市元素都可以被複製、挪用、剪貼、連結與消費，透過空間的再造與經驗的模擬，我們可以在任何地方，一秒

---

[2] 侯志仁 (2023)，〈燈光美、氣氛佳：私有化中的東京開放空間〉，《Daodi 道地》12 月 20 日，
　　https://daodi.com.tw/zh-TW/special_columns/49

到東京、紐約等地，下一秒再轉到其他地方，真的如同轉換電視頻道一般；在被設計、控制的環境中，社會的差距、衝突、對立與矛盾被隱蓋或阻絕；不同的空間使用族群，如同被購物中心鎖定的客群一樣被區隔，而逐漸單一化、階級化與絕緣化；而操控這一切的是流動的、尋求最高獲利的資本。公共權益就像被私有化的公共空間一樣，變成隨時可被取代的物件，獲利才是永恆。

當然，歷經了三十多年，這本書的論述也有若干不合時宜之處。例如，我們現今對「公眾」的定義，不再是單一、同質的群體，而是會肯定多元的價值、利益與認同，將它（們）作為複數來看待；所謂「真實性」的論述也需要被挑戰，經歷時間與社會的演變，真實性是否還存在？是屬於誰的真實性？而城市主題化的背後，還有權力結構與文化挪用 (cultural appropriate) 等課題需要被檢視，是誰的文化被挪用來獲利？此外，所謂的公共空間，不再只是政府機構或民間企業的版圖，民眾也有創造公共空間或挑戰其私有化的能動力。我多年前所編寫的《反叛的公共空間》 (Insurgent Public Space) [3] 一書，意即在挑戰「公共空間的終局」這個論述。

從古至今，即使在極權、封建的社會中，我們仍可見到民眾用創意與巧思，來挪用、抵抗，甚至自力創造出體制外的「公共空間」，我把這些行動稱之為「游擊城市主義」(Guerrilla Urbanism)。北車大廳就是最具體的案例，移工與群眾將被商業化、主題化（標榜異國美食）的車站，反挪用當成聚會甚至抗爭的空間。然而，游擊城市主義也有它的侷限，面對結構性的困境以及無止境的主題園城市，公民與公民團體該如何應對？如本書作者之一的愛德華‧索雅所言，若能捕捉到日常生活空間中的權力運作，我們就可以拆解這個謊言般的主題園城市。

---

[3] Hou, Jeffrey, ed. (2010) *Insurgent Public Space: Guerrilla Urbanism and the Remaking of Contemporary Cities.* London and New York: Routledge. （中譯本：侯志仁，2013，《城市造反：全球非典型都市規劃術》，新北市：左岸文化）

　　沒錯，破解這個虛幻城市的魔咒，第一步就是得先從認識它的深層結構與運作開始，而本書提供的就是檢視這個體系的方法與視野。書中各章所呈現的不只是個別城市案例的敘事而已，更重要的還有他們背後的資本與治理邏輯、歷史與文化背景、個案與城市之間的連結與影響，以及他們如何被論述、包裝。在理解這些過程與結構後，我們才能知道如何下手，進行批判、抵抗與反制，來挑戰這些「偽造城市」的運作與存在，建構一個真正民主、開放的城市與社會，這也是我對《失根城市》這本書的正體中譯本，在原書出版三十多年後再現的期許。

目　錄

Underground and Overhead: Building the Analogous City
飛天遁地：打造假城市

Fortress Los Angeles: The Militarization of Urban Space
洛杉磯要塞：都市空間的軍事化

Introduction: Variations on a Theme Park
緒論：失根城市

邁克爾·索金 Michael Sorkin

主題樂園就是這麼一回事，這裡什麼都有，卻又脫離地理脈絡，充滿控制和監視，放眼望去全是贗品。這座主題樂園試圖用它精心營造的歡樂幻象，來取代民主的公共領域，在這過程中它把讓都市焦頭爛額的眼中釘拔除，以致這裡沒有窮人、沒有犯罪、沒有骯髒、沒有勞動。

如同一個有精準預知能力的「宇宙巨人」（Master of the Universe）[1]，華特·瑞斯頓（Walter Wriston）近來宣稱：「八○○免付費電話和一張塑膠片，已經讓時間和空間變得無足輕重。」瑞斯頓的確應該知道，身為花旗集團（Citicorp）前總裁，他是電子時代不折不扣的奧斯曼男爵（Baron Haussmann）[2]，把全球經濟操縱於股掌之間，犁出一條條金融大道。

上面的比喻可不是隨口說說，瑞斯頓的說法觸及了都市型態（urbanity）的基本問題：電腦、信用卡、電話、傳真和其他即時性的人為連結工具，正快速掏空原本歷史悠久、有如水泥將城市黏著住的地緣政治。的確，近年來正興起一種全新的城市——一個不再與場所（place）緊密相連的城市。

這類脫離地理意義的城市，在美國尤其常見。你會看到一團團的摩天大樓從州際公路旁被鐵絲網包圍的田地裡長出來；看到靠全國連鎖百貨公司撐腰的大型購物商場，周邊停滿一堆汽車；看到從東岸到西岸如出一轍、門禁森嚴的天井式旅館；看到「有歷史意義」卻長得差不多的縉紳化街區跟市集；看到無數散落各地、四處蔓延、沒有城市核心的新郊區；看到從紐澤西州的錫考克斯鎮（Secaucus）到加州的西米谷市（Simi Valley）上億個屋頂天線，同步瞄準同樣的衛星光點，接收遠方傳來脫口秀主持人阿塞尼奧或電視影集《天龍特攻隊》（A-Team）的節目訊號。

事實上，這座城市的結構本身就很像一台電視。電視的重頭戲就是卡接（cut），也就是播出片段之間如何銜接，才能讓肥皂劇跳到紀實電視劇再跳到廣告口號，都能接得天衣無縫。電視節目的「意圖」就是要除去這些片段之間的差異，讓傳播網裡所有元素扁平化，如此一來，電視節目每天所製造出的無限排列組合才有「意義」可言。就像電視一樣，這座新城市也抹殺了個體間的特殊性，偏好連續均質的都市空間，一種無限延伸的概念結構。這個抹除的過程備受關注，在一九五○和一九六○年代，開始有人對「都市蔓延」（urban sprawl）和「巨型都市」（megalopolis）現象提出警告，也就是美國東北部沿海地區，都會區不斷向外擴張，城市形成區域。近來，所謂「郊區城市」（suburban cities）在現有都市外圍的大量出現也獲得關注。從維吉尼亞州的費爾法克斯郡（Fairfax County），到加州的橘郡（Orange County），在這片廣大、幾近無差別的地域中，住宅、辦公室、工廠、購物中心，統統都漂浮在一種文化媒介中，也就是「非場所都市領域」（non-place urban realm）的狀態。那種狀態雖然維持了都市的基本功能，卻捨棄了看起來可能沒有紀律但極為重要的空間及社會混合體──也就是真正都市活力的來源。

這本書所談的城市，不只是一種實質空間與尺度的現象而已。城市成長不僅止於外在物理面（比方失控的都市密度，或擴張轉移的範圍），新的城市其實也占據了一個廣大、看不見的概念空間。這個無形的「網路城市」（Cyburbia）──如瑞斯頓中肯的形容──會基於需要而生成，在資本交會的各種節點上，像蘑菇突然冒出來。這個城市所缺少的並不是任何特定建築或場所，而是缺乏過渡地帶，來幫助人們理解各種空間型態的意義。

城市的歷史，是被鑲在於城市裡不同元素的並置，其兼具藝術和法規的結構，決定著都市區域的整合。什麼該搭配什麼、什麼會產生什麼，都是都市設計的基本問題。傳統城市判斷這些問題的切入點，都是依據跟所謂「中地」（central places）的關係 [3]。無論是集市、城堡、廣場或商業區，以中心為概念的

---

[1]　譯註：指的是 Mattel 科幻漫畫裡的超人。

[2]　譯註：喬治・歐仁・奧斯曼（Baron Georges-Eugène Haussmann），十九世紀法國都市計畫師，在拿破崙三世時期，為巴黎主持了 1852 年至 1870 年間的城市規畫，拓寬街道、建立下水道系統、拆除擁擠的建築物，管控新建物、完備市政設施等，尤其輻射狀的街道網絡，為巴黎帶來獨特的城市風貌。奧斯曼男爵的大規模都市改造獲得相當正面的評價，巴黎的生活品質和公共衛生條件改善、交通更加順暢等，但推動過程中拆遷造成的社會正義問題、開腸破肚式的整治導致舊城區歷史遭到抹除也招致批評聲浪。

[3]　譯註：德國地理學家克里斯塔勒（Walter Christaller）於 1933 年提出的地理學概念「中地理論」（central place theory），用以解釋聚落與城市的分布規律：假設人口、土地與資源均質，消費者會以最低交通費去消費，而生產者則追求最大利潤，各都市（即具有服務機能的中地）便會自然形成大小階層，且大都市服務圈大，數量少；小都市服務圈小，數量多。這個理論主要受到的批評，是此假設過於理想化，導致過分簡化的空間結構體系。

城市為一般城市最基本的空間架構，距離的遠近代表一種秩序的函數。這種城市結構清楚地呈現出社會關係的分布，所有的景觀與場所，都暗示著位階與秩序。無論是小鎮裡的「貧民區」、新英格蘭的公有地，或者如同反映出地價的曼哈頓天際線，社會階層清楚地反映在都市地景裡。只不過，在新的、重組過的城市裡，這些階級的線索都被精心操控，甚至完全掩蓋。任何元素都可以與其他元素搭配——階級關係既被強化，也被隱匿；既附著於空間，卻不定著於空間。雖然價值還是跟地點有關，但那隻「看不見的手」學會了新的布局。電話和數據機讓所在位置不再重要，其他維度的影響力卻變得更大。現今的城市大街（Main Street）指的是機場與機場之間的空間、連接跨國公司各地辦公室傳真機的光纖電纜，還有無形卻錯綜複雜的世界經濟局勢。由於傳播技術和移動能力的提升，消費社會裡的公民必須適應一個不再受限於地域的新世界秩序。新城市看起來驚人地千篇一律，縱然現在出現了更多電視節目任君挑選，提供了選擇的幻覺。

這個新都市有三個主要特徵。首先，所有依附於地緣實體空間和地方文化的關係都不再牢不可破，不一定非得跟特定空間綁在一起。全球流通的資本、生產用的電子設備，還有齊一的大眾文化，排斥了傳統充滿親密與差異、散漫隨意的城市。新都市淘汰了特立獨行、自成一格的場所，取而代之的是一種「普遍的特殊性」（universal particulars），一種只靠貼花縫飾來略作變化的通用都市主義。在這樣的城市裡，只要在聖米歇爾大道的麥當勞裡賣法式三明治，或在紐奧良的機場貴賓室裡供應馬丁尼雞尾酒（歡迎把杯子帶回家），其地域意義（locality）就能有效受到認可。這種「場所」完全跟地理位置無關，安插在空地或市中心都差不多，封閉的中庭式旅館、平淡無奇的草地跟熙熙攘攘的舊城區，出現在哪裡都適合。空間的組成元素被拆成不斷重複的最小單元，因此去除了特殊性。新都市只在意產地和銷售點，其餘不過就是一堆零碎的城市空間，缺乏整體的景觀，城市不再是連結社群和人際關係的場域。

新都市的第二個特徵，就是非常執著於「維安」，對公民施加更多控制跟

監視，空間隔離的情況也越來越嚴重。科技或物理手段兼具。前者包括無孔不入的警政科技——家庭版的「電子戰場」——從自動提款機到全面監控的電子作業環境，我們的日常生活跟電腦網格已經脫不了關係。至於物理手段也不遑多讓：都市邊陲出現了一塊塊中產階級的郊區新城，老舊的市中心剩下窮人，有錢人則住在飛地社區 [4]；縉紳化；整個世界的商務旅客像是被包覆在一個繭裡面，從丹佛到杜拜，無論到哪裡都是一模一樣的機場、旅館、辦公大樓；明尼蘇達州的明尼亞波利斯市跟加拿大的愛德蒙頓有四通八達的空中及地下步行系統，購物的人和辦公人員得以在溫控得宜的舒適環境裡來去穿梭，人在哪裡根本沒差。新的空間隔離之所以形成，其驅力似乎普遍存在：放眼全美，都市計畫已經不再扮演過往整合鄰里的角色，反而進一步強化了城市與區域的選擇性發展，造成更明顯的區隔。

　　最後一項主要特徵是，這個新境界是一處處模仿的城市，一座電視城，整個城市就是一座主題樂園。最明顯的就是它的建築，建物的威信感視其是否符合歷史上的形象而定，經過偽造挪用的過去，竟比迫切且禁得起檢驗的當下更加受到重視。大部分美國城市同聲一氣，把「歷史意義」（historic）當作唯一正規的城市價值，在意如何保存歷史名城所留下的遺跡，更勝於關心人們怎麼創造出這些空間、如何在其中生活。今天的都市設計專業幾乎完全把重心放在複製（reproduction），打造各種城市變身術（urban disguises），無論是迪士尼樂園的美國小鎮大街上各種人造的原景重現、開發商勞斯公司（Rouse）的市場裡假惺惺的歷史風情、還是像「再生」後的曼哈頓下東城（Lower East Side）充斥著縉紳化版本的建築，這套精密的變身術可說是煞費苦心，在一邊忙著抹除城市生活的同時，一邊又在營造它。

　　這是一場不懷好意的都市更新，充滿欺騙的設局裡頭，縱有熟悉親切的外

---

[4]　譯註：「飛地」（enclave）是人文地理學的概念，指在某個地理區劃境內有一塊隸屬於他地的區域，自明性高且邊界清楚。此處指中高收入者向市郊遷移，形成封閉的簇群式社區。

表，但卻與基本的現實脫節。這個都市裡的建築物純粹只是一堆符號，玩弄意義嫁接的遊戲，像在創建一座主題樂園。無論其定位是古都或現代新城，此類都市設計處心積慮計算的，都是廣告效果跟想像空間，無視真實的需要和住民的傳統。歡迎來到網路城市。

　　這本書並不是要針對這個新的都市提出理論，而是要描述它的狀態。書裡提到的地點都有代表性，不僅象徵美國都市主義發展的歷程，也很可能是全世界共同的都市發展模式。但同時本書的參考架構也有所侷限，它不會提及南非的索維托（Soweto）、紐約的南布朗克斯區（South Bronx）、孟加拉的達卡（Dhaka），也沒有直接談義大利的烏爾比諾（Urbino）、巴黎或喬治亞州的薩凡納（Savannah）這些具有傳統城市風貌美麗的市中心──但其實也算有，因為新都市帶來的問題就在它的對立面。雨果有句名言：「一種權力將要被另一種權力所取代（This will destroy that）」。新都市不僅能夠避開都市生活的傳統場景，也能同時收編它們，把它們變成全球網格上的結點，對其而言，時間和空間已變得無足輕重。

　　「城市的空氣使人自由！」有個中世紀諺語是這麼說的。本書收錄的幾篇警世文章描繪著正在吹過我們城市的歪風，這種氛圍很可能徹底改變都市的性格，讓都市不再是兼顧民主和歡樂的重要場所。傳統城市常見的空間，如街道與廣場、庭院與公園等，都是隨處可見且可及的公民場景，維繫著人與人之間的關係。藉由不同替代方案的敘述，本書呼籲回歸一個更真實的城市狀態：一個建構在可親近、可以自由移動的城市，以及一種「城市是表現我們對群體渴望」的意識。當空間的意義一旦減弱，親密感也會隨之消失。私有化的位元城市（city of bits）是個幌子，一邊假裝產生連結，一邊又徹底毀掉市民的權力，讓他們沒辦法單獨或集體行動。

　　主題樂園就是這麼一回事，這裡什麼都有，卻又脫離地理脈絡，充滿控制和監視，放眼望去全是贗品。這座主題樂園試圖用它精心營造的歡樂幻象，來取代民主的公共領域，在這過程中它把讓都市焦頭爛額的眼中釘拔除，以致這

裡沒有窮人、沒有犯罪、沒有骯髒、沒有勞動。在主題樂園或購物中心的「公共」空間裡，言論是被受限的：因為迪士尼樂園裡頭不會有遊行示威。要怎麼奪回這座城市，正是民主現在面臨的難題。

The World in a Shopping Mall

世界盡在購物中心

瑪格麗特‧克勞福德 Margaret Crawford

在都會情境裡，郊區購物中心的堡壘式結構明白地述說了其意涵，原先公共街道的功能和街上發生的活動，都被收編進來並加以控制。警衛密集巡邏的購物中心提供了一個安全的都市空間，顧客群的同質性也很高。

購物中心在自己的牆內複製城市，暗示這個有氣候調節的空間比起外頭的街道，更能體驗安全又乾淨的紐約。

　　根據《金氏世界紀錄大全》，西艾德蒙頓商場（West Edmonton Mall，WEM）是全世界最大的購物中心 [1]，也是史上第一座購物城（megamall），面積約十四萬六千坪 [2]，比一百個足球場還大。第二名的洛杉磯德爾阿莫購物中心（Del Amo Mall）面積只有八萬四千多坪，西艾德蒙頓整整是德爾阿莫的兩倍大。它享有的其他金氏世界紀錄頭銜包括「世界最大遊樂園」、「世界最大室內水上樂園」、「世界最大停車場」。除了超過 800 間商店，還包含 11 間百貨公司、110 間餐廳、一座標準尺寸的冰宮、一個有 360 間房的旅館、一片湖泊、一座不屬於任何教派的禮拜堂、20 間電影院、13 間夜店。所有這些活動呈現廊道狀分布，街道兩側清一色是店面，猶如十九世紀的巴黎大道（Parisian Boulevard）和紐奧良的波旁街（Bourbon Street）。從商場裡的旅館高樓遠遠望去，依稀可見艾德蒙頓市區的玻璃帷幕大樓。

　　從上方俯瞰，這座商場很像一堆亂七八糟的特大方塊散落在廣袤的柏油海中，周邊被無數的獨棟住宅包圍。商場內部各種景點和娛樂令人目不暇給：一艘哥倫布的「聖瑪利亞號」（Santa Maria）[3] 仿製船漂在人造潟湖上，真正的潛水艇穿過一片進口珊瑚和塑膠水草布置成的逼真海景，還有活企鵝跟電動橡膠鯊魚住在裡面；嶄新的維多利亞風格鐵橋底下，玻璃纖維柱的裂痕以假亂真；海豚在皮革世界（Leather World）和金尼鞋品量販店（Kinney's Shoes）前面表演跳水；假波浪、真的西伯利亞虎、清朝的花瓶、機械爵士樂隊，全都同時出現在連綿不絕的天窗廣場裡頭。鑲嵌著鏡子的柱子和牆面把眼前的景象切割得更加破碎，購物中心裡的各種場景有如萬花筒般千變萬化，撲朔迷離，無一不令人迷惑，過去和未來莫名地跟現在混雜在一起。這座商場在生產幻想時，對待歷史、自然、技術的態度很漫不經心，因此真、假、遠、近之間的隔閡都隨之消散。

　　不過，如此不合情理又看似隨機的眾多場景，被放在一起的目的很清楚：就是要滿足商場所宣稱的「世界盡在牆垣之內」。在聖瑪利亞號仿製船的揭幕儀式上，其中一個開發商內德·戈麥吉安（Nader Ghermezian）發出勝利的歡呼：

「有了這個地方，代表你不用千里迢迢去紐約、巴黎、迪士尼樂園或夏威夷。你要的一切都近在咫尺，全在加拿大亞伯達省的艾德蒙頓！」[1]幻想世界酒店（Fantasyland Hotel）的宣傳廣告問道：「今夜，想來去哪個國家住一晚？」房間主題不只有遙遠異地，如玻里尼西亞跟好萊塢、古老年代的古羅馬和英國維多利亞時期，還有不同的交通工具，從四輪馬車到小貨車應有盡有。

那位開發商的說法意味著，購物中心裡販賣的商品就跟這世界一樣包羅萬象，全球等級的事物任君挑選。其實，這座商場雖然兼有美國和加拿大的連鎖品牌，再加上一些當地特色小店，但嚴格說來跟其他購物中心的商品類型也沒什麼區別，內部重複的現象甚至讓選擇更少了，許多商家都在購物中心裡的不同位置有類似的經銷點。不過，即使商品並非真的來自世界各地，來逛的人倒是四海皆有（七成的訪客是從亞伯達省以外的地方來的），而且花錢不手軟，商場內每坪都有將近一萬一千美金的收益，報酬率是大部分購物中心的兩倍以上。西艾德蒙頓商場掌控了當地的商業經濟。若拿西艾德蒙頓商場來跟艾德蒙頓市區比，商場跟停車場的收入跟主要中心商業區幾乎不相上下。市區老店眼看營業額被購物中心比下去，乾脆也在購物中心開起分店。為了表示親善，西艾德蒙頓商場的開發商也答應要在市中心蓋另一間購物中心，好彌補被購物城吸走的收益和活動[2]。

購物中心裡納入越來越多樣的活動，營業時間漸漸延長成二十四小時：店家開門之前，遊客可以先去禮拜堂參加儀式，店家打烊後再去夜店，然後在購物中心的旅館過夜。購物中心本身也是工作的場所，超過一萬五千人受雇於商場裡的店家、服務部門和辦公室，這群雇員裡很多人也在商場裡用餐、休閒。西艾德蒙頓商場的開發商正在明尼亞波利斯市的郊區蓋一批更大的建築群「美

---

[1]　編註：此排名為一九九二年時點。下同。

[2]　譯註：高雄「夢時代」是台灣目前最大的購物中心，土地面積 1.5 萬坪，總樓地板面積 12.1 萬坪。

[3]　譯註：1492-1493 年，哥倫布首航美洲的艦隊三艘船中的旗艦船隻。

國購物中心」（Mall of America），包含多棟辦公大樓、三間旅館，還有一個會展中心。橘郡的「諾氏莓果農場」（Knott's Berry Farm）改建成的主題樂園，裡頭的「史奴比天堂」將成為整個購物中心的娛樂地標。³ 明尼蘇達州布魯明頓市（Bloomington）的市長興高采烈地宣稱：「現在大家可以來這裡看維京人隊的足球賽，然後度個週末。有了購物城之後，一切都氣象一新！」⁴

　　購物中心囊括了各種包羅萬象的活動，只要再多增加住宅，一切功能就完備了。其他的都會型巨型購物商場已經出現這類可以住的空間。在某種程度上，現代生活裡種種破碎的形式與功能，全都被集合在購物中心的天光圓頂下。這個現象顯示我們有可能透過消費，重建近代以前和諧均質的世界，但卻諷刺地跟十九世紀烏托邦社會主義思想家如傅立葉 [4] 和歐文 [5] 所想像的救贖制度背道而馳，他們企圖藉由集體生產活動和重組社會結構，來達成理想社會。傅立葉設計的「法蘭斯泰爾」（Phalanstery）[6]，其拱廊和宮殿式的空間組合起來很像購物中心的雛形，但玻璃屋頂的走廊原本的用意是要促進社交互動、增強認同感，而非為了刺激消費。

設點的邏輯

　　西艾德蒙頓商場不斷擴增各式景點、活動和意象，顯得自己獨占鰲頭，不過若撤除表面上那些令人眼花撩亂的賣點，它也不過被當作一般類型（也就是地區型購物商場）的巨無霸版本。的確，當今某種商品陳列與商業發展的自我調節系統，化身成為西艾德蒙頓商場，在廣大的架構裡放入許多標準化的單元，在全世界也跟著流行起來。當代最先進的商場不斷洗牌更新，西艾德蒙頓商場把一堆意象塞成大雜燴的作法已經顯得有點過時。更多不露破綻的替代方案從繪圖板上躍入凡間，迪士尼的「幻想工程師」[7] 最近才為洛杉磯郡中部的城市伯本克（Burbank）[8] 設計了一座娛樂購物中心，靈感來自「電影的魔幻魅力」。電影這種媒介本來就是零碎且不真實的，卻架構起一個精緻的幻想世

界，比西艾德蒙頓商場更複雜，故事卻更連貫。[5]

　　雖然西艾德蒙頓商場就面積跟壯觀場面說來，目前仍無敵手，但仍免不了跟北美其他 28,500 家購物中心一樣，要遵守金融界和市場的遊戲規則。[6] 這些規則起源於 1960 到 1980 年之間的黃金年代，基本的地方商家範型已臻成熟，有系統地到處複製。開發商一一調查、切割、徵收郊區的玉米田和柑橘園，以打造一個新的消費地景。要是把他們跑過的地方標示在地圖上，就會出現一堆圓圈不平均地散落交疊在陸塊上，圓圈代表的是商場涵蓋的範圍，每個圓的大小和位置都是根據該地人口的收入水平和購買力而決定的。若把中地理論（central-place theory）的版本顛倒過來看，開發商會辨識出消費者需求還未被滿足的地方，便可用商場補足這塊商業空白 [9]。商場密集表示市場夠大，反之空白處則代表貧窮區域。舉例來說，西維吉尼亞州的購物商場人均面積是全美最少

---

[4]　譯註：指法國哲學家夏爾·傅立葉（Charles Fourier，1772 — 1837 年）。

[5]　譯註：指英國企業家兼社會改革人士勞勃·歐文（Robert Owen，1771 — 1858 年）。

[6]　譯註：傅立葉推動「法蘭斯泰爾」（Phalanstery），一種專為自給自足的烏托邦社區而設計的建築，理想情況下由 500-2000 人組成，共同工作以實現互惠互利，是為對資本主義社會的反動。此單字是由法文 phalange（英文 phalanx，以防禦或攻擊為目的形成的方陣）和 monastère（英文 monastery，修道院）的字根組合而成。其空間結構以中心部分加上兩個側翼構成，中心部位主要是靜態活動的空間，如餐廳、會議、圖書館等；其中一側翼用於勞動和會發出噪音的活動，如木工、鍛造等；另一側翼則是可以跟外人互動的空間，如旅店或舞廳等。三個主要結構以長廊連在一起，成為連續的室內空間，得以不受天候影響，發展各種活動。此設計概念受巴黎的商業拱廊街和皇家宮殿（Palais Royal）的影響，除了過道的功能，更是有助發生社交互動的空間。

[7]　譯註：迪士尼公司旗下有個開發部門，負責設計、建造世界各地的迪士尼主題樂園，該部門的「幻想工程師（imagineer）」的任務就是要把幻想實物化。

[8]　譯註：伯本克（Burbank）地處好萊塢核心地，包括國家廣播公司、華特迪士尼公司、美國廣播公司、華納兄弟等許多媒體與娛樂公司的總部或重要部門都設在這裡，因而被稱為「世界媒體之都」。

[9]　作者註：中地理論（Central-place theory）是由地理學家 Walter Christaller 和經濟學家 August Losch 發展出來的，根據規模經濟、交通支出、家戶單元數量，提出一套市場區域的階級結構。見 Walter Christaller, *Central Places in Southern Germany*（Englewood Cliffs, N.J.: Prentice-Hall, 1966）.

的。[7]

　　商場的面積和規模，反映出「需求門檻」──也就是在某個地理範圍內，能讓某樣零售商品獲利的最少居民客戶數量。因此，**鄰里型**（neighborhood）購物中心服務的是半徑三公里內的地方市場；**社區型**（community）購物中心的服務半徑是五到八公里；往上一層是總數 2,500 間的**地區型**（regional）購物中心（內含至少兩間百貨和一百個商家），則能吸引三十公里以外的顧客；菁英級的 300 間**廣域型**（super regional）購物中心（內含至少五間百貨、三百個商家），服務半徑遠達一百六十公里，範圍大，多半跨州。金字塔頂端則是西艾德蒙頓商場這種國際級購物景點。這整個體系掌控了美國和加拿大的零售業，所囊括的購買行為在兩國都超過 53%。[8]

　　近二十年來，美國的購物商場一間又一間蓋起來，其不動產、財金和行銷技術也歷經千錘百鍊，發展成可預期的公式。剛開始是因為退休基金和保險公司希望有零風險的投資（這便是興建購物中心的鉅額資金來源），接著就隨著開發商不斷複製成功模式而延續下去了。專業顧問發展出人口統計和市場調查的方法，持續改進環境與建築分析，建構出經濟和區位模型。購物中心的建築師維克多·格魯恩（Victor Gruen）提出蓋購物商場的理想模型，結合了不動產經紀人、金融和行銷分析師、經濟學家、行銷專家、建築師、工程師、交通規畫師、地景建築師、室內設計師的專長──每個角色都分別借鑑最新的學術和商業方法。格魯恩高度結構化的系統，有助於減少猜測，精準預測擬議興建的購物中心每平方公尺平均能夠賺取的資金金額，幾乎可保證開發商絕對能夠獲利。

　　如此高風險的賭注，就不太有競爭這回事了。蓋購物中心所需的專業技術和財務資源，掌握在很少數的大開發商手中，先驅如德巴托洛（DeBartolo）、勞斯（Rouse）、哈恩（Hahn）、波翰儂（Bohannon）、陶伯曼（Taubman）各自形成了不同的機構團體：國際購物中心協會（International Council of Shopping Centers）和商業雜誌如《購物天地》（Shopping Center World）、《購物中心觀察》（National

Mall Monitor）確保投資和行銷資訊能夠快速流通；城市土地學會（Urban Land Institute）制定出興建購物商場的標準流程。運用此套方法來決定地點、打造展售空間，以及掌控顧客，能保穩定可觀的收益。在剛開始的二十五年，只有不到1%的購物中心失敗收場，其他每間都發大財。德巴托洛形容購物中心是「人類史上最優質的投資。」[9]

對消費者來說，如此鑽研所產出的有形結果就是「組合狀態」（mix）──每個購物中心都有由一般租戶和百貨公司的「主力大戶」所形成的獨特組合。這種「組合」乃由約束型的租約來建立並維持，租約的條款對一切都要掌控，從裝飾到價格都不放過。每個購物中心的「組合」形成的搭配如此有限，導致商品選物跟店家位置的一點小小改變也會產生關鍵的影響。每層樓應該有多少間珠寶鋪或鞋店，都是透過繁雜的公式來決定的。由於全國連鎖品牌的分店更能保證賺錢，個人店鋪的租期便比較短、租金也更高。商場經理會持續用租金和租約來調整商戶組合，以配合快速變動的消費模式。這個系統很像在安排電視節目，每個電視網的元素都相同，只是排列組合稍微不同。表面上的多樣，掩蓋了根本的同質性。

種種可預期的組合，都必須根據某個商圈的種族構成、收入水平和品味變化，來做精細的校準。如智庫史丹佛研究中心（Stanford Research Institute，SRI）[10]提出的「價值觀及生活型態分類系統」（Values and Life Styles program，簡稱VALS）將客觀的年齡、收入、家庭結構等因素，跟主觀的價值觀、休閒偏好和文化背景等指標交叉分析，以判斷銷售區域。比方說，商務服裝品牌布克兄弟（Brooks Brothers）和安·泰勒（Ann Taylor）開在兩類人較多的區域幾乎穩賺不賠：一是受外在驅策的**成功者**（achievers，投入工作、注重物質、教育程度高的傳統客群、愛買精品），二是**競爭者**（emulators，較年輕、注重身分地位、炫耀性消費者）。但由於氣候、地理條件、地方認同對於消費模式也有影響，這種店開

---

[10]　譯註：美國著名智庫，功能類似於台灣的工業技術研究院。

在加州的橘郡就不一定會大鳴大放了，因為那裡的天氣比較好，人們喜歡穿得休閒些。另一方面，受價值驅策的**維持者**（sustainers，底層掙扎的窮人，對國家體制感到憤怒）和**歸屬者**（belongers，中產階級、保守、順應潮流的購物者，從低收入到中等收入皆有）為多數的地區，則會讓 Kmart 或傑西潘尼（J. C. Penney）這類連鎖百貨商店成為購物中心裡的主力核心。比起收入水平，購物者對自我和環境的觀感更有助於預測其消費習慣。根據另一套指標「生活型態集群系統」（Lifestyle Cluster System），就算收入接近，**黑人企業主**（black enterprise）跟宅院生活人士（pools and patios）[11] 仍會展現非常不同的消費模式。10

　　仔細研究過這些消費模式後，商業大亨就可以創造出各種排列組合，形成「有利潤」跟「金雞母」的區別。例如明尼亞波利斯市外的南谷購物中心（Southdale）就是公平人壽保險公司（Equitable Life Assurance）[12] 投資的上百間購物中心裡最成功的一家。南谷購物中心的管理階層一直在調整商場的組合狀態，以回應逐漸清晰的消費者輪廓。比方說，他們知道自己商場的主要顧客是 40.3 歲的女性，年收入超過三萬三千美元，家中有 1.7 位成員，她願意花超過 125 美元買一件外套，一年買六雙鞋，尺寸從五號到七號都有。南谷購物中心的商戶組合就很貼切地反映出他們的理想客群，女裝店鋪和高檔精品取代了伍爾沃斯超市（Woolworths）和電子遊樂場。購物中心內的裝潢和銷售方式都根據「心理統計」（psychographics）來瞄準她的品味——也就是辨識出顧客期望和她所表達的需求之後，所掌握的詳細市場概況，以標定「身分認同」和收入的關係。11

　　1980 年代起，精準定位客群跟滿足顧客需求變得越來越重要，那時購物中心的數量已經趨近飽和，不過整個系統卻表現出驚人的適應力：儘管各購物中心長期以來都被嚴格控管，因而顯得千篇一律，新的經濟和區位機會還是能創造出新的範型。內部不設百貨公司的特色商城（specialty malls）出現，空間運用上更有彈性。為了配合都市的基地條件，商場的建築形態緊密、垂直，還發展出一層層的室內停車場，像多倫多的伊頓中心（Eaton Center）跟洛杉磯

的比佛利購物中心（Beverly Center）都是那樣。面對不確定的市場，為了確保財務無虞，開發商跟重建機構形成了夥伴關係。密爾瓦基市的富麗大道（Grand Avenue）和費城的東市走廊（Gallery at Market East）都由市立重建機構「住房及城市發展部」（HUD，Department of Housing and Urban Development）跟勞斯公司共同合資。為了在高租金的市區存活，商場加上了旅館、公寓、辦公空間，包山包海，例如紐約第五大道的川普大廈（Trump Tower）、芝加哥北密西根大街的水塔廣場（Water Tower Place）和芝加哥廣場（Chicago Place）。

　　原本的購物商場靠著升級裝潢和設施來自我更新。未來的考古學家將會以南海岸購物中心（South Coast Plaza）的樓層來研究橘郡的社會史：最下面的樓層主要是西爾斯（Sears）和傑西潘尼百貨，服務郊區原本主要的中下階層；美輪美奐的上方樓層則有 Gucci 和 Cartier 等品牌店鋪，反映當地的新富階級。過時的露天廣場經過重新整理，新一批的消費者在無遮蔽的走道上蹓躂。[12] 幾乎任一棟大型建築或舊城區都有可能在重組一番後，變身成為購物中心。美國人會定期檢視翻修後的工廠（舊金山的罐頭工廠和吉拉德里巧克力廣場）、碼頭（芝加哥的北碼頭）和政府建築（華盛頓哥倫比亞特區的舊郵政大樓）。麥金、米德和懷特建築師事務所（McKim, Mead and White）為聯合車站（Union Station）所做的新古典空間設計氣勢雄偉，過去曾是進入首都的莊重門面，現在也內含一座購物中心。紐約市甚至想把布魯克林大橋打造成有歷史意義的購物商場，在曼哈頓入口的磚拱門裡開零售店和一間養生 spa。[13]

---

[11]　譯註：美國克拉瑞塔斯市場研究公司（Claritas）開發了一套以地理人口統計來分類的理論工具：PRIZM 市場區隔法（英文全名為 Potential Rating Index by Zip Market，潛在市場等級指數）。把美國所有的郵政編碼分為 62 類，並按收入、家庭價值觀和職業排序，不同群集的居民在產品消費上表現出顯著的差異。其中一類「宅院生活人士」（pools and patios），意指郊區家庭的後院有泳池和露台，其住戶通常是事業成功的中年白領級經理和專業人士，擅長使用科技，經常在網上購物。

[12]　譯註：1859 年由亨利・鮑德溫・海德（Henry Baldwin Hyde）成立的老牌金融服務和保險公司。

雖然到了 1980 年代，美國已經到處充斥著豪奢的消費空間，世界的其他角落卻仍待開發。其發展形式可以原封不動輸出給第三世界的經濟體，由當地開發商打造封閉的購物商城，為委內瑞拉首都卡拉卡斯或阿根廷首都布宜諾斯艾利斯的上層階級消費者帶來一點異國情調。英國的米爾頓凱恩斯（Milton Keynes）、巴黎外圍的馬恩河谷（Marne-la-Vallée）等新市鎮的規畫者都模仿馬里蘭州的哥倫比亞市（Columbia），建構由國家資助的社會民主購物中心，結合政府、社區設施和零售空間，成為新的市鎮中心。香港和新加坡的亞洲版本又融入了當地的市場傳統，在大型購物中心裡塞進個體戶小店。東歐的巨大新市場一定會讓波蘭的華沙和匈牙利的布達佩斯登上《購物天地》的熱點名單，時機成熟，適合開發。版本變化無窮，但無論這套系統以什麼模樣出現，所要傳遞的都是同一個訊息——不斷要你消費。

消費的烏托邦

消費的價值觀已經滲透進我們生活的方方面面。文化、休閒、性、政治，甚至死亡都可以成為商品，消費逐漸影響我們看世界的方式。學者威廉・萊斯（William Leiss）指出，現在評估社會意識狀態的最佳方法就是「消費者信心指數」（Index of Consumer Sentiment）：根據人們花錢的意願來量化他們對世界有多樂觀。判斷要不要買洗衣機或毛皮大衣，與其說決定關鍵在財務能力，不如說在於個人對所有事情的主觀反應，從國會辯論、犯罪跟環境汙染都算在內。[14] 消費等級透過商品來定義生活方式，其彰顯地位的效果，比階級地位的經濟關係更加明顯。要辨識地位很容易，因為必要資訊都已經透過廣告傳播到全國了。而且對很多人來說，建構自我認同代表要取得商品。假如世界是由商品組成的，個人的身分認同，端賴人們如何選擇符合需求的商品，來建構一致的自我形象。

購物中心是消費領域的核心機構，總在調整商品和顧客行為的搭配，好讓

各種商品深入日常生活。最直接的影響就是，購物中心掌控住零售業，成為大量貨物流通的有效通路。不過，由於購物中心必須遵守嚴格的財務和銷售規範，以確保利益最大化，導致貨物的種類和多樣性有其侷限。零售商和顧客受同樣的商業邏輯所支配，雙方必須不斷為自己辯護，將消費從抽象概念轉成實質的金錢。前述這些經濟規律，很清楚地體現在一個不可避免的衡量標準：以每平方公尺的收入，來判斷商場是否成功。

　　既然面對如此限制，購物中心唯一能夠實現營利的方法，便是要有效地周旋在顧客和商品之間。甚至從顧客進入商場之前，購物的過程就已經開始了，威廉・萊斯形容商業化的當代社會是「高強度的市場環境」。顧客早已接收了連珠炮的訊息，告訴他／她「需要」什麼（在二十歲以前，一般美國人已經看過三十五萬支電視廣告），於是他們帶著「一堆模糊的需求」來到購物中心。面對越來越五花八門的商品，每一樣都保證會滿足特定的需要，顧客於是得把他們的需求細分再細分，這些都不是虛假的需求，它們跟客觀決定的「真實」需求其實沒什麼兩樣，只是以一種模稜兩可、不穩定的狀態，將「需要」（needing）的物質和象徵層面合併在一起。因為廣告已經把特定的情感和社會狀態連結到某樣特定的商品，情感和物件之間的關係越來越斷裂，迫使消費者要加緊努力把他們的認同跟人格特質綁在一起，而要達成這個目標，消費是最容易的手段，或者起碼可以暫時解決問題。[15]

　　商品本身也具有同樣支離破碎的特質：目標一籮筐、被轉嫁的特徵跟信號一直在變化，再加上消費者的渴望也變個不停，情況就更複雜。萊斯發現，「人的需求類型跟物品的種類範圍越來越相似，而物品本身的特質，大半反映了想要它的人的心理狀態。」[16] 購物中心提供大量的消費機會，讓物品和消費者之間能一直快速創造出連結，來延長這種交換關係，把「只是看看」的期間拉長，也就是讓顧客在購買行為之前的想像階段待得更久，來促成「認知習得」（cognitive acquisition），因為顧客越熟悉商品真實的和想像的特性，心理上就更能接受商品。在心理上「試用」商品不僅可以讓顧客知道自己想要什麼、

可以買什麼，更重要的是清楚自己沒有什麼，因而需要什麼。帶著這樣的了解，顧客會知道自己是誰，也能想像自己可以成為誰。個人認同暫時穩定下來，未來的認同也正在形成，但物品無窮無盡，也就代表終究沒有滿足的一天。[17]

　　購物中心的商家組合是經過計算的，將各種混亂的屬性和需求，依照消費金額、地位和生活風格的意象等來區分，組織成容易辨識的商店層級；這些店家也反映出購物中心所在區域商圈的特定消費模式。由價格和形象來定義商品，讓顧客有跡可循，以購買行為來中斷由渴望和剝奪感形成的投機循環。刺激模糊的需求，同時鼓勵特定的購買行為——這種雙重作用建構起購物中心矛盾的本質。為了生存下去，而且還要賺到錢，就必須在兩邊形成的巨大斷裂之間找到方法：一邊是客觀的經濟邏輯，好讓商品流通有利可圖；另一邊是不穩定的主觀感受，這種感受是由消費者和商品之間交換訊息後所形成。此種經濟邏輯只容許出現有限的商品，然而這樣的交換關係卻會產生無窮的欲望。

　　商場環境的安排反映了這種斷裂，這也是傳統建築評論無法深入購物中心體系的原因之一，因為過往的建築論述很依賴看得見的秩序。入口數量有限、電扶梯只設置在通道的盡頭、水池和長凳的位置都精心設計，以誘使顧客進入店裡——所有商場設計的慣用伎倆，都能用來掌控消費者，讓他們在重複到令人麻木的商店廊道上移動，無數貨架上整齊排列的商品都在刺激購買欲望。但同時，其他的建築手法卻似乎和商業考量相矛盾。開闊的中庭創造出寬敞流動、適合沉思的空間；多樓層產生了各種瞭望點和數不盡的風景；會反光的表面讓遠近事物都匯聚在一處。因為聽不到外面的聲音，這些巧妙的視覺效果、背景音樂（Muzak）[13] 的「白噪音」，和噴泉在偌大的開放空間形成的回音，彼此相得益彰，因而產生一個「無重力空間」，只能從裡頭的商品來接收意義 [14]。

　　這些策略很有效，幾乎每個上購物中心的人都能感覺到它們的威力。小說家瓊・蒂蒂安（Joan Didion）形容，購物中心是一種會令人上癮的環境藥物，

「人們就像在水中懸浮移動，不只會碰上觀點，還要做決定，不只要做決定，還要面對個性。」電影《活人生吃》（Dawn of the Dead）裡的喪屍和被咬到的人統統都被吸引到購物中心來，在走道上盲目著迷地蹓躂，每個人都眼神呆滯，很難分辨購物的人跟殭屍有什麼不同。小說家威廉・柯文斯基（William Kowinski）認為購物疲勞（mal de mall）是一種感知的矛盾狀態，由刺激和鎮靜同時發生所導致，特徵是會迷失方向、焦慮、漠不關心。商場管理的術語顯示管理者知道會有這些副作用，而且還企圖從中獲利。「格魯恩轉移」（Gruen Transfer）（得名自建築師維克多・格魯恩）指的就是當有特定消費標的物的「目標型買家」變成衝動的購物者，那個關鍵轉變的一刻從外在就看得出來，原本步伐堅定，到後來變得飄忽不定、四處遊走。但顧客並不覺得這些影響有什麼不好：1960 年逛購物商場的時間大概是二十分鐘，現今則是將近三小時，證明購物中心越來越令人流連忘返。[18]

零售的魔法

購物中心運用各種策略，在商業上雄霸一方，這些策略都跟「間接商品化」（indirect commodification）有關：無法販賣的物件、活動、意象，都被故意安放在購物中心的商品世界裡。有一個基本行銷原理叫作「毗鄰吸引」（adjacent attraction）：「完全不相像的東西，被放在一起時，也能互相支持」。[19] 社會學

---

[13] 譯註：在美國，Muzak 指在商店和公共空間內播放的背景音樂，也稱「電梯音樂」（elevator music）。二十世紀初人們將流行歌曲重新編製成柔和緩慢的曲調，在電梯裡播放，以消除對幽閉空間的恐懼，後來這種音樂又被廣泛使用在辦公室、咖啡店、飯店、百貨公司等地點，作為空間的無形裝飾。Muzak 這個字後來成為音樂品牌 Muzak Holdings 的註冊名稱，專門生產悅耳的背景音樂。

[14] 作者註：T.J. Jackson Lears 曾在 No Place of Grace（New York: Pantheon, 1981）一書中，詳細探討維多利亞時期文化特有的「失重」（weightlessness），這跟受過教育的中產階級逐漸被市場價值滲透密切相關。

家理查・桑內特（Richard Sennett）解釋這種效果是因為物品的使用價值被暫時中止，去脈絡的狀態反而讓它變得出乎意料，因此更加扣人心弦。於是，把一只普通的水壺放在摩洛哥後宮的窗台邊展示，就可以讓這只水壺充滿異國風情、神祕勾人。這種組合的邏輯使得沒有被商品化的價值也能增強商品的力道，但同時也導致了一個逆轉——先前沒有被商品化的物件，也成為市場的一部分。商品和需求之間的交換關係本來就開放不明，一旦這種屬性交換（exchange of attributes）再被納入，可以產生的組合影響力就更無遠弗屆了。

　　購物中心很早就開始引入各式各樣的服務，像是電影院、餐廳、美食街、電玩遊戲室、溜冰場，不只意圖使人掏出更多錢來，更突顯了商場越來越重要的休閒角色。「購物時光」（mall time）漸漸成為標準計量單位，各種推廣活動也陸續出現：剛開始是服裝秀跟可愛動物區，接著有交響音樂會（芝加哥交響樂團會在伍德菲爾德購物中心例行演出），甚至連高中畢業舞會都辦在這。逛購物中心已經取代了開車兜風的娛樂地位，對青少年來說，購物中心是新的社交據點，很多人甚至在這裡找到第一份工作。購物中心也成了大人聚會的地方，休士頓廣場（The Galleria）被譽為適合單身者見面的安全地點；需要找地方運動的銀髮族和心臟病患者，也就是所謂的「散步俱樂部成員」（mall-walkers），在店鋪開門之前就會來到商場，沿著走道固定的路線散步。流行文化也是購物中心進入日常生活的最佳例證，《愛情外一章》（Scenes From a Mall）和《魅影血仇》（Phantom of the Mall）顯示幾乎任何類型的電影都可以套用這個熟悉的場景。《比佛利中心》（Beverly Center）是第一本以購物中心為名的小說，講述幾個零售店店員的熱血冒險，「這裡什麼東西都要拿來賣，還沒一樣便宜的」。[20] 商場裡各種服務近在咫尺，因此在休閒、公共生活、社交等人類需求，跟購物中心的商業活動之間，建立起不可忽視的行為連結，也就是放大版的「毗鄰吸引」創造出的樂趣和利潤。誠如開發商比爾・道森（Bill Dawson）下的結論：「越能在這裡得到各種滿足，人們就待得越久。」[21]

　　間接商品化也有助於加入一些幻想，在人們購物的同時，呈現各種意象和

主題堆疊成的豐富場面，來提供娛樂和刺激，誘使人進行更多消費。場面的主題多半來自迪士尼樂園和電視節目，也就是美國文化裡大家最熟悉、也最有效的商品元素。主題樂園式的景點在購物中心裡已經司空見慣。的確，這兩種型態結合在一起了——購物中心提供例行的娛樂，主題公園則是偽裝後的市集。電視是 1950 年代另一個重要的文化產品，依賴汽車的郊區家庭早已習慣電視餵給他們什麼就買什麼。而購物中心和主題樂園則讓這些人體驗到高度控制且精心搭配的公共空間安排，感受步行其中的經驗。

　　封閉的購物中心暫時擱置了時空和天氣的影響，迪士尼樂園又更進一步，把現實也擱在一旁。任何地理、文化或傳說中的地點，不管是虛構的文本（湯姆歷險島）、歷史所在地（紐奧良廣場）、對未來的想像（太空山），都可以被重新組構成娛樂場景。購物中心很常任意挪用「場所」（place），來創造特定的主題環境。在斯科茨代爾（Scottsdale）的波哥大（Borgata），一座蓋在亞利桑那州的平坦沙漠裡的露天購物中心，建起了中古時期義大利托斯卡尼山城聖吉米安諾（San Gimignano）的露天廣場和縮小版塔樓（由真正的義大利磚砌成）。康乃狄克州郊區的密斯提克村購物中心（Olde Mistick Village）重現了 1720 年前後新英格蘭地區的大街，裡頭有鹽屋 [15] 風格的店鋪、一座水車和一個池塘。確實，意想不到的場景和熟悉物品之間形成的隱形關係，讓購物經驗更加豐富。

　　購物中心越大，模仿的情況就越複雜。西艾德蒙頓商場從迪士尼樂園學到另一種設計原理：把主題壓縮在同一個空間裡。之前只有在科幻小說中，才會在「明日世界」[16] 裡頭同時看到小鎮大街和非洲叢林。消除「土地」的統一概念是迪士尼樂園主要的組織原則，而西艾德蒙頓商場也藉此釋放出大量自由流動的意象。如果迪士尼樂園的時空跳躍是要告訴我們，要改變現實就像電視轉

---

[15]　譯註：鹽屋（saltbox houses）為北美新英格蘭地區的傳統木屋樣式，是殖民時期的代表建築，特色是單面傾斜的屋頂，其形狀很像裝鹽的有蓋木盒，因而得名。

[16]　譯註：「明日世界」（Tomorrowland）是迪士尼樂園的一個主題園區，多以未來感或科技為特色。

台那麼容易，那麼西艾德蒙頓商場就有如某個作家形容的，是把所有頻道同時打開。[22]「毗鄰吸引」原理確保這些意象會跟購物中心裡的商品交換屬性，不過，一大堆不同的意象可能會加深商品和顧客需求之間不穩定的關係，導致顧客失去方向感，甚至感覺麻痺。為了防止這種反效果出現，像水上樂園或旅館這種能夠讓顧客暫歇的一方清淨地就顯得非常重要。購物中心就算無所不包，也要知道感官有它承受的極限。

購物中心裡，各種刻意包裝、明顯人為操控、服膺大眾口味的套路並非人人都可接受，尤其那些富裕、教育程度又高的顧客更是意見多。為了取悅這些挑剔的觀眾，開發商詹姆斯・勞斯（James Rouse）將「毗鄰吸引」定義得更廣，把真實世界裡的史跡或景點也納入購物中心的空間。勞斯成功包裝出的「真實性」讓他在開發圈大放異彩。波士頓的法尼爾廳市集廣場（Faneuil Hall）、巴爾的摩的港口廣場（Harborplace）和曼哈頓的南街海港（South Street Seaport）這類「節慶市集廣場」（festival marketplace）就捨棄了一般購物中心相似的建築結構，選擇單一地點加上「個性化」設計，以彰顯自身的獨特。這些風景區或歷史街區利用博物館或古船艦等文化景點，讓可預期的購物經驗變得更有趣。節慶市集廣場所用的策略跟西艾德蒙頓商場完全相反：節慶市集廣場的意象簡化，活動都跟真實情境裡的單一主題有關，但其成果還是能夠跟西艾德蒙頓商場拉在一起比較，看誰是會賺錢的市場。法尼爾廳市集廣場每年吸引的觀光客數量跟迪士尼樂園的遊客差不多，正呼應了勞斯的口號：「利益會讓夢想更清晰。」[23]

逍遙宮裡的公共生活

第一個大眾消費環境，也就是巴黎的百貨公司，因為商品流通程度越來越高，漸漸從市場經濟轉變成消費者文化主導，1850 年之後大大改變了整個城市的商業地景。單一地點的大量商品讓原本習慣了小店鋪跟限量存貨的消費者大為驚豔。到了 1870 年，大型百貨裡規模最大的樂蓬馬歇百貨公司（Bon

Marché）一天就供應了各式各樣的商品給一萬個消費者。[24] 此外，百貨公司的固定價格也改變了市場的社會跟心理關係，過去討價還價的互動過程其實會給人不得不買的壓力，現在則改成邀請消費者來觀看，將購物者變成觀眾、一個單獨個體、百貨公司眾人裡的其中一張面孔，得以默默考慮交易與否。理查・桑內特發現討價還價是「都市裡日日上演、平凡至極的場面」，使買家和賣家產生互動，但固定價格體系「讓被動成為常態」。[25]

百貨公司逐漸摸索出對付這種新的被動狀態所需的銷售策略，於是想方設法用更戲劇化的方式來呈現商品。法國作家左拉（Emile Zola）的小說《婦女樂園》（Au Bonheur des Dames）就是以樂蓬馬歇百貨公司為場景，呈現現代零售業如何以無懈可擊的商業手段令人著迷憧憬。左拉生動地描寫百貨公司裡那些讓大部分女性顧客眼花撩亂又心醉神迷的展示設計：「在一大落天鵝絨裡，黑的、白的、彩色的天鵝絨，跟絲緞相互交織，連同各色商標形成一面平靜無波的湖，天空、地景的倒影似乎都在跳舞。那些女人因為欲望而臉色蒼白，俯身向前好似想要照見自己。」另一個顧客被「中央廣場裡的熱情活力給迷住了。四周的鏡子讓店鋪空間延伸開來，反射出商品陳設跟公共區域的角落、一張張反方向的臉孔和半個臂膀。」左拉的零售逍遙宮時而出現如此令人迷失的透視場景，時而又來個舒適的休息區、閱覽室和寫作室、免費自助餐，如家般舒適的空間讓顧客能夠重獲一絲掌控感，來跟逃避現實的幻想世界互相平衡。[26]

其實，購物者的夢幻天堂必定存在高度結構化的經濟關係。貨物一直持續快速進出，代表必須有標準的組織方法，員工得遵守工廠般的秩序，其規範甚至一路從工時延伸到嚴密監控的宿舍和食堂。嚴格的階級制度將銷售員跟工人分開，前者必須熟習中產階級的禮儀並住在閣樓的宿舍裡，後者則在廠房或馬廄裡工作，而且到處隨便睡。階級界限也被加在銷售的「魔法」上。比方說，杜法葉百貨（Magasins Dufayel）和市政廳百貨（Bazar de l'Hôtel de Ville）坐落的位置比較靠近工人階級所住的北邊和東邊郊區，商場就為這些勞動階級的主顧客提供了更多價格低廉的商品。[27]

　　由左拉首開先河，描寫百貨公司物質琳瑯滿目和大眾消費的種種情景，也啟發了許多十九世紀的作家和思想家。自然主義派的左拉稱自己的小說是「現代生活的一首詩」，其他重思辨的思想家則想像出理想未來的樣貌，將問題重重的生產領域完全摒棄，讓消費來主導經驗。在美國，愛德華‧貝拉米（Edward Bellamy）的《百年回首》勾勒出的未來是：重組過的生產體系有效率地為全體人口提供所需，工作日得以減少，甚至完全不需要集合在一起工作。在這麼一個不需要勞動的富足社會，不用工作的眾人終於可以跟賦閒的有錢人一樣，追求自我實現和美學享受。其他作家把百貨公司的微型夢想世界放大，成為全尺寸的烏托邦。由俄亥俄州百貨公司的老闆布拉德福德‧派克（Bradford Peck）所寫的小說《世界是一間百貨公司》（The World a Department Store），受到如沃納梅克百貨公司（Wanamaker's）和梅西百貨（Macy's）等豐饒殿堂的啟發，提出一個依百貨公司為骨架的理想國，能公平地供應住宅、食物和源源不絕的商品給心滿意足的市民。[28]

　　二戰後的美國似乎也讓這類夢想成真了。蓬勃的消費經濟造就前所未有的繁榮，全民就業為平價商品的大規模分配提供了客源，廣告和計畫性報廢確保商品能夠持續流通。統一的每週工時讓人有時間從事新的休閒活動。工作機會跟住宅很快往郊區移動，再加上聯邦補助和抵押貸款保險的推波助瀾，路網系統也帶動了汽車、汽油和營造業的成長週期。在城市裡，連窮人都有地方住、有錢可以花。至於城市邊緣，郊區成長帶動了新的經濟景觀：獨棟住宅土地被高速公路串起，中間還穿插著購物中心。

　　由於郊區和汽車的發展，市中心的百貨公司變得可有可無。州際公路和郊區在新開發的地區創造出商業服務的需求，城市裡的商家到郊區設分店，路旁商家或條狀的商業中心（一整排商店，並共享停車空間）出現在主要幹道或重要路口，開發商繼續在高檔郊區蓋高雅的購物中心，模仿先前的範型，如巴爾的摩市外的羅蘭帕克購物中心（Roland Park Shop Center，1907）和森林湖市集廣場（Market Square in Lake Forest，1916）。以上這些店家路邊停車都很方便。

　　J・C・尼可斯（J. C. Nichols）由於開發堪薩斯城鄉村俱樂部廣場（Country Club Plaza，1924），被視為購物中心之父，他建立了許多對戰後購物中心非常重要的財務、管理和銷售的觀念。[29] 尼可斯在 1945 年透過城市土地學會發表的文章〈發展購物中心的過程中，我們所犯的錯〉（Mistakes We Have Made in Developing Shopping Centers），把自己的經驗歸納成一百五十條準則，內容鉅細靡遺，舉凡策略、爭取地方支持到適當的天花板高度都談到了。雖然鄉村俱樂部廣場美輪美奐的地中海建築風格（連噴泉和鐵花露台都有）跟後來的購物中心乏味無趣的外觀相比起來十分出色，尼可斯還是很反對在裝飾上支出任何多餘的花費。他主張，購物中心要成功，就應該要提供足量、甚至無限的停車位。到了 1950 年代，各式鄰里購物中心合併成單一的地區購物中心，尼可斯的智者之言得到證實。

　　歷經數次失敗的嘗試之後，經典的啞鈴狀空間終於在 1947 年西雅圖的北門購物中心（Northgate）出現，成為了成功的原型：兩間百貨公司各坐落在一條露天徒步商店街的兩端，徒步區就位在寬廣的停車場中央。此商場由建築師小約翰・格雷厄姆（John Graham Jr.）設計，大膽結合了便利的汽車通道、免費停車跟徒步購物的體驗，同時兼顧了郊區的便利跟市中心的消費選擇。格雷厄姆設計了一條狹窄的徒步走廊，是仿造市區街道的概念，能夠有效地把顧客從這間百貨帶到另一間百貨，並讓他們經過商場裡的每一家店鋪。[30] 類似的百萬購物中心倍增，因為在廣大的玉米田開闢百貨公司只要支付農地價格的成本，而且根據雷利零售引力法則（Reilly's Law of Retail Gravitation），當所有其他因素都相同的時候，消費者就會去光顧他們容易到的最大的那家購物中心。這解釋了為什麼新的州際公路出口附近的購物中心會越開越大間。[31]

　　消費者已經蓄勢待發，他們手上握有戰後的積蓄和經濟繁榮的各種優勢——這是郊區新世界的重要基礎，因為新的生活方式仰賴新的消費方式。理想上，獨門獨院式住宅 [17] 理想的家庭結構為：通勤上下班的父親、家庭主婦，和兩個小孩，他們會需要買非常多東西，像是房子、車子、電器、家具、

電視、割草機、腳踏車。大量製造的標準化產品就是要銷給這些閱聽廣告、電視和雜誌的消費者。郊區形成不同階層的住宅群，地位、家庭角色、個人身分認同都能透過消費來表達。由於沒有熟悉的鄰里和大家庭的網絡所設下的社會標準，郊區家庭所擁有的東西就代表他們歸屬的層級。郊區本身就是一項產品：把自然環境和社區一起打包賣出去。[32]

起初，購物中心的設計加強了郊區的家庭價值和環境秩序。比方說郊區住宅捨棄了有社交功能的前廊和人行道，改採私家後院，購物中心也面向內部，背對公共街道。這些商場都設在偏僻的地方，連立場相左的都市規畫者如萊特（Frank Lloyd Wright）和柯比意，都不約而同點出，這類消費地景對於街道作為公共場域，有種深深的不信任感。最好街道上只有汽車在跑，連結起不同功能的地區和建物，若街道都是高速公路那更好。有些人幫購物中心辯護，以之前的市集廣場形態來說明購物中心的正當性，卻忽略了它們對都市生活產生的不同影響。相較起來，伊斯蘭集市或巴黎拱廊街是強化原有的街道型態，而購物中心則有如大片瀝青之中的安全島，使本來就已經破碎的都市地景更加斷裂。郊區持續蔓延，郊區裡唯一的公共空間也跟著擴張：樓房低矮、水平發展的郊區商場，徹底取代了傳統都市空間的緊密垂直結構。[33] 非正式開放區域裡的磚砌花壇和瘦長樹木，正符合前院的意象。一排排方塊型的購物中心，因為幾個類似陽台外推的構造顯得更有活力。這裡跟郊區土地的設計邏輯相同：經濟考量重於美學。

1956 年，第一間封閉型的購物中心，也就是位於明尼亞波利斯市郊區埃迪納（Edina）的南谷購物中心，改變了這一切。這間商場的中央廣場被兩層購物樓層圍繞住，雖然這個空間的特色很快就被其他更奢華的陳設給蓋過去，南谷購物中心的獨創設計，依然讓建築師維克多・格魯恩在購物中心的先鋒人物裡占有舉足輕重的地位。格魯恩把開放空間圍起來，並且控制溫度，打造了一個完全內向的建築風格，切斷所有跟周圍環境的感官聯繫。至於室內部分，偌大空間的商業潛力也得仰賴許多戲劇「布景」，讓「零售劇碼」得以發生。商

場開發者重新發掘巴黎百貨公司的經驗，想辦法讓純粹的室內空間變成夢幻購物天堂。南谷購物中心的上頭加蓋有很實際的考量：明尼蘇達州的天氣一年只有 126 天可以外出購物，室外不是酷寒就是灼熱，但商場內始終保持恆溫攝氏 22 度，這種強烈的對比誇張地呈現在中庭，恆春花園廣場（Garden Court of Perpetual Spring）滿是蘭花、杜鵑、木蘭和棕櫚樹。誇大內外世界的差異，會建立起一套基本的商場修辭：這裡是非常具有顛覆魅力的空間，外部環境雖然嚴峻，卻藏著天堂般的內裡。這種組合很有說服力，封閉型的購物中心很快就流行起來，就算在氣候宜人的地方也不例外。

重新創造「第二」自然只是第一步，下一步就是要重現郊區所欠缺的唯一元素——都市。封閉的購物中心既壓縮也強化了空間，玻璃電梯和之字形電扶梯為商場的水平樓層加入了垂直和對角的動線，建築師操弄空間和光線，以達到市中心熙攘熱鬧的感覺——既創造出夢幻的都市風情，又除去都市的負面因子：天氣、交通跟窮人。空間的整合也改變了購物中心的商業特性：原本商場是要方便一站式購物，而今新穎富麗的購物中心卻將服務實際需求的店鋪，如超市、藥局、五金行，改成專賣店跟美食街。無限擴張的郊區帶狀地段成為商業服務的新據點，這些商業服務是從越來越豪華的購物中心裡被驅趕出來的。購物變成一種休閒活動，跟日常勞務切得涇渭分明，購物中心則是一個可以逃離現實的繭。

隨著更多城市元素被納入購物中心之內，公私空間之間萌發的衝突也更加浮上檯面。最高法院的裁決認證了一間奧勒岡州的商場作為私有空間的法定權利，其所有人得禁止對消費造成損害的任何活動。大法官瑟古德·馬歇爾（Thurgood Marshall）對此持反對意見，認為購物中心既然如其贊助人再三誇口

---

[17] 譯註：獨門獨院式住宅（single family home）是美國典型的住宅型態之一，一個地塊上只有一套住房，供一戶人居住。這類住宅既有房屋建築又有完整的土地產權，通常占地面積大，自帶草坪、花園或院落。

所言，扮演著傳統市鎮的角色，那麼也必須肩負起社會責任。「對許多奧勒岡州波特蘭市的市民來說，勞埃德購物中心（Lloyd Center）能夠完全滿足他們的需求，因此根本不必去別的地方買東西或服務。假如有什麼訊息要讓這些人知道，來勞埃德找他們就對了。」[34] 許多購物中心為了澄清自己扮演的公共角色，放上了這樣的告示：「本商場供公眾使用的空間並非公共道路，而是供商戶及相關的公共交易往來所用。該區域之使用權得隨時撤銷。」藉以「保護」他們的消費者不受請願或抗議所擾。根據賓州格林蓋特購物中心（Greengate Mall）的經理所言：「我們不希望任何因素妨礙到顧客享樂或不受打擾的自由。」[35]

購物中心把城市重新包裝成安全、乾淨又管理得宜的樣子，因此更加彰顯了其作為社區和社交中心的重要性。封閉的購物商場提供了空間的中心性，能凝聚公眾關注，也具備相當的人口密度——以上元素都是擴張的郊區欠缺的。購物中心能作為郊區公共生活的樞紐，為無定形的郊區提供一個共同的消費者關注焦點。紐澤西州已經出現像帕拉姆斯（Paramus）這樣的聚居地，號稱「梅西百貨創建的城鎮」；該州的櫻桃山購物中心（Cherry Hill Mall）的地位實在太重要，不但是區域焦點，更是在地人的驕傲，連隔壁的德拉瓦鎮（Delaware Township）的居民都把自己的鎮名改成櫻桃山。購物中心不像一般郊區是離心向外蔓延，而是像磁鐵般將發展集中，吸引辦公室、高層公寓、醫院在周邊蓋起來，形成核心商業區。

這個模仿出來的「郊區裡的市中心」賺了大錢，也因此重新刺激了先前被地區購物商場比下去的真正的城市商業區。新蓋的都會購物中心又把郊區「價值」再帶回都市裡來。在都會情境裡，郊區購物中心的堡壘式結構明白地述說了其意涵，原先公共街道的功能和街上發生的活動，都被收編進來並加以控制。警衛密集巡邏的購物中心提供了一個安全的都市空間，顧客群的同質性也很高，跟郊區的商場如出一轍。在很多城市，大型購物中心都是為了重劃都市購物區而蓋的。舉例來說，芝加哥的白人郊區居民來到市區時，都會去馬歇

爾・菲爾德百貨（Marshall Field）設在北密西根大街水塔廣場內的新分店，有效地將市中心洛普區（Loop）的舊馬歇爾・菲爾德百貨留給大部分的黑人和西語裔顧客。[36]

市中心的購物中心以不只一種方式，從都市經驗的新秩序所呈現出的矛盾前景裡賺取利益，不受外頭危險混亂的街道所影響。先驅廣場（Herald Center）在第三十四街開幕時，為了重現紐約的樣貌，特別按照城市裡大家熟悉的地點規畫了主題樓層，如格林威治村、中央公園、麥迪遜大道，依此為樓層命名，並販售符合地方商業性格的產品，像是涼鞋店、運動用品、歐洲精品。真實地點不只透過名字表現，其「代表」商品也被簡化成現實當中各都市鄰里集錦的誇大版。購物中心在自己的牆內複製城市，暗示這個有氣候調節的空間比起外頭的街道，更能體驗安全又乾淨的紐約。雖說先驅廣場的實驗沒有成功，卻沒有打消後人嘗試的念頭。時代廣場上，由建築師喬恩・杰德（Jon Jerde）設計的新商場「大都會時代廣場」（Metropolis Times Square）試圖打造室內燈光秀，上百個電視牆、霓虹燈和雷射投影，要把本就絢爛奪目的時代廣場給比下去。這座超現實的時代廣場購物中心，修飾掉外在的破敗粗俗，只留下店家、餐廳和二十四小時營業的多廳電影院，提供安全無害的樂趣。[37]

就在都市開始納入郊區風格的同時，郊區也變得越來越都市化。大量工作機會移到郊區，把這些地方變成新的都會區域，也就是「都市村落」（urban villages）或「市區近郊」（suburban downtown）。例如休士頓外圍的休士頓廣場、橘郡的南海岸購物中心、華盛頓特區附近的泰森角購物中心（Tyson's Corner），公路交流道出口的超大型區域購物中心促成了郊區的新微縮都市，吸引來各種各樣典型的城市功能。它們現在的重要性象徵著數十年來郊區發展的高峰。舉例來說，休士頓廣場到後橡樹（Post Oaks）郊區的區域轉變，是從 1950 年代晚期蓋了購物中心來服務附近的高端住宅區而開始的。610 號環形公路興建之後，更促成零售業擴張，尤其休士頓廣場是首開先河的巨型多功能商場之一，接著辦公大樓、高層公寓、旅館陸續出現，最後企業總部也開張了。白領階級

和行政雇員搬進附近的高級住宅區，因而產生了能夠支持餐廳、電影院、文化事業的人群。其發展已經超越了休士頓市區，那裡的零售空間、高層公寓單元和旅館的密度是全市最高，辦公大樓的密度是全德州第三高，現在也是休士頓最多遊客到訪的景點。[38]

　　雖然這些商業活動和住宅的空間相當集中，卻依然維持郊區低密度的建築形態，以孤立的單一功能建築為主。跟 610 號環形公路平行的後橡樹大道（Post Oak Boulevard）沿線出現了一群群獨立高塔，包含六十四層的威廉斯大廈 [18]。每棟建築獨自兀立，被造景、停車位和道路相互隔絕。人行道很少，每棟建物都是一塊飛地（enclave）[19]，只能靠開車抵達。在如此原子化的地景之中，休士頓廣場的角色跟著人類活動變化，從城鎮中心更向前一步，提供的不只有食物、購物機會和休閒娛樂，還有都市體驗。對許多郊區居民來說，休士頓廣場是一個理想的替代方案，讓他們逃離問題重重又經濟困窘的市中心。總統大選時，老布希總統就在休士頓廣場投下他神聖的一票，象徵著購物商場作為新郊區中心的地位。[39]

超消費（Hyperconsumption）：專精化與擴散

　　購物中心擴張的那些年，經濟和社會的變遷大大改變了消費者市場的特性。1970 年之後，戰後大量生產、消費的經濟與社會體系瓦解，將收入、職業、消費模式拆解成一幅更加複雜的拼圖。更具彈性的生產方式出現，強調產品週期能夠快速更替，以即刻回應消費者市場不斷變動的需求和品味；產業跟市場重組後，又產生更加分化和零散的勞動力。原本支撐著地區購物中心的所得金字塔結構，重心漸漸來到底部，變得很像一個沙漏，只有一小群非常高收入者在頂端，中間則消失在更大的低收入群體中。隨著各地經濟發展越來越不平等，情況就更加複雜，繁榮和窮困的地區之間，差距日益劇烈。

　　在如此不穩定的局勢下，現存的購物中心類型能否持續發展，也未可知。

集團公司、企業家，甚至都市區域之間日趨激烈的競爭，導致業界出現一連串整頓。雖然地區購物中心依然興盛蓬勃，一堆過去通用的公式卻不再是獲利保證。[40]（業界專家同意能夠興建地區購物中心的地方已經不多了，雖說整個大環境應該還能吞得下三或甚至四座以上購物城。）不過，購物中心開疆闢土的方式，改成市場細分成多少塊，購物中心就跟著倍增跟差異化。更專精、更靈活的商場類型出現，抓準新興分散市場裡的特定利基，如此專精化（specialization）能使單一定點裡的顧客喜好和商品屬性更加契合，使消費行為更有效率，而且多樣性還更高，能銷售的商品數量更勝以往。

專精化現象出現在廣泛的經濟光譜[20]裡。在最富裕的市場，像第五大道的川普大廈和比佛利山莊的羅迪歐典藏（Rodeo Collection）等精品購物中心，都在華美的環境裡提供最昂貴的珍品，與其說是商場，不如說更像豪華飯店。市場的另一端，大型暢貨中心（outlet malls）則以折扣價銷售輕微損壞或過季的商品，低價就是主要的賣點，樸素低調、租金低廉的建築物更添實用氛圍。新的小型商場為了讓購物更有效率，排除了社會與公共面的功能。店家前有附停車位的單排商店街（strip malls）是最靈活的類型，其門面能配合各種定位，形態可以套用在任何場地，亦可以搭配任何商品組合。有些單排商店街只提供特定商品和服務，像是家具、汽車零件、印刷與設計，甚至當代藝術。在洛杉磯，超過三千間迷你商場（minimalls，只有不到十間店鋪的商場）內設有便利超市、乾洗店、影視出租店和速食連鎖店，為忙碌的消費者供應日常所需。[41]

在密度飽和的購物商場界，意象（imagery）就顯得格外重要，才能吸引特

[18] 譯註：威廉斯大廈（Williams Tower，原稱 Transco Tower）坐落於休士頓高檔的休士頓廣場地區的摩天大樓，德克薩斯州第四高建築，同時被認為是休士頓及世界各中心商業區之外最高的建築。該建築完工於 1983 年，以其第一個主要租戶 Transco 能源公司的名字命名為 Transco 塔。Transco 能源公司於 1995 年與威廉斯公司合併，並於 1999 年更名為威廉斯大廈。

[19] 譯註：飛地（enclave）為地理學名詞，指在一國境內卻隸屬另一國的一塊領土。

[20] 譯註：經濟光譜（economic spectrum）指根據財富和收入分配的各個社會階層。

定店家入駐並促進消費行為。購物中心藉由刻意操控某些形象，內外都在傳達關於世界的各種訊息。像洛杉磯這麼幅員廣大又多元化的城市，各種服務新移民群體的專門商場，類型多到簡直可以編成百科全書。目前還有一些象徵能看得出他們的文化痕跡：韓國商場還保有藍瓦的廟宇屋頂，而日式商場巧妙結合禪風庭院跟現代主義，吸引在地居民跟日本觀光客。洛杉磯的迷你商場開發商也根據地段來決定購物中心的風格：富裕的西區採後現代風，稠密的市中心區採高科技風，其他區域則一律為西班牙風情。

　　這種意象究竟是該歡迎還是排除，必須小心拿捏。但要是購物中心的裝飾和設計不夠明顯到讓年輕黑人或流浪漢知道自己不受歡迎，就會出現更直白的文字警告。統計顯示，發生在購物中心的犯罪，從扒竊、搶皮包、偷車到綁架都顯著增加，購物商場是密閉空間因此比較安全的說法已經不管用。[42] 西艾德蒙頓商場連保全部門「中央控制室」都直接擺出來展示：玻璃牆後有一個高科技的指揮站，制服筆挺的保全持續監看一排排閉路電視和電腦裡的影像。這套電子全景監視器（Panopticon）[21] 掃視商場的每個角落，讓顧客感覺監視無所不在，把例行的安全巡查戲劇化，成為兼具寬慰和嚇阻功能的奇觀。但雖然熱鬧的街道生活被西艾德蒙頓商場嚴格的行為規範給排除在外，它那種難以言喻的魅力卻也不是一點痕跡都沒有留下，反而還因為一種懷舊的距離感被間接承認了，像購物中心裡波旁街主題區的假人系列就「描繪出紐奧良的街道人物」，永遠凍結在狂放的姿態，醉漢、妓女、乞丐都正在演出商場的模擬城市裡所禁止的越界行為。

　　購物中心不僅要回應持續變化的市場趨勢，同時也成了發展中的都市與地區之間競爭的王牌。法尼爾廳市集廣場和西艾德蒙頓商場經營得非常成功，為城市帶進龐大的收益，吸引工作機會、居民、觀光客到來。購物商場產生了大尺度的「毗鄰吸引」現象，為其所在的都市環境增添了更多迷人的魅力和成功感，讓那個城市顯得很重要、很好玩、很繁榮。[43] 甚至連西艾德蒙頓商場導致艾德蒙頓市區的商業功能弱化，整體來看還是為整個都會區增添不少光彩跟收

益。都市發現了這些潛在好處，便向開發商祭出多種獎勵措施，包括減稅到重大投資，以吸引大型商場的開發計畫。法尼爾廳市集廣場成功帶動周圍發展，如公寓大廈、商店、辦公室，也讓西班牙的古都托雷多（Toledo）跟英國諾福克（Norfolk）等城市跟勞斯公司一起公私合資（private-public venture），打造水岸中心來促進都市再生。這種策略也可能結果不如預期：聖地牙哥市裡非常壯觀、超級會賺錢、又拿了很多補助金的「都市主題樂園」購物中心「荷頓廣場」（Horton Plaza）至今還是自成一座獨立的小城市，對破敗的周圍地區沒起什麼提升的作用。44

　　在歐洲，政治參與則更進一步。擁有更廣泛規畫權力的市政府跳出來取代開發商的角色，雖說國家支持並沒有對購物中心的型態造成什麼改變。大倫敦地區議會（the Greater London Council）在柯芬園（Covent Garden）和聖凱瑟琳碼頭（St. Katharine Docks）打造了節慶市集廣場，作為更大規模都市重建計畫的商業據點。柯芬園開發計畫在當地居民要求地方服務的抗議聲中建成，靠著吸引觀光客和衝動型買家的商業公式，賺進大筆財政收入。在巴黎，關於被夷平的巴黎大堂市場[22]能由什麼來取代，有一段漫長政治辯論，在決定蓋一棟多層購物中心之後，爭論終於平息。這個購物中心採用光滑的現代主義建築風格，法國政府認為這種風格為該購物區創造了獨特的設計形象。該購物中心是重構整個地區的第一步，現在位於地區交通網的樞紐，藉由地下廊道連結到一連串公共體育、休閒和文化設施。45

---

[21]　譯註：panopticon 常譯為「圓形監獄」或「全景監獄」，指 18 世紀英國社會理論家邊沁（Jeremy Bentham）設計的監獄形式，其牢房呈放射狀排列，以便位於中央位置的警衛可以看到所有囚犯，而囚犯不知何時會受到檢查，因此容易假設自己隨時都在監視之下，而產生自我規範的行為。本文此處應指購物中心內的監視系統密布，中央控制室就如圓形監獄裡的警衛，可以隨時監控各處的狀況。

[22]　譯註：巴黎大堂（Les Halles）是巴黎的一個區域，其前身是傳統的巴黎中央批發市場，於 1971 年拆除，原本的市井風情不復，由一個現代化的地下購物區「大堂廣場」（Forum des Halles）取代。

世界是一座購物中心

購物中心在全世界擴散，讓許多人都習慣了把購物當作消遣娛樂。購物行為成為一種體驗，這情況能夠發生在任何場景中，促成了下一波的購物空間發展：「速成式商場」（spontaneous malling），都市空間不用靠新建築或開發商，就能轉成商場。早至 1946 年，建築師凱奇姆、吉娜與夏普 [23] 提議要重新規畫紐約拉伊市（Rye）的主街道成為徒步商店街；後來維克多·格魯恩計畫將沃斯堡市中心 [24] 改建成封閉的購物中心，周圍有六萬個停車場。最近許多城市僅靠著把部分區域劃定為行人徒步區，就成功轉型為購物商場，讓商業活動集中發展。不動產價值能夠自我調節，使這些新市場產生適合自己的租戶組合，符合一致的主題，如此能吸引其他配套活動如餐廳或咖啡店進駐。在洛杉磯，就算不禁止汽車通行，都市街道如梅爾羅斯大街（Melrose Avenue）和羅迪歐大道（Rodeo Drive）也自發更新成特色商城，瀰漫著新浪潮和歐洲時尚的基調。

不同的因素可以啟動這個過程。芝加哥外圍的杜佩奇郡（DuPage county）農村地帶蓋了一間地區購物中心，徹底轉變了當地的商業生態。杜佩奇郡的城市內帕維（Naperville）是一個鐵道小鎮，當地商家擔心客人流失，改去購物中心，進一步將主街道改造成縉紳化的購物街，專賣古董和高檔精品。內帕維強調自身的歷史小鎮性格、提供路邊停車、開設購物中心裡沒有的專賣店，漸漸發展出一種能跟購物中心和諧共存的商業身分。46 當佛羅倫斯的歷史核心區因為遊客太多而應接不暇，便把聖母百花大教堂和領主廣場（Piazza Signoria）之間的卡爾查依歐利路（Via Calzaioli）改成行人徒步區，此地立刻搖身一變成了戶外的文藝復興風購物中心，兩大歷史遺址扮演實實在在的文化錨點。鞋店、皮革店、速食餐廳，還有少不了的服飾品牌班尼頓（Benetton）的暢貨中心，這些全世界的購物商場都找得到的店家取代了原有的店鋪，因為觀光客的數量已經比居民還要多。在法國，由於國家政策要求要保存歷史核心區，給了像盧昂（Rouen）、格勒諾布爾（Grenoble）、史特拉斯堡（Strasbourg）這些小城市許多補

助，無意間也改寫了商業的面貌：行人徒步區把更多購物者帶進市中心，龐大的利益吸引來全國連鎖的高級名店，服務日常需求的店家消失，被名家服飾、珠寶、禮品等精品店取代。[47]

很顯然地，購物中心（mall）已經比它的前身「商場」（shopping-center）更上層樓。時至今日，旅館、辦公大樓、文化中心、博物館幾乎都複製購物中心的格局跟形式。走進增建後的紐約大都會博物館，宏偉的內部空間、藝術品的布景呈現，還有種種購買相關藝品的機會，都跟逛購物中心的體驗很像。由貝聿銘設計的華盛頓特區國家美術館東廂更有如商場翻版，巨大的天窗中庭被長廊包圍，長廊再接到空橋或手扶梯，個別藝廊位在這個空間以外，跟購物中心設置店家的位置如出一轍。內部有盆栽、大量的大理石和黃銅，被霓虹燈照得五顏六色的地下大廳裡有噴泉、店家跟速食店櫃位，相似度根本就是百分百。[48]

的確正如某位觀察家所言，整個國會大廈廣場（Capitol Mall）都變得像商店街，充滿各種戶外展示的大雜燴：一隻大恐龍、一組 1890 年代還會動的旋轉木馬、史密森砂岩城堡 [25] 的哥德風情、美國太空總署的火箭展示品暗示著附近博物館的時空年代。這裡已經不再像舊時一樣把物件按順序排列，而是要透過展示，立刻產生感官衝擊。各式巨大的拼貼包括真實的歷史物件，例如林白的「聖路易精神號」，模擬的場景和音效讓人想起那一趟知名的飛行；到了國家航空太空博物館，飛機、火箭、太空艙都懸在寬敞的中央廣場上方，光鮮的圖示引導遊客來到環形電影院，商品部裡販賣著展品的小模型。[49] 鋪天蓋地的意象、迷離恍惚的群眾，一切都太像了，博物館很可能被錯當成西艾德蒙頓商

[23] 譯註：指建築師 Morris Ketchum, Jr.、Francis X Gina、Sharp J. Stanley。

[24] 譯註：沃斯堡（Fort Worth）是美國德州的城市，十九世紀曾是牛隻交易的集散地。位於市中心的沃斯堡牧場（Fort Worth Stockyards）是座巨大的牲畜交易市場，現被列為國家歷史區，原本的古老建築多已成為娛樂空間、購物區、劇院、牛仔競技場等。

[25] 譯註：指由英國科學家詹姆斯‧史密森（James Smithson, 1765 – 1829）捐贈，爾後成立於華盛頓特區的史密森學會總部大樓「史密森堡」（Smithsonian Castle）。

場。芝加哥的科學與工業博物館的情況也類似。玻璃櫥窗裡的假人重現科學史上的重要時刻，遊客排隊準備參觀真實尺寸的煤礦坑，來玩的家庭在「昨日大街」展區鵝卵石和煤氣燈營造的懷舊氛圍裡品嘗冰淇淋。而那些刺激了觀眾購買欲卻不能被買下的展品文物，就靠博物館商店裡的海報和T恤來代償了。

假如說商品不再獨霸，那是因為有銷路的產品不再帶有同樣的意義，畢竟歷史、科技和藝術都被商品化了，就如博物館裡看到的那樣。「毗鄰吸引」原則已經在社會層次運作，讓博物館和購物中心、商業和文化之間產生屬性置換。甚至連博物館受託人協會（Association of Museum Trustees）都在迪士尼樂園開會討論研發策略，算是承認了這項新興的事實。購物中心的小世界已然成為你我身處的大世界，如今已不分國界、甚至連消費規則都管不住。[26]

---

[26] 作者註：Jean Baudrillard 在 For a Critique of the Political Economy of the Sign （St. Louis: Telos, 1981）和其後的著作，認為這種與經濟基礎的分離情況，確實已經發生。

Silicon Valley Mystery House
矽谷神祕屋

蘭登‧溫納 Langdon Winner

數位電子形成的雄偉建築如此繁複華麗，其結構快速擴展，新據點、新院室、新通路，一直處於永無止盡的自我闡述過程……種種形式都掩蓋了事物的真實內在，也不讓人發現控制點在哪。雖說其外在結構包含具體的物質層面，其核心卻只以信號格式存在，反映出資金的來去起落。

　　向西穿過聖荷西，往西北方轉進帕羅奧圖市（Palo Alto）之前，你會看到那棟建築物出現在 280 號公路的北邊——工業賺進的大筆財富、傑出的技術力、晦澀難懂的知識、創意無限的想像境界、密切的團隊合作，以及因為迷戀某些事物所流露出的活力，全都在帕羅奧圖市展現得淋漓盡致。那棟建築物就是溫徹斯特神祕屋（Winchester Mystery House），「鍍金時代」（Gilded Age）[1] 的怪誕遺跡，每天開放給好奇這棟宅邸怪誕建築風格的觀光客：160 間雕樑畫棟的房間組成四層樓的迷宮，窗戶共有一萬面，樓梯通不到任何地方，門打開是一面面白牆，祕密通道、按鈕開關的煤氣燈、數字 13 出現在浴室、窗玻璃、鑲嵌精緻的木地板和木屏風上。這一切都是莎拉・帕迪・溫徹斯特（Sarah Pardee Winchester）飽受折磨的幻覺，她繼承了「溫徹斯特連發步槍」製造者的遺產。1881 年莎拉的丈夫死後，她很害怕西部拓荒時代被溫徹斯特步槍殺死的冤魂會來找她。一次在波士頓的通靈場合上，有個靈媒建議她找間能夠吸引神仙又讓邪靈困惑的房子，1884 年她搬到聖荷西，買下一棟有九個房間的農莊，隨即整修、擴建。接下來三十八年，這位溫徹斯特太太雇用了許多木匠和工匠，二十四小時按照仿維多利亞風格的設計圖趕工，說那些設計圖是神靈授意的。她相信只要擴建工程持續下去，就可以逃過死亡，秘訣就是要不斷繼續蓋。這招效果卓著，直到 1922 年，八十三歲的莎拉在睡夢中離世，所有宅邸工程戛然而止。[1]

　　踏出這座瘋狂又鬧鬼的史跡，進入冷靜沉著、後工業理性的要塞，似乎令人鬆了一口氣。矽谷，上千家高科技公司、上萬名科技工作者的所在地，位於聖塔克拉拉郡（Santa Clara County）的西北區，過去曾經是美國的梅乾重鎮。其名稱來自此區中心的矽半導體產業，這裡完全不是谷地，而是舊金山灣區南邊近乎平坦的區域。記者從 1970 年代開始用「矽谷」這個名稱來形容空前集中的微電子公司，包括惠普、IBM、英特爾、美國國家半導體公司（National Semiconductor）、阿姆達爾公司（Amdahl）、羅姆公司（Rolm）、天登電腦（Tandem）、蘋果、雅達利遊戲公司（Atari）等，不勝枚舉，它們都在此地設有

總部或大型分公司。矽谷因為技術先進、經濟又活絡而備受推崇，意欲向此地看齊的外地科學家跟創業家也紛紛來到這裡。這塊晶片集中地也是歷史上典型的工業生產中心之一，跟 1820 年代的曼徹斯特、1890 年代的匹茲堡，和 1920 年代的底特律很類似。

經過數十年，矽谷形成了一套後工業社會可能面貌的運作模式。即使其中有些生活方式的特徵只發生在特定時空，其他特徵卻預示著未來的樣貌。但假如矽谷真的是未來城市的樣板，我們即將面對的未來到底是什麼樣子？這個地方最顯著的特點是什麼？地方（place）本身真的重要嗎？

乾淨至極的果園

微電子顯然是聖塔克拉拉郡跟周邊地區的主力產業。郡內 125 萬居民裡，超過二十萬都在半導體、電腦、軟體、通信系統這類公司任職，其他人則多半從事跟微電子業相關的材料供應、廣告、修理、住宅、運輸，還有財金、法律、託管和教育等各式各樣的服務。確實，要找到任何一個人或一戶家庭跟這個包山包海的產業完全沒有任何關聯，實在很困難。就連當地最大的報紙《聖荷西信使報》（San Jose Mercury News）都把自己當作某種產業的內部刊物，從 1980 年代中期起，就下了這樣的頭版大字標題：「日本人製造出 256K 晶片」。對這群人來說，頭等重要的世界大事，就是哪些事情讓電子業回升和衰退，或者有哪些新發明會改變競爭的條件。

雖然矽谷作為產業重鎮，該產業充滿活力，影響力遍及全世界，產值高達數十億美元，矽谷本身卻沒有什麼中心區域。二戰後美國經濟繁榮，原本

---

[1]　譯註：「鍍金時代」（Gilded Age）一詞流行自 1873 年美國作家馬克・吐溫與華納（Charles Dudley Warner）共同創作的小說名稱，諷刺南北戰後，美國經濟迅速成長，但卻「金玉其外，敗絮其中」，發生種種政府貪婪和政治腐敗的現象。之後美國人便以此詞稱呼南北戰爭和進步時代（Progressive Era）之間的這段時期（約為 1870 年代到 1910 年）。

的果園被許多工廠、辦公大樓、住家取而代之，個別城鎮和都市的身分卻逐漸模糊。從聖荷西開車一路往聖塔克拉拉郡、森尼韋爾市（Sunnyvale）、山景城（Mountain View）到帕羅奧圖市，並沒有什麼跡象顯示這個城鎮在哪裡結束、下一個城鎮又從哪裡開始。購物中心、科學園區、速食店、住宅區，統統混在一起，成為一幅五顏六色的織錦畫，沒有明顯的邊界或形態。彷彿莎拉‧溫徹斯特轉世後，被推舉為郡計畫委員會的頭頭，決定要把神祕屋的結構推廣到這片土地的每一個角落。

這個地區並沒有誰特別突出，足以發展成區域的都市核心。北邊五十公里外的舊金山距離太遠，不適合作為矽谷的經濟或文化樞紐；聖荷西市是聖塔克拉拉郡最大、成長最快的城市，似乎有潛力發展成核心地段，但它怪異的擴張模式不太符合城市的定義。矽谷則是新加州都市風格的典型——郊區幅員廣大，沒有主要城市來為地區定調。

不過，此地區的都市地景共同欠缺的一致性，倒被其他東西給補上了：微電子業本身就有實驗室、生產設備、投資、競爭、專業管理、奮發努力的人格特質和國際連結。這裡的城鎮所創造的物質和文化空間並沒有把生活跟主要產業分開，兩者反而同等重要。生意就是一切。甚至有些矽谷居民還有一種驕傲感，覺得其他人類興趣都是次要的，發生在店家、餐廳、酒吧、健身俱樂部裡的對話都離不開電腦、科技發明跟錢。

電子業的非凡魅力不但型塑著矽谷居民對現在的看法，還影響他們對過去的感受。1930 年代，聖塔克拉拉郡擁有四萬多公頃的果園跟八千公頃的蔬菜田，被稱為「喜悅之谷」（The Valley of the Heart's Delight），是個永遠陽光普照的伊甸園，樹上的果子象徵著悠閒安逸、近似地中海區域的生活。但是以固態物理學發展出的晶體結構，無論是電晶體、積體電路、微處理器、動態記憶體晶片等等，在以此為名的地方，過去的農業生活幾乎被遺忘，現在保留下來的田園只是用來當作企業營運時復古別致的背景。[2]

如此特有的疊合狀態，可以在聖荷西南邊科特爾路（Cottle Road）的 IBM 看

得見，那裡有巨大的製造和開發設備，占地 210 公頃，過去曾是聖特蕾莎牧場（Rancho Santa Teresa），這片沃土最早是 1826 年一位西班牙士兵來開墾。IBM 打算蓋一個最先進的儲存系統，供大容量主機電腦使用。這裡有些技術精密的操作需要在「100 級無塵室」裡進行──表示每立方英尺的空氣裡，微塵粒子的數目不超過一百顆。工作人員全都身穿消毒過的白色衣袍和面罩，以確保不會對精細的電路系統造成人為汙染。這群高科技生產設備對面有一片空地，IBM 留下了之前曾經支撐起聖特蕾莎牧場的果園，現在基本上已經是純裝飾，一排排整齊的果樹顯得完美無瑕，全都經過精心修剪、澆水、除草，樹下連一根草或一片枯葉都沒有。它們在蔬果的世界裡非常稀有，是最先進的，100 級，乾淨果園。土地的有機肥力被濃縮重整，很符合這片成功的後工業複合體絕對理性、衛生的秩序。

吸收和轉換的能力無遠弗屆。甚至連聖塔克拉拉郡外圍的社區，都體驗到矽谷錢與權的強大吸力。微電子公司向外擴散，對許多周邊城鎮的地位造成威脅，影響其經濟發展，例如東灣（East Bay）的佛利蒙（Fremont）和海沃德（Hayward）、聖荷西東南部的吉爾羅伊鎮（Gilroy），跨過山的西南邊來到聖塔克魯茲郡（Santa Cruz County），從斯科茨谷（Scotts Valley）、聖塔克魯茲市（Santa Cruz）到沃森維爾市（Watsonville）都在列。重視環境的聖塔克魯茲市就曾經通過限制成長的法令，但還是阻擋不了這股力量。蒙特雷灣（Monterey Bay）的沙岸上原本長著洋薊，現在冒出了工廠、辦公室和倉庫，並繼續外延發展，或許可以改稱「矽灣」（Silicon Bay）。蔓延的過程遵循典型的模式：一間小公司剛開始只有幾個員工，位在不起眼的租賃大樓裡，順利的話，一兩年內就會快速擴增，開始增加設備和員工。1901 年法蘭克‧諾里斯（Frank Norris）出版的小說《章魚》（The Octopus）描寫百年前的加州到處擴建鐵路，微電子業也很類似，陸續收編了之前不在其掌控之中的社區。[2]

其實，矽谷的夢想和野心具有很高的感染力，這裡已經變得跟加州另一個夢幻地景很像，那就是好萊塢（Hollywood）──與其說這地方是某個地理上的

地點，不如說是一種心境狀態。好萊塢的每個人都從事演藝事業，人人都是明星。同樣地，矽谷的心理狀態是要鼓勵來自四面八方、心懷抱負的人想像自己是微電子業的未來之星和巨頭，準備靠嶄新的產品賺大錢。這份神祕感不只影響了個人和新創公司，還影響到城鎮跟都市。1980 年代初期，美國多個地區跟國外都熱切想要與矽谷角逐王者寶座：矽山（Silicon Mountain。包括丹佛、波爾德、科羅拉多泉）、矽草原（Silicon Prairie。從達拉斯到沃斯堡之間的區域）、矽森林（Silicon Forest。奧勒岡州波特蘭）、歐洲的矽谷（Silicon Glen。蘇格蘭），另外還有一個主要競爭對手，那就是環繞波士頓的 128 號公路。商業管理的教科書現在都有按部就班的步驟，教那些想要成功的人如何「發展成下一個矽谷」。[3]

新聞報導提到矽谷的發明和財富時，可能會讓人以為這一切發生在一夕之間。那種錯誤的印象忽略了剛開始有一段醞釀期長達四十年，那時候幾乎沒什麼矽谷的新聞。矽谷的成功背後，其實是一段漫長又緩慢的過程，投注了千萬人的意念和精力。雖然沒有大建築師或大師級的工匠，有一個人還是對此地區的歷史造成了關鍵的影響，那就是史丹佛大學的工程學教授弗雷德里克·特曼（Frederick Terman），為我們示範了複雜的科學知識如果能離開學術殿堂，應用在實體營利企業上，會是什麼樣子。正是因為特曼偉大的想法實現了，矽谷才得以擁有今天獨特的性格和魅力。

工程師的天堂

弗雷德里克·特曼生於 1900 年，在帕羅奧圖市長大，其父是史丹佛大學心理學教授，也是史丹佛－比奈智力測驗（Stanford-Binet IQ Test）的研發者，畢生工作就是研究天才兒童。1920 年特曼從史丹佛取得化學學位，1924 年從麻省理工學院取得電機工程學博士，然後很快就在史丹佛找到工作，負責成立無線電通訊的實驗室。1927 年特曼在《科學》雜誌（Science）的一篇文章引用電學

一些新發現的來源數據，論證說美國的工程學院在能力上比商業公司明顯弱了許多。意思並非高等教育機構無用，只是他們該重新評估自己應採取什麼樣的社會角色。「大電子公司的實驗室甚至不需要靠學術研究就能取得相當進展，但受過技術訓練的年輕人只能由學院來供給。」[4]

接下來幾十年，特曼致力打造史丹佛成為工程教育的重鎮，促進學術界和業界之間的連結，期望產生他所謂的「一群技術學者」。他寫道，這群人「是由運用高度精密科技的產業人士所組成，再加上一所對周邊產業的創意活動足夠敏感的實力雄厚大學，這種型態應該會是未來的發展趨勢。」[5]

特曼曾擔任史丹佛大學工程學院的院長，後來又成為史丹佛大學的教務長和副校長。他不僅容許科學和工程學院的教職員在業界工作，還積極鼓勵他們這麼做。1950 年代初期，這個政策效果卓著，體現在大學新設立的永久硬體建設「史丹佛工業園區」（Stanford Industrial Park），如今隨時勢所趨更名為「史丹佛研究園區」（Stanford Research Park），在史丹佛校區裡占地 265 公頃，並租賃給七十幾間科技公司。這麼做的目的很清楚，就是要方便企業獲取大學裡的人力資源和研究成果，回過頭來讓教職員有機會在業界的「真實世界」實踐他們的想法。

學術界和企業之間的連結緊密，加上心智生活和財富誘惑之間所形成的聯想很成功，吸引了世界上最優秀的科學家、工程師和經理人來到帕羅奧圖市跟周邊社區。他們找到的不只是有意思的工作、高所得和股票選擇，畢竟只要成功，那些東西可以在任何地方買得到，額外的收穫還有優雅的加州生活風格，能住在有露台的家裡，還有一流大學形成的文化氛圍，更重要的是他們找到了

---

[2]　作者註：諾里斯寫道：「是的，到處都在建鐵路。牧場被章魚的觸角抓住了；運費過高，漫天要價，像強加在身上的鐵枷鎖。」但他的結論是，儘管出現了明顯的破壞，卻有更大的好處。「原封不動，不可侵犯，冰清玉潔，這個強大的世界性的力量，這個世界各國的撫養者，沉浸在恬靜的涅槃世界中，對螻蟻般的人類漠不關心，它巨大、不可抗拒，沿著預定的軌道前行。」Frank Norris, *The Octopus: A Story of California*（New York: Bantam, 1958），pp.437-38.

彼此——由各領域事業有成的專家組成的同質群體，不僅工作場合會遇到，社交活動也會相遇，這群人幾乎全是特曼的父親幾十年前研究的「天才兒童」。當地充滿啟發的文化氛圍，以及聖塔克拉拉郡北邊許多實驗室、智庫、藝廊、音樂廳，不僅象徵著此區的經濟繁榮，也對經濟有所助益。

特曼對此區產業的影響程度，可以以兩個他早期的學生為代表：創立惠普公司（Hewlett-Packard Company，HP）的威廉・惠利特（William Hewlett）和大衛・普克德（David Packard）。1938 年，還在真空管電子學的年代，他們聽從指導教授的建議，在宿舍後面的車庫創建了一間專門製造音頻振盪器的公司。華特迪士尼（Walt Disney）是他們第一個客戶，野心勃勃用了八台音頻振盪器製作一部經典音樂動畫長片的原聲帶。[6] 矽谷可以說是從《幻想曲》（Fantasia）起家的，迪士尼工作室從一開始就發現了幾十年後複雜的電腦遊戲、繪圖、聲音合成所能發揮的潛力：電子學能夠憑空創造新的現實，也就是虛擬實境（virtual realities）。在這部影片裡，指揮家李奧波德・史托考夫斯基（Leopold Stokowski）跟米老鼠握手，一位古典大師跟一個虛構的角色聯手了，新的傳統於焉展開。

但好萊塢並沒有撐住惠普的主要市場太久。二戰期間，這間公司為美國軍隊提供電子儀器，戰爭末期的時候，它還持續成長，繼續把產品賣給五角大廈和工業公司。如今它成為矽谷地區最大的電子公司之一，在灣區雇用了大約一萬八千名員工。

假如史丹佛是一所以商業公司為藍本的大學，惠普就是一間以大學為藍本的商業公司。惠普首開先例採用校園風的建築形式，後來許多矽谷公司也跟進，設備完善的辦公室和實驗室坐落在偌大優美的景觀花園裡。惠普也將類學術的管理方式發揮到極致，也就是採取「走動式管理」（management by walking around），賦予員工相當高的自主性，經理人只是偶爾出現來給點建議或檢核表現，很像博雅學院（liberal-arts colleges）慈祥的院長。教育程度高的員工所要展現的不只有個人能力，在如此組織環境中，這種低調的激勵或控制方法運作的效果很好。快速的科技創新是電子業的本質，各家公司必須想辦法刺激跟支持

新的想法誕生。為了讓高水準的員工開心並保持生產力，惠普營造了非常愉快的工作環境、優渥的福利、利潤分紅機制、帶薪休假、就業保障，還有聖塔克魯茲山（Santa Cruz Mountains）一座風光明媚的度假公園。[7]

惠普的福利大禮包後來也給其他矽谷公司學去，甚至有的還發展得有點荒謬。1970 年代晚期，高科技公司因為濫給員工各種美好生活的誘惑而出了名：有午後的啤酒酒會、奢華的聖誕節派對，還有其他各式各樣的福利慶祝會來討員工歡心。為了配合加州迷戀養生和健身的風氣，好幾家公司都蓋了室內健身房，裡面配備鍍鉻的全身型健身機，如此一來員工就能充分運用彈性的工作時間。一些企業領導者信奉人本主義心理學的技巧與療法，希望促進個人成長來創造最大的利益，最有名的就是蘋果和天登電腦的領導人。廣受歡迎的新時代（New Age）企業哲學強調「追求卓越」，或者精妙的「一分鐘管理法」，還有企業作為溫暖、滋養、整合的力量。天登電腦的創辦人詹姆士·特雷比格（James Treybig）主張「眾人共好」：「民眾、員工、經營者、公司皆為一體。」[8]只要科學家跟工程師的技術還是搶手商品，對「高科技人本主義」重視的程度，就是求才時可以討價還價的籌碼。理性結合享樂、工作結合休閒、事業結合消遣，矽谷的文化是個充滿矛盾的烏托邦，一個工程師的天堂。

從純粹技術的觀點，矽谷崛起成為各種發現與發明中心的關鍵時期在1956 年，當時貝爾實驗室（Bell Laboratories）[3] 電晶體的共同發明人威廉·肖克利（William Shockley）決定搬到帕羅奧圖市創業。他找來八個優秀的年輕工程師，準備開發一系列新的電晶體。肖克利的發明才華跟他拙劣的經營能力相互補，於是很快就跟那群核心的年輕工程師就鬧翻了，他們離開成立自己的公司：快捷半導體（Fairchild Semiconductor）。其中一個逃兵是羅伯特·諾伊斯（Robert Noyce），他很快就發明了積體電路，單一塊微小的矽晶片上乘載許多電晶體，

---

[3]　譯註：美國電話與電報公司（AT&T）的研究機構，電晶體、Unix 作業系統、C 及 C++ 語言均是由該機構研發的。

這個突破讓微型化（microminiaturization）得以實現。[9]

接下來十五年，快捷半導體產出了一系列新發明和子公司，包括國家半導體公司、英特爾、超微半導體（Advanced Micro Devices，AMD），還有其他幾十家，共同組成了現在矽谷經濟的核心。從肖克利的「叛逃八人組」時期到現在，工程師離開母公司自行創業，似乎是這個產業擴張的主要方式。事實上，透過子公司來成長是矽谷發展的一貫模式，就像某種都會的有絲分裂（mitosis）：成熟細胞分裂形成新的生物體，跟母體的形狀和功能大致相似。

雖然這種模式在舊金山灣區南岸很成功，卻很難移植到美國其他地方。1960 和 1970 年代，聖塔克拉拉郡的產業技術力和經濟力的新聞傳播開來，美國眾多大學紛紛也想效法特曼點石成金，在校園旁邊蓋起豪華的工業園區，裡頭有大廠房和辦公大樓，然後在前院的草地上豎立起「招租」的標誌。這類園區能吸引民間大量的研發資金，據說穩賺不賠，可以擴大學校收入，或幫科學工程科系孜孜矻矻的教職員加薪。但雖然這種作法有獲得幾次小小的成功，整體來說還是失敗的。高科技公司覺得沒什麼必要聚集到新的產學園區，假如企業需要特定領域的專業知識或思考方面的刺激，大可想辦法找來合格的顧問就好了，何必只因為一個野心勃勃的大學校長投入不動產市場就跟著轉移陣地？

不過，要充分理解這些希望為何落空、為何難以複製特曼在史丹佛大學和聖塔克拉拉郡如此成功的模式，就必須考慮到創建和維持矽谷最重要的因素：美國軍方的財政支持。

電子競賽

二戰期間在太平洋發生的衝突，把很多飛機製造商帶到美國西岸。加州晴朗的氣候似乎特別有吸引力，終年都適合製造或測試產品。隨著冷戰和韓戰爆發，加州變成美國最繁忙的製造中心，負責生產噴射機、導彈和其他精密武器系統。國防預算增加，洛杉磯和聖地牙哥受益最多，為了要發展戰爭機器，必

須以驚人的速度成長。

漸漸地，聖塔克拉拉郡也成為聯邦支出的重要對象，此地有諸多特點能吸引軍事承包商前來，像是森尼韋爾市的莫菲特機場（Moffett Field）空軍基地、現成的土地、有路徑通往舊金山和奧克蘭的港口運輸設備，以及鄰近史丹佛和柏克萊，訓練有素的科學家和工程師源源不絕。[10] 二戰後的二十年，喜萬年電腦（Sylvania）、快捷半導體、通用電氣（General Electric）、西屋電氣（Westinghouse）、飛歌電子（Philco-Ford）、威寶家電（Kaiser）等老牌公司都在這裡建廠，依照軍事合約開始進行生產。既然「化玉帛為干戈」更有利潤，聖荷西的富美實食品機械化學公司（Food Machinery and Chemical Corporation）原先是做農業曳引機，後來又繼續製造二戰時由他們率先做出來的軍事坦克。整個成長中的國防事業，最重要的一塊拼圖出現在 1956 年，洛克希德飛機公司（Lockheed Aircraft）在聖塔克拉拉郡成立分公司，今天洛克希德飛彈與太空公司（Lockheed Missiles and Space Company）是矽谷最大的雇主，在職員工有兩萬五千名。

長期的戰爭經濟為半導體科技的發展提供了沃土，現代兵器的演進越來越快速複雜，關於指揮、控制、溝通、軍事情報的要求也越來越細緻，軍備競賽很大程度上成了電子競賽。先進武器開始有必要微型化，這項微電子學的重要貢獻必將改變現代社會。舊時的真空管和銅線很難製造出「智能炸彈」和其他現代戰爭的機械。美國國防部已經準備好，願支出一切必要花費來生產微型固態電子元件。[4]

軍購預算有相當大部分花在研發，1958 到 1974 年之間，政府花了將近十億美元在研發半導體，幾乎跟所有民間公司花在研發上所加起來的一樣多。

---

[4]　作者註：世界上第一次見識到許多這類設備的實際運行情況，是在 1991 年的波斯灣戰爭中。雖然愛國者飛彈和戰斧巡弋飛彈等武器的實際效果仍有爭議，但直接的公共關係結果，是建立了公眾和國會對資助下一代電子武器的支持。關於高科技戰場的前景分析，見 Frank Barnaby, "How the Next War Will Be Fought," in Tom Forrester, ed., *Computers in the Human Context: Information Technology, Productivity, and People*（Cambridge: MIT, 1989）, pp. 518-27.

軍方很急切要推動新的電子設備生產，於是提出有利可圖的成本加成合約（cost-plus contract）[5]，默許補助蓋製造廠。甘迺迪、詹森和尼克森總統時期，正是跟俄羅斯軍備和航太競賽的高點，錢對軍方、太空總署跟立法監督者來說根本不算什麼，因此前幾代的電子元件差不多是在完全不計成本的情況下開發的。只要哪個物件夠完備了，五角大廈就會是非常可靠的長期市場，有時還會獨占市場。1965 年，軍方採購就占了全美生產的積體電路的七成。

1950 到 1960 年代，要是沒有來自軍方的巨額補貼，微電子工業必定會發展得更慢，因為社會對半導體沒有急迫的需求，因此沒有夠大的國內市場。政府其實吸收了許多高度不確定的企業所帶來的風險——媒體和產業傳奇常常忽略這一點。1970 年代晚期，矽晶片開始進入電動遊戲、微波爐、個人電腦和其他消費品，這個產業的成功就歸因給企業家如羅伯特・諾伊斯、AMD的傑瑞・桑德斯（Jerry Sanders）、蘋果的史蒂夫・賈伯斯（Steve Jobs）、諾蘭・布希內爾（Nolan Bushnell）、桑德拉・柯齊格（Sandra Kurtzig）和創投業者弗雷德・阿德勒（Fred Adler）、亞瑟・洛克（Arthur Rock）、富蘭克林・「皮奇」・約翰遜（Franklin "Pitch" Johnson）和其他砸大錢的風險投資家。他們被譽為 1849 年加州淘金者的當代翻版，四處尋找磁石，收集好資金，順從直覺大膽冒險，賭上一切，然後淘到金礦。雖然他們的故事很像人人愛的美國神話，但新興企業家或創投業者只不過是撈起了表面的浮沫，裝瓶後大賺一筆。真正承擔長期風險的，是平凡的美國納稅人，這點《財富雜誌》（Fortune）和《商業週刊》（Business Week）都忽略了。

政府對微電子業的投資，產生無數謀取私利的機會。只要用來製造武器的廠房和人員一切齊備，就有辦法生產各式各樣的產品。就如同底特律的汽車工業仰賴周邊上千間店家提供構件、零件和服務，聖塔克拉拉郡的微電子業也要依靠眾多能夠隨時提供各種物件的小公司，從複雜的電路板到貨箱應有盡有——或許數量高達八千家。如此多元、彈性的供應商、承包商和服務，不管對新舊公司來說，都很容易開出新的生產線。一些最早期的個人電腦，比方說

最初的蘋果電腦，就是由現成的零件所組成的低廉機器。回頭看，唯一的謎團應該是為什麼在這麼完整的產業情境裡，個人電腦竟拖了那麼久才生產出來。

矽谷的效率和適應變動的能力，可從一種迷人的新建築類型看出來：配裝建築 [6]，一或兩層樓高的鋼筋混凝土牆平放在基地地面，扶正後跟其他的結構銜接在一起，可用於組裝工廠、倉庫甚至辦公室，這些沒有窗戶的軀殼被當成老牌公司和新企業的臨時基地。森尼韋爾市南邊的中央高速公路（Central Expressway）沿線，一棟棟裝載著發明家和企業家最新夢想的配裝建築，形成某種新創公司的聚集地。公司商標看板上週期性出現的「出租」招牌，是這個產業繁榮與衰退的指標之一。

彈性的設備、一群能幹、機動性又高的優秀工程師、完善的行政支援，相加之下，讓矽谷在這個極度變動無常的產業裡持久不墜。但其實近年來，因為其所銷售的主要產品而得名的矽谷，已經失去它在全球半導體銷售的領先地位，被東亞的競爭者給比下去了。主要的問題是美國的消費性電子產業衰退，衝擊到對晶片的高度需求。11 微電子業的動搖，讓業界人士和政治人物痛苦萬分。1980 年代中期，一群頂尖科學家和工程師組成的專家群提出警告，要是美國必須依賴外國廠商提供關鍵的軍事電子元件，將會造成國安危機。迫於壓力，雷根政府違背了自己提出的自由貿易主張，公然支持保護措施，來扶持晶片製造者日益低落的財力。但這波焦慮完全沒有任何根據。其實，此地區的經濟抗壓性，還受得住接下來幾年不可避免的產業循環週期。

許多衰頹中的美國城市欣羨矽谷的財富跟活力，想方設法要說服一兩家電子公司進駐，覺得有了電子業就能跟矽谷一樣成功。然而，更徹底的複製是期待再有一波之前那樣的政府支出，地方經濟能夠從新的軍事合約或補助金

---

[5]　譯註：指買方應支付給供應商實際會計成本，再加上供應商應得的利潤。

[6]　譯註：tilt-up building 詳細含意為「預鑄混凝土扶正建築」，是以「扶正」（tilt-up）建築工法所蓋成的建築。

獲益。事實上，就算矽谷在 1960 年代中期之後，試圖將重心轉移到更大的市場，聯邦預算還是很重要的經費來源。微電子業大幅成長的狀態，在 1980 年代中期歷經長時間低迷，有些觀察家擔心，從電動或個人電腦這類消費性產品，轉成每年超過四十億的軍事合約，對產業來說象徵一種新的危險發展。這類擔憂只不過反映出矽谷的社會意識形態裡天真的人本主義，也就是把微電子看成當代生活中一種天生人道、民主的力量，卻忽視電子業在該地區的經濟史占有一席之地，少不了要依賴五角大廈的慷慨解囊。

分裂的文化

在美國農業和重工業嚴重衰退的時期，矽谷的成功帶來新生活的希望，各種新的社會結構正在成形。先知說，看呀，電腦時代、資訊社會、服務經濟來臨了！不管這些宏大的期望會不會實現，矽谷都提供了一個模型，讓我們想像可能的未來。要是不單把分析的重心放在科技或財富面，而是也把這種未來看作正在浮現的各種社會和文化機會，有哪些特點脫穎而出呢？

當然，最顯而易見的就是矽谷成千上萬負責高階研究、發展和企業管理的科學家、工程師和經理人。這群高學歷、高收入的菁英大多都是白人男性，特權階層的女性或弱勢族群較少。他們在郡北方（離史丹佛大學越近越好）設備完善的實驗室和辦公大樓裡工作，但住在富裕的坡地社區裡，如洛思阿圖斯（Los Altos）、波托拉谷（Portola Valley）、薩拉托加（Saratoga）和洛思加圖斯（Los Gatos）。

要進入這個專屬群體，必須要有學士學位，最好是電機工程、資訊科學或物理背景，而且還要是從美國最優秀的大學畢業。就連如人資管理這種非科學部門，徵人廣告都會特別要求申請者要熟悉科技，多數人幾乎不得其門而入。新加入的人面臨的就是勞心勞力又快節奏的生活，工時長、壓力大。對很多人來說，就是把整個人投進工作裡，沒什麼時間留給家人、朋友，甚至跟手頭專

案不直接相關的活動。公允一點說，很多人在真正進入職場之前，就已經是工作狂。拒絕休息的年輕人日日「加班」，終於拚來麻省理工學院、加州理工學院和柏克萊的學位，同樣的這群人也不後悔花大把時間在電腦公司加班。蘋果公司剛開始出品的麥金塔電腦，其研發團隊身上穿的 T 恤就驕傲地宣告「我每週工作九十個小時，而且我愛死工作了」。他們的世界跟經濟學家托斯丹・范伯倫（Thorstein Veblen）提出的預測完全相反，財富不再產生有閒階級 [7]。矽谷的專業人士幾乎沒什麼空閒時間，他們似乎也不想要有空閒時間。此地的確是一個由工程師一手打造、也為了工程師而存在的天堂，在這裡，辛勤工作已成為生活的無上樂趣。

矽谷創業的設備條件很靈活，社會角色和關係也經常變動。由於這裡有充足的工作機會，產業本身又有職涯晉升的風氣，這裡的人常常在換工作，每年矽谷大概有三成的員工跳槽。有鑑於此，很多公司的福利都不包括退休金制度，畢竟誰會待得久到可以領退休金？願意放棄長期制度性的關係也反映在其他社會數據上。1980 年代初期，聖塔克拉拉郡離婚的人比結婚的人還多。為了紓解這種不穩定造成的心理壓力（同時也從大量的可支配所得中賺點錢），各種不同的療法、交友服務和「個人發展」研討會如雨後春筍般紛紛湧現，比如維爾納・艾哈德（Werner Erhard）的 est 講座和後來的論壇工作坊 [8] 還是很流行。某個機構把自己行銷成可靠的紅娘，它所服務的客戶掌握到約會對象的唯一資訊是他或她的車牌號碼。

---

[7] 譯註：美國經濟學家與社會學家托斯丹・范伯倫（Thorstein Veblen）在 1899 年出版的《有閒階級論》（The Theory of the Leisure Class）提出「有閒階級」（leisure class）概念，批評諷刺富人因擁有財富而產生的優越感與各種炫耀性的行動。這群有資產的人，不需要擁有固定職業，生活休閒以社交娛樂為主，透過擁有的物品來展現身分地位，同時也脫離勞動關係。

[8] 譯註：維爾納・艾哈德在 1971 年於加州創辦 est（Erhard Seminars Training）課程，是一種開拓個人成長體驗的工作坊，對個人成長、團隊領袖、企業培訓產生可觀影響。1984 年後，原本的 est 工作坊被新課程「論壇工作坊」（the Forum）取代。

這群工作狂的文化典範把發明者兼創業家（inventor-entrepreneur）當作英雄。根據這個模型，想要成功的話，就必須效法業界裡那些先行者或大破大立者，發想出新產品、招募技術團隊、說服創投業者投資、離開老東家、創立新公司。大家都知道矽谷最大的獎賞就是變身為成功新企業的老闆。金錢回報在剛起步的公司「公開上市」，也就是第一次將股份賣到證券交易市場上時就會來到，這些公司的創辦人幾乎很有機會一夕致富。小小的聖塔克拉拉郡就有兩千個百萬富翁。

工程師和經理人來到熱門的聚會地點，如山景城的步行者馬車輪餐廳酒吧（Walker's Wagon Wheel Restaurant and Lounge），一方面「建立人脈」，一方面討論新的企業創投計畫，開心得不得了。當然，對老牌公司來說，高階人才求去，另外成立新公司，是不容小覷的問題。有遠見的公司開始支持所謂的「內部創業」（intrapreneurship），容許員工在原有的組織裡實驗大膽的新發明和產品構想。這種策略能夠分得多少新創技術的收益，目前還有待觀察。

矽谷生意人的經典格言，反映出他們的傲氣和玩世不恭：「金錢就是生命的成績單」、「誰死時玩具最多就是贏家」、「娘親不比現金」。但在這麼快節奏、一心向上流動的社會階層，人們常常很難展現自己究竟表現得有多好，因為同事經常忙到沒時間注意這麼細微的成功跡象。因此這群人發展出一套容易分辨的公共符號，比方豪華汽車，來辨別每個人的位置。比起高檔的山坡住宅或昂貴的加州運動服，在街上移動或停在公司停車場裡的車輛更能顯現發達的程度。新進的年輕工程師開保時捷或 BMW；較年長、事業有成又有家庭的專業人員偏好賓士或捷豹的轎車；最奢華有權勢的人則喜歡跟藍寶堅尼和其他訂製跑車一起出現。美國和日本製的車就算是最貴的車款，也被排除在神聖符碼之外，說是缺乏工程師重視的造型和技術精細度。

矽谷名流的財富、冒險精神和浮華，可以從電腦公司總裁丹尼斯‧巴恩哈特（Dennis Barnhart）的悲劇事件略窺一二。1983 年六月某日，位於洛思加圖斯的飛鷹電腦（Eagle Computer）掛牌上市，四十歲的總裁巴恩哈特搖身一變成了千

萬富翁。為了慶祝事業成功，他和幾個朋友喝了些酒，然後邀了一個女伴開他新買的法拉利跑車出去兜風。沒多久，超速的跑車衝破高速公路護欄，滾下路堤，巴恩哈特和乘客雙雙身亡。

不過話說回來，這個地區也不是只住著光鮮的企業家跟熱愛工作的科技新貴。矽谷還存在另一個世界，跟前面這群人形成非常鮮明的對比——十萬個製造和組裝的工人，大部分都是女性，教育程度不高、缺乏特殊技能、薪水低廉，多半也不是白人，而是西班牙裔、亞洲人或黑人。雖然他們的工作必須仰賴聖塔克拉拉郡北邊的生產設施，人卻住在南邊的普通公寓和平房，主要是聖荷西和附近的坎貝爾（Campbell）。他們的工作內容完全無法施展創意來規畫、想像、發揮影響力，而是例行的生產流程，包括製造半導體、處理有毒化學物質、把晶片安裝到電路板上、組裝電腦及通信設備、把所有東西打包裝箱。[12]

雖然從事這類生產工作的機會很多，卻也很不牢靠。就算在景氣好的時候，只要產業轉換投資重心，解雇或關廠也時有所聞。微電子業工人的工會一直都難以組織起來，公司告訴這些生產工人，要是他們組了工會，薪資變得太高的話，矽谷的工人就沒辦法跟美國其他地方或國外那些工資更低且沒有入工會的勞工競爭；被發現投入組織工會的人則會被解雇。最後一次正式要組工會的嘗試，發生在 1983 年 11 月的雅達利公司，最後以 29 人贊成、143 人反對而失敗告終。[13] 矽谷的公司因而可以繼續運作，薪資、時數、福利和工作規定都不受集體談判協議所牽制。

企業不把自己當作一種勞資雙方的協商關係，而是創造出溫暖、支持、振奮人心的環境，不但受到科技新貴肯定，也是被推崇不已的矽谷傳奇。但對下層的工人來說，大肆強調參與機會和自我實現，反而很像父權的領導作風，否定掉工人的自主權。工廠工人受邀參加例行的啤酒酒會，跟賺六位數薪水的人摩肩擦踵，聽講座大談公司最新的市場推廣策略，這種團康活動本意是要讓他們 4.5 到 8 塊美元的時薪賺得更體面，要是工人對這麼英明慷慨的公司所推出的政策竟然意圖有所懷疑，顯然就實在太失禮了。根據記者羅伯特・霍華德

（Robert Howard）的報導，有個女人因為沒出席惠普公司規定參加的茶敘，就受到嚴厲警告。一名主管解釋，惠普的創辦人「比爾 [9] 和大衛給你這十分鐘，你就有責任要好好運用。」[14]

不過，在工廠裡穩定就業領時薪的人已經算幸運了，像第三世界國家 [10] 的新移民等幾乎別無選擇，只能在矽谷的血汗工廠、車庫、倉庫裡，按照他們組裝的電子次組件數量來計酬。有些人在家裡從事非常低薪的組裝工作，重現早期工業革命的外包生產制（putting-out system）。對於出生在這種「後工業」世界的人來說，最大的期望絕對不是讓新電腦或軟體公司發行股票上市，而是只要能活下去就好了。

資本主義的妙處，就是真正得利的人不用負擔生產的社會成本。在聖塔克拉拉郡，這意味社會服務最重的負擔，如學校、警力、消防、福利機構等等，都落在「南郡」（south county）比較沒那麼富裕的人身上，也就是最需要公共服務，但收入最少的那群人。上千名住在聖荷西、坎貝爾和米爾皮塔斯（Milpitas）的生產工人，平均收入是「北郡」（north county）專業經理人的約莫五分之一。但各自治市都要自己想辦法處理低收入和弱勢居民所面對的問題，這群居民飽受犯罪、吸毒、文盲和其他社會問題折磨——實際上，正是這些區域提供了社會修復的機構，來支持其他地方所享受的經濟成果。[15]

嚴重的不平等也發生在北邊。從弗雷德里克·特曼的「產學研綜合體」（university-industrial complex）跨過國道 101，就是東帕羅奧圖市（East Palo Alto），從史丹佛的胡佛塔（Hoover Tower）上也看得見。那裡是一個貧民區，住在那的黑人長期貧困和失業，似乎無力回天。東帕羅奧圖是一個被遺忘的地方、一個隔壁的鄰里、一塊被排除在「科技專家社區」之外，也鮮少被承認的領土。當地匯集的財富、人才、解決問題的能力無與倫比，窮苦和弱勢族群的問題卻反倒無人聞問也無力應對。在東帕羅奧圖念書的孩子的測驗成績，是全國青少年的倒數十名，而帕羅奧圖的孩子卻固定名列前茅。不過，在矽谷這個強調自我實現的白人烏托邦裡，沒什麼人關心窮人和黑人。創意的能量統統都留給整合電

腦軟體,而非整合社會。

　　此地區的貧富差距越來越大。對位在光譜尾端的人來說,美國夢一貫地提供了向上流動的安慰。的確,南郡的弱勢族群還是具有某種文化和經濟上的活力,到處開著服務西語裔和亞洲人的地方超市、風味餐廳和店家。表面上看來,混得好的那些人都是累積了足夠資源,方能完全脫離生產線,離開微電子業另起爐灶。但這個產業對於身在底部的人,並沒有向上移動的爬梯,就連低階的行政工作也要求要有工程學士,甚至更高的學歷。美國人理想中努力工作、展現出才華,然後就會步步高升的生存策略,已經不再站得住腳;這個產業的社會結構極度階層化,而且並沒有可企及的中間層。對於技術專業人士來說,快速轉換工作通常代表更好的薪水跟更大的責任,但對工廠員工而言,卻只是從一個沒有出路的工作跳到另一個,永遠都在橫向迴圈裡打轉。

　　既然這種職業狀態如此乏味又不安穩,未來也不是沒有機會將這類上千人賴以維生的例行工作完全移除。許多工程師和業者都盼望能有全自動化的工廠──工作區裡沒有工人。進行電腦整合製造(computer-integrated manufacturing,簡稱 CIM)時,目標是要在完全電腦化的工廠環境裡,協調所有設計、測試、材料管理、製造、組裝和檢查的步驟,將人力減到最少。因此,對於生產成本裡勞動力所占的比例已經降到 2% 以下一事,蘋果麥金塔的工廠很得意。隨著微電子業的硬體和程式技術越來越精密複雜,跟完美的機器人一起生活的古老夢想似乎伸手可及。

　　雖然矽谷的兩大社會階層在許多層面都十分迥異,他們每天還是會有兩次交集──發生在路上。因為上千名工廠員工必須從南郡的家來到北邊的廠房上班,而公共交通非常不發達,高速公路和周邊道路於是在早上、下午和傍晚經

---

[9]　譯註:指惠普創辦人威廉・惠利特(William Hewlett)。「比爾」(Bill)是「威廉」(William)的暱稱。

[10]　譯註:通常指亞洲、非洲、中南美洲的發展中國家。

常大塞車。產業的彈性工時甚至使塞車問題更加嚴重，森尼韋爾市 280 號公路「每晚」的塞車從下午三點就開始了。工程師和經理人開的光鮮跑車幾乎是保險桿貼保險桿，旁邊跟著一大群廠區工人開的雪佛蘭和豐田汽車。眼前景象實在諷刺，但也不失為一種看來刺眼的正義。

　　嚴重塞車只不過是矽谷這種都會環境其中一樣缺點。過去三十年來，工作機會雖然快速增長，卻沒有充足的住房建設相配合。土地利用政策更有利於工業擴張，造成該地區的就業與住宅情況長期失衡。雖然頗有影響力的聖塔克拉拉製造集團（Santa Clara County Manufacturing Group）連同城市和郡規畫師一起發出警告，卻還是沒能讓土地重劃來興建住宅。1970 年代晚期，住宅和租賃價格飆漲，矽谷成為全國最昂貴的住宅市場之一。建築造價膨脹得非常厲害，很多公司無法吸引專業人才搬來此區，他們一看到自己的大筆薪水只能買那麼小的房子，就算很有興趣也會多考慮一下。

　　除了住宅短缺，還有公共空間缺乏的問題。這裡沒有劇場、博物館、藏書豐富的圖書館或體育場館等市民中心，這類空間都是新城市通常引以為傲的。另外也沒有重要的公園或休閒區域。除了高檔的史丹佛購物中心（Stanford Shopping Center）、東嶺購物中心（Eastridge）、美麗谷購物中心（Valley Fair）和其他周邊的商場點綴在地景之間，矽谷並沒有吸引當地人或觀光客的公共聚會場所。作家葛楚・史坦（Gertrude Stein）某次對奧克蘭發表觀察，這句用來形容矽谷也很貼切：「彼處無他方。」（There is no there there）[11]

　　某種程度來說，公共空間短缺可歸因於矽谷產業領袖幾乎完全不關心公共事務。除了少數人之外，聖塔克拉拉郡的新貴對於要分享個人或企業財富並不怎麼慷慨。從前的企業家和金融家樂意捐贈圖書館、公園、音樂廳，相較之下微電子業的新貴沒什麼做善事的衝勁。《聖荷西信使報》的社論提到：「矽谷的企業，在外觀方面完全符合二十一世紀的形象，最光鮮亮麗的辦公室、最厲害的電腦設備、最嫻熟的管理人才，但一談到贊助慈善或藝術，態度就像小氣財神企業有限公司（Ebenezer Scrooge Enterprises, Ltd）[12] 的執行長表現出來的那

樣。」[16]

　　如果要說，有什麼會威脅到矽谷的經濟奇蹟能否持續，有毒化學物質該如何處理，很可能就是最致命的缺陷。著名的「無塵室」和「潔淨產業」只是表面上純淨，生產過程使用鹽酸和氫氟酸來蝕刻或硬化微電子組件，並使用二氯乙烷、三氯乙烷、二氯甲烷、四氯化碳、三氯甲烷等有毒溶劑來清潔晶片和其他電腦元件，這些化學物質不僅造成生產線工人的健康問題，對地區的環境也有害。多年來，電子業都把化學廢料埋在地下的儲存槽裡，容易發生外溢或滲流，最後這些物質進入土壤或地下水，威脅到水井或整個地下蓄水層，當地社區所使用的六成水源都來自於此。在美國政府的超級基金[13]清理名單當中，矽谷的有害廢棄物汙染場址數量是全美類似面積的地區裡最多的。[17]

　　對於造成這一切的矽谷微電子業和電腦工業來說，這些問題似乎也沒什麼好擔心的。畢竟他們所享受的美好生活並不發生在此地，而是在富裕又時髦的熱門地點，像是馬里布（Malibu）、太浩湖（Lake Tahoe）、棕櫚泉（Palm Springs）、亞斯本（Aspen）、特柳賴德（Telluride）或加勒比海地區。地位高的人能在這些要價不菲的度假勝地擁有房子或公寓，週末搭乘自己的私人飛機來去。毫無疑問，正是因為業界領袖在別處有豪宅，才長期漠視矽谷的塞車、住宅、汙染、環境退化問題。他們的個人承諾或貨幣投資都只針對工作場域，而非整體社區，就算有嚴重的社會或環境弊端的證據，卻引發不了行動。反正這兒還是有好工作、舒適的家、高級的餐廳、方便的高爾夫球場、遊艇港口、機場，當然

[11]　譯註：美國作家兼詩人葛楚・史坦重回美國自己童年成長的地區，發現景象已面目全非。第二個 there 指她記憶中的家鄉。全句意指過去彼時的「那裡」，已經不再在眼前的「那裡」了。

[12]　譯註：典故來自狄更斯的小說《聖誕頌歌》（A Christmas Carol），主角 Ebenezer Scrooge 是有錢但原本很吝嗇的銀行家，因此名字也成了守財奴的代名詞。

[13]　譯註：超級基金（Superfund）是美國聯邦政府提出經國會討論通過而設立之基金會。基金經費大部分來自化學工業稅收，小部分為聯邦政府之一般稅收。此基金主要提供經費，處理如不當溢出物與有害廢棄物、港口與河川之汙染物以及由有害物質引起的火災與爆炸事故。應用範圍包括：環境清理費、相關損失與醫藥賠償等費用。

還有加州的陽光，雖然有點黯淡了，但還是很美好。

科技城市或數位城市？

矽谷的勝利和失敗互相交融，留下一個模糊不清的定位。這個地方對於都市生活的形成，有什麼樣的貢獻嗎？我們知道有很多人想要全面複製這裡的技術和制度，希望能復興舊城，甚至打造全新的城市。比方說，日本的社會政策工作者認為他們已經找到精準的發展公式：一個稱為「科技城市」（Technopolis）的總體規畫。為了推動二十一世紀「引領潮流」多元策略的其中一部分，通商產業省 [14] 開始在日本列島設置多達十九個科學技術重鎮，每個科技城市預計蓋在現存的「母城市」附近，囊括工業公司、學術機構、住宅和先進的數位資訊網絡，鄰近機場和高速鐵路車站，「宜人的生活環境，有助創意研究和思考」18，成為科學研發、技術創新、工業生產的動力中心。日本有向國外取經的傳統，經過調整修正，再大量生產高水準的產品。這套規畫就是要重複仿照矽谷的作法，創造出一連串的新城，目的並非是要回應當代都市生活的本質需求，而是打算刻意大量生產高科技的文化魔力。

這個發展計畫首次發布在 1980 年代初期通商產業省的建議書上，現在中央和地方政府、企業商號和大學密切合作，迅速落實發展計畫。每個科技城市預計花費十億美元的建設經費，將由地方稅收和企業捐助來支持。1990 年，長岡、富山、濱松、岡山和其他城市共花了超過一百億在建構工業園區和大學綜合體的基礎設施。諷刺的是，廣島和長崎也被選為發展重地。日本人相信科技城市計畫能夠讓他們超越其他高科技業的競爭對手，包括矽谷本身——因為日本的科技城市跟那些加州的前輩不一樣，個個都備好全面性的戰略和堅定的發展共識，準備大肆發揮。19

日本人啟動這個計畫的勇氣值得佩服。在此一亞洲的變化版本裡，弗雷德里克‧特曼原本單純只是要整頓史丹佛大學的構想，成為重構整個社會的系統

性藍圖。不過，雖然目的和方法似乎可行，還是要看日本公司有沒有真正掌握到後工業發展的精髓。日本科技城市過度強調單一民族國家，這種作法很可能因為太不合時宜而造成破壞性的結果。

隨著二十一世紀來臨，一個驚人的變化越來越明顯：微電子業和其他高科技領域的經濟和技術發展，傾向跟特定地域的社群脫鉤。微電子晶片的小世界，可以影響全世界通訊與企業經營的樣貌。懂得順應時勢的人，必定要有全球尺度的眼光。營運發生在競爭力最高的地方。在特定地方蓋工廠、辦公室、購物中心甚至企業總部，變成一時的權宜之計，就像把一台筆記型電腦插進可用的插座裡。工業時代因為有笨重的設備和通訊設施，通常傾向在固定的地點開展事業，紡織廠、鋼鐵廠、汽車工廠均如此。至於資訊社會的物質條件，則不太需要定著在某處。

這種新全球主義最明顯的特徵，矽谷已經開始漸漸有感，微電子製造工廠「外移」到亞洲或拉丁美洲。台灣、新加坡、韓國、墨西哥、巴西和其他一些條件比較有利的國家，薪資是矽谷要付出的十分之一。這些社會的政府箝制力道較強，能夠給收購企業的人更多稅務上的好處、穩定的社會秩序、順服又不受工會控制的工廠勞動力（多數都是年輕女性）。但並不表示那些低度開發國家會從這種經濟活動長久受益。通常工廠和辦公室都是為了很具體的目的才蓋的，像是要組裝電路板或輸入資料，當地沒有因此衍生什麼經濟活動，所以說期盼能夠長出另一個矽谷也很不切實際。事實上，要是這些工作自動化之後還有利可圖，營運地點就會移到有辦法維護好機器的地方——可能又會回到北美和歐洲。

產業的跨國移動也可以從企業主和企業管理的模式看出來。1970 年代晚期和 1980 年代，外匯市場和國際金融局勢對美國有利，外幣大量湧入，尤其日本和歐洲最多。矽谷半導體業的強大山頭英特爾（Intel）被瑞士的斯倫貝謝

---

[14] 譯註：2001 年後日本中央省廳再編，改名為「經濟產業省」，與台灣的經濟部功能類似。

公司（Schlumberger）買下。日本投資客成為許多電子公司的大股東。微電子公司越來越只是「名義上」歸美國，但資本卻完全在國與國之間流動。

許多公司一直在想辦法要做到技術創新又能節省開支，於是成立了多國聯營企業來做研發，共享設施和人員。生產和人事經理可以跨國移動，以改善世界各地的營運狀況。一些矽谷的發言人依舊很在意要維持美國微電子市場的領頭羊地位，認為這牽涉到「國家安全」，於是遊說立法保護貿易，以避免他國掌控微電子市場。但這類言論在現今顯得相當空洞，電子業的幾間大公司很快就跨國合體，看不出什麼國家忠誠了。

現存空間疆界的消融，不只表現在生產和財務面，也顯現在仰賴電腦和衛星通訊的組織型態上。越來越多案例顯示，最關鍵的空間，其實是不需要人露面或實體互動的電子空間。實際上，所有的房間、建築物、街道、公路和城市，都可以靠通信信號串起的電腦程式來構成；對話、會議都發生在視訊會議軟體構築的空間裡面；複雜的決策依靠各種電腦資料串交叉比對的結果做成；震撼世界的事件透過數位訊息匯流給揭露出來。矽谷、麻州的 128 號公路、美國和日本等地類似的高科技中心，其實都是發射台，將持續擴張、力量強大卻越來越零碎支離的社會組織，推送到運行軌道上。

一個用來描述數位電子實體的方便隱喻，可以從辦公室自動化所使用的表意符號看出來。這套系統的目標是要拋棄物質上的累贅，像是房間、桌子、檔案櫃、檔案夾、文件，最後還有，人，另一個目標是要讓之前包含在辦公室全套裝備裡的資訊即刻呈現在螢幕上。電腦畫面操控取代了工作場合的物理和社會互動。在依照人體工學妥善設計的程式裡，所有物理器械都由各自的符碼來代表，像是檔案櫃、資料夾、文件的小圖片，非常懷舊。每當有人需要某個特定的資訊，她可以把游標移到相關的符號上，然後事情就做好了，不再需要穿過一大群人、一堆東西，例如你不需要從桌子前站起來，走到檔案櫃前面，抽出一張紙，回到座位前，坐下來。每件事只要靠鍵盤或滑鼠上的幾個動作就完成了。這類電腦資訊系統取代了身體移動，所有動作都發生在各式各樣的象徵

符號之間。

　　類似的象徵手法可以運用在各種高速數據通信的關係、組織，和事件當中。只要是倚靠衛星和光纖電纜相連結的電腦網路，就算距離非常遙遠，也有辦法靠著節點與節點來溝通。懂得使用網路硬體和軟體的人，就能夠進入廣大的結構空間，裡面有辦公室、會議室、信箱、布告欄、出入口、走廊、指揮中心、倉儲區、修理廠、銀行、警察局，甚至咖啡店，一切都由即時來到眼前的電子影像構成。

　　再比方，想想電子化的外匯市場如今在全球二十四小時日夜不停地運作。如此密集、快節奏的乙太環境，銀行和投資公司推測日圓、美金、德國馬克、英鎊、法國法郎 [15] 的起伏，靠著匯率的些微變動賺進大筆金錢。投入外匯市場的交易者一邊目不轉睛地盯著電腦終端機，看上頭的價格每分每秒跳動個不停，一邊對著電話用簡短的訊息來操控買賣。國家的財富，就在這樣的場景之間起起落落，完全擺脫傳統的集中型空間模式，不再在單一地生產並控制經濟產值。貨幣的價值最後呈現在顯示終端機上就是一個個光點，其他一切都是幻想。要讓人相信這麼快速變動的複合體有辦法留存某個地域的價值或權力，越來越顯得不切實際。有些住在真實的土地上、而非活在數位網路裡的人，發現過去那麼重要的農地、工廠、辦公室，在電子城市裡竟然可以被淘汰，經常感到十分震驚。主張高科技發展能量可以限縮在指定的地理區域的人，比如那些提出日本科技城市的策略規畫人員，還有一點會令他們很驚奇，那就是：只要新組織和新作法繼續仰賴高效能的運算作業和電信服務，他們就根本沒有必要固定在任何一處。

　　要進入數位城市，必須先獲得入場的權限。一旦「登入」之後，參與的品質就受到網絡結構及其規定、角色和關係所影響。技術專業人員面對的，多是電腦版的社會環境條件，其組織形式表面上看起來平等，使用者能夠直接獲得

[15]　譯註：2002 年歐元啟用前，德國所使用的法定貨幣為馬克，法國的法定貨幣為法郎。

資訊或跟同事互動，他們感覺電腦網路架構起一個民主的世界，甚至是一種無政府活動，尤其對那些跟他人相處不太自在的人來說更是如此（這在男性工程師身上可不少見）。非實體的空間似乎提供了安慰和成就感，創造出新的機會來表達自我、展現創意，還能獲得一種掌控感！有些人覺得自己在逛網路時完全活了起來，而且自由自在，常常一「消失」在網路裡就是連續好幾天。

另一方面，一般工人面對的則是非常不同的狀況。當他們進入電子辦公室或工廠的那一刻，就成為上對下監控的對象，必須要根據標準生產流程來接單、完成規定的工作或執行業務。工業場所的專制精神透過整個運作結構表現出來，並靠著各種巧妙的方法來強化其控制力。不再有一個經理拿著碼表走來走去，按照泰勒主義的動作時間來規範眾人；現在員工的一舉一動幾乎是以百萬分之一秒為單位來監控。電話接線生接聽電話、保險業務員處理索賠、打孔操作員輸入資料，作業速率都由一台中央電腦記錄下來，並且不斷跟標準值比較，沒有符合電話通數、保險理賠件數或鍵入數量的話，就會被管理層訓斥，甚至被解雇。科技評估辦公室（Office of Technology Assessment）在 1980 年代末發表的報告指出，四到六百萬名美國的機關職員已經處於這類電腦監控之下。[20] 這類系統並不像自動化的烏托邦夢想所預言的「把人們從苦力中解放出來，得以處理更高價值的工作」。舊時的祕書每小時應該鍵入三萬下，現代打孔操作員的標準則近乎每小時八萬下。

對管理電腦作業系統的人來說，其結構和流程提供了一種非常有效的控制手段，可說是邊沁（Jeremy Bentham）提出的圓形監獄（Panopticon）的電子版。圓形監獄巧妙的環形設計，使得監獄、醫院或學校的守衛能夠觀察到每個囚犯，囚犯卻完全無法接觸到彼此。對於全面受到監督的員工來說，該系統當然是極度晦澀難解的，他們只能看到系統准許他們看到的東西。身在符號構成的城市裡，員工被嚴密監控和記錄，他們可能因而更難展現自主性，或參與過去在辦公室或工廠裡所做的決策。當沒有實體空間的時候，員工要在哪裡集結呢？

資訊時代的新社會模式所衍生的意識形態，一般都是為這種模式解釋、辯

護，或者肯定它所發揮的正面影響。支持透過個人電腦達成解放的斯圖爾特・布蘭特（Stewart Brand）疾呼「資訊需要自由」。[21] 另一個關於微電子業的完整研究則論證道：「當一個系統能夠靠資訊來運作，每個人都可以取之不盡、用之不竭。」[22] 如此天真的結論忽略了一件事：電子資訊時代裡形塑規矩、角色和關係的人，輕易就得到了強而有力的制度管控工具。要建立民主和人人平等的電子空間，需要有意識的努力，不只是沾沾自喜宣稱平等開放就夠了。負責設計和建設新興資訊社會的管道包含銀行、商業公司、軍隊、政府機關、保全機構等等，如果現在這些組織只是複製原本的結構（這絕非不可能），那麼廣為宣揚的直接民主想要復興，機會似乎很渺茫。

地方和虛擬空間

總而言之，或許矽谷最重要、最難以磨滅的成就，就是突破了自身的藩籬，促成網路世界興起，對仰賴實體空間的各種社會生活產生越來越多影響。網路世界裡，各種決策和行動漸漸不需要實體出現在特定空間；知道某人、某棟建築、某個社區、城鎮或城市位在哪裡，再也不是理解人際關係或團體組織的可靠線索。在數位城市裡，關鍵的組織實體都會重組，就像漂浮在電子虛擬空間之間的母船，偶爾降落在地球上。停留時間夠久的話，還會投入資金，蓋高層建築、資助大學研究計畫、關閉工廠，或發起一個高明的公關活動。然後就在剎那間，它們又化成一道光，消失在煙霧裡。

面對如此強大的力量，過去長期仰賴土地的族群、社區和國家，很難辨識關鍵的決定究竟是在哪裡、又是怎麼做成的。看不見的力量，影響最是深遠，或許這股力量是目前最有隱患的政治力，準備要將全世界收編成旗下殖民地，但被殖民的地方，卻不像從前隸屬某個特定國家或區域經濟體。如今呼風喚雨的力量，沒有疆界、沒有外觀或群體，它是一種連標準社會理論和熟悉的日常經驗都難以解釋的現象。確實，我們可能很快就要把地方相關的理論和理解方

法統統拋諸腦後，因為它們已經不合時宜。

數位電子形成的雄偉建築如此繁複華麗，其結構快速擴展，新據點、新院室、新通路，一直處於永無止境的自我闡述過程，連莎拉・溫徹斯特都會羨慕不已。企圖揭開神祕面紗的外行人立刻就會遇見令人生畏且無形的迷宮，充滿無數難解的課題，例如假組織、虛假的廣告畫面、聳動的大眾媒體、無用的參與管道……種種形式都掩蓋了事物的真實內在，也不讓人發現控制點在哪。雖說其外在結構包含具體的物質層面，其核心卻只以信號格式存在，反映出資金的來去起落。

當然老溫徹斯特太太也會了解，這個快速演變的虛擬空間，背後存在著什麼樣的動力。她日夜翻修宅邸，是為了要逃離衝著不義之財來索命的鬼魂；數位電子城市也是靠恐懼來驅動的，以這個案例來說，是擔心利益減少。此處蓋辦公室、彼處蓋廠房；旅館、購物中心、衛星連線裝置大量轉移；組織運作仰賴電腦，他們搜遍全球，尋找稍縱即逝的經濟利益。那些利益跟當地人的迫切需求沒什麼直接關聯，參與打造此一宏偉實體的人也不在乎這點。事實上，沒有人知道這亂哄哄的一切，有沒有辦法構成一個適合人居的世界，甚至連活不活得下去都是問題。不過不用擔心。我們的命運在前方若隱若現，在老宅的另一邊、在「喜悅之谷」的遠處、在焦慮不安的國家之外、甚至不在我們所住的這個星球上。莎拉・溫徹斯特應該會很高興看到她的想像被忠實且迷信地落實了：祕訣就是要不斷繼續蓋下去。

New City, New Frontier: The Lower East Side as Wild, Wild West

新城市，新邊疆：
猶如蠻荒西部的下東城

尼爾・史密斯 Neil Smith

邊疆意象的要義和結果，就是要馴服仍有野性的城市。

都市邊疆的神話被捏造出來合理化縉紳化和迫遷的暴力，神話所繫的日常邊境，正是企業剝削和經濟現實赤裸裸的產物。下東城就跟其他地方一樣，是個重視利益先於一切的邊疆地帶。

1988 年 8 月 6 號晚上，湯普金斯廣場公園（Tompkins Square Park）邊緣發生了一場暴動，這個公園是紐約市下東城的一小片綠地。騷動持續了一整晚，警察站在一邊，另一邊是眾多抗議群體，有反對縉紳化的民眾、龐克人士、居住權社運份子、公園住民、藝術家、週六來狂歡的人跟下東城的居民。抗爭起於紐約市打算對公園實施凌晨一點的宵禁，但這其實是「清肅」的藉口：因為越來越多遊民來公園生活或睡覺，因為凌晨時小孩子帶著手提收音機來這裡播放，也因為買賣毒品的人在此交易。不過，很多當地居民和使用公園的人對這次抗議有不一樣的看法。紐約市想要控制跟掌握公園的一切，為下東城已經如火如荼的縉紳化再推上一把。縉紳化＝階級戰爭！傳單和布條上這麼寫著。週六夜的抗議行動，目標是要讓公園繼續開放。「雅痞人渣去死吧！」抗議者喊著。「雅痞人士和房地產大亨正在向湯普金斯廣場公園的人民宣戰。」講話的人大聲呼告。「這他媽公園是誰的？是恁祖媽的啦！」成了琅琅上口的口號。「B 大道爆發階級戰」《紐約時報》這麼解釋。[1]

事實上，真正在 8 月 6 號晚上激起公園抗爭的，是警察暴力問題。警察穿戴著像是外星人的防暴裝備，也沒有露出警徽，在公園裡強迫所有人在午夜前離開，然後演變成公園邊緣一連串「哥薩克式」警棍毆打抗議群眾和當地人的事件。「警察失控得很詭異。」一位目擊者回憶道，說他們「帶著某種我不明白的仇恨，把一個小小的抗議事件，在社區裡鬧得很大，惹怒了上百個根本連公園都沒有靠近的人。」最後出動了四百五十名警力，另一個目擊者說他們「徹底歇斯底里」。「騎警隊在東村（East Village）街道上衝來衝去，直升機在頭上盤旋，出來買週日報紙的人驚恐地跑過第一大道。」最後，清晨四點剛過，警察「不光彩地撤退」，歡呼雀躍的抗議群眾又進入公園跳舞、吼叫、慶祝勝利，幾個抗議民眾用警戒線塞住克里斯多拉公寓大樓（Christodora condominium）的玻璃銅門。大樓就在公園旁邊，成了社區縉紳化的仇恨象徵。[1]

暴動過後幾天，市長郭德華（Edward Koch）形容湯普金斯廣場公園是「糞坑」，認為暴動都是「無政府主義者」在滋事。紐約市警察工會（Patrolmen's

Benevolent association）的理事長大表贊同：「社會的寄生蟲、癮君子、光頭黨、共產黨」就是暴動的起因——是「人類缺陷的討厭集合」。市民投訴調查委員會（The Civilian Complaint Review Board）收到 121 件針對警察暴力的投訴，當地藝術家克萊頓・帕特森（Clayton Patterson）製作的四小時錄影帶中，十七名警官被舉報「濫用職權」，最後六個人被起訴，但無人被判有罪。[2] 警察局長承認有些警官因為「經驗不足」，有點「太過激動」，但他堅持官方立場，依然指責受害者。

　　後來幾個月，鬆散的反縉紳化和占屋運動快速發展，並和當地住宅組織串連。湯普金斯廣場現在是一個「被解放的空間」，很快就吸引來更多遊民，有些遊民開始組織起來。但紐約市政府這邊也重整旗鼓，全市的公園宵禁（原本在那次暴動後就中止了）又逐漸恢復，也針對湯普金斯廣場陸續實施新的使用規範，下東城幾棟被占屋者占據的建築被拆除了，1989 年七月，週期性的警察突擊摧毀了公園住民的帳篷、棚屋和家當。到現在，晚上公園大概都還有約莫兩百個人，四分之三是男性，大多數是非裔美國人或白人，但也有拉美裔、美國原住民、加勒比海地區人。12 月 14 日，冬天最冷的一日，公園全部大約三百個遊民都被趕出去，他們的家當被一整排垃圾車給載走。公園管理局局長亨利・J・斯特恩（Henry J. Stern）解釋說，在這種冷天裡，「讓這些遊民睡在外頭很不人道」。事實上，市政府為被驅逐的人提供的物資只會送到「收容所」，根據某人的說法，「那裡只不過就是個可以領香腸三明治的藥房。」

---

[1]　　作者註：引用自 C. Carr, "Night Clubbing: Reports from the Tompkins Square Police Riot," Village Voice, Aug. 16, 1988 及 Sarah Ferguson, "The Boombox Wars," ibid.。詩人艾倫・金斯堡（Allen Ginsberg）講述了一名來訪的中國學生的反應，這位學生曾經在北京天安門廣場參與早期學生與警察的對峙。中國的警察「穿著與其他人沒什麼不同。他說兩相對比之下實在很驚人，中國的情況是一直推來推去，不時有警棍落下。但這裡的人看起來像是從外太空降臨，頭上戴著安全帽，從外太空來到街道中央，隨便毆打路人和屋主，反正誰擋路誰倒楣。他們跟周遭格格不入，是徹底的外星人。」此段文字引述自 "A Talk with Allen Ginsberg," The New Common Good, Sept. 1988, p. 7。

[3] 許多從公園被趕出來的人，後來進駐當地的占屋空間。1990 年 1 月，所謂進步派的市長戴維‧丁金斯（David Dinkins）剛上任，紐約市很有信心可以重新奪回公園，於是宣布了「重建計畫」。整個夏天，籃球場被拆掉又重蓋，出入管制變得更加嚴格，鐵網圍籬把新建的兒童遊戲場和運動空間圍起來，公園的規定執行得也更嚴了。為了把人趕走，市政機構也加強取締鄰里周邊的占屋者，後來的反縉紳化運動都是由這群占屋者來主導。隔年冬天將至，越來越多被趕出來的人又回流到公園，準備再把半永久屋蓋起來。

　　1991 年 5 月，公園舉辦了一個紀念音樂會，活動口號是「住宅是基本人權」，警察和公園使用者又發生一波衝突。此時棚屋已經搭了七十間，丁金斯政府後來在 6 月 3 號清晨五點關閉公園，把兩百多個住在公園的人趕出去。市長丁金斯指控遊民從社區手上偷走了湯普金斯廣場，並宣布：「公園就是公園，不是住的地方。」接著蓋起約 2.5 公尺高的鐵絲網圍欄，派了至少五十名穿制服或便衣的警察來鎮守公園，然後立刻展開 230 萬的重建工程。其實，三個公園入口都是開放的，而且有警察駐守：一個入口在 B 大道的克里斯多拉公寓大樓對面，可以帶狗進去跑跑跳跳；其他兩個則可出入兒童遊戲場和籃球場。根據《村聲週報》（Village Voice）記者莎拉‧佛格森（Sarah Ferguson）所言，公園關閉象徵著占領行動的「喪鐘」：「代表城市對於處理遊民課題無能為力。」[4] 被驅趕的人沒有獲得其他的住宅選項，於是又再一次搬進當地的占屋，或散進紐約各處，但斷斷續續的抗議行動，和隔街空地上旋即迅速發展起來的貧民窟（號稱「丁金斯村」〔Dinkinsville〕），都顯示關閉湯普金斯廣場根本無法平息遊民的鬥爭行動。

　　作為第一個反縉紳化抗爭的主要場域，約一萬兩千多坪的湯普金斯廣場公園成了新都市主義的有力隱喻，它虎視眈眈要重建的不只有下東城，還有經濟發達的資本主義世界裡的所有鄰里社區。市中心曾被轉讓給勞工階級，戰後郊區擴張時，破落到只剩窮人和失業者在住，又或者被重劃成為少數種族或族裔的居住地，但突然間又炙手可熱了起來，重新大發利市。在戰後都市衰退和

出走潮的背景下，縉紳化代表一種地理、經濟、文化上的翻轉。 為縉紳化辯護的人使用看似中立的語言，像是「街區再生」（neighborhood recycling），或者更有慶祝感的「復興」（revitalization），縉紳化已經讓蘇活區（SoHo）和上西城（Upper West Side）完全改頭換面，甚至連看似不可能撼動的曼哈頓社區都受到影響，像是哈林區（Harlem）和地獄廚房（Hell's Kitchen）[2]。從阿姆斯特丹到雪梨，大片市中心的工人街區已經被改造成中產階級和中上層階級的樂園，盡是精品購物、高檔消費和高級住宅。原本飛沙走石的工業大都市形象完全改變，如巴爾的摩（Baltimore）和匹茲堡（Pittsburgh），甚至連以造船、鋼鐵、紡織工業，以及激進的勞動階級工人聞名的格拉斯哥（Glasgow），近來也漸漸邁向去工業化，1990 年還被選為「歐洲文化之都」，這份殊榮之前的得獎者是巴黎、阿姆斯特丹、佛羅倫斯和柏林。

縉紳化在媒體上的形象，是一股要征服跟教化都會邊疆的力量。地產開發持續挾發展與整建之名，向現在的鄰里社區逼近，受到威脅的地區發起保衛家園和社區的抗爭。舉倫敦的諾丁丘（Notting Hill）為例，這裡每年的加勒比狂歡節（Caribbean carnival）常演變成警察跟參加慶祝活動的當地人對峙的場面；此地一邊是被縉紳化的區域，另一邊則是各個工人群體，雙方之間有一條明顯的「前線」。但新都市主義也代表更大的全球性變遷。雖然系統性的縉紳化最初發生在 1960 和 1970 年代，街區轉成服務中產階級，一連串更大的轉變（包括1980 年代全球經濟擴張；國家和都市經濟重新組構，重心來到服務、娛樂和消費領域；全球層級的世界級、國家級、區域城市的興起）都讓縉紳化從不動產業的邊緣課題，搖身一變成為都市變遷的領頭羊。

說到這些力量的影響，沒有哪裡比下東城（西班牙式英語的方言是Loisaida；在藝術和不動產術語裡是「東村」〔East Village〕的意思）更明顯的了。

---

[2]　譯註：美國紐約市曼哈頓島西岸的一個地區，也被稱為「柯林頓區」（Clinton）。早年是貧民窟和黑幫聚居地，但由於接近曼哈頓中城商業區的地理位置，導致房地產價值大幅成長。

下東城是一個密集的公寓大樓街區，夾在華爾街商業區、唐人街、格林威治村、第 14 街和東河之間。本地作家形容下東城是「都市紋理漸漸磨平，而且正在分裂的邊疆」，而且是「印第安人的國度 [3]，充滿謀殺和古柯鹼的地方。」[5] 後來下東城從 1970 年代末開始也持續縉紳化。而且不只支持者喜歡，連縉紳化的主要推手都覺得「邊疆」這主題令人無法抗拒。1988 年暴動後，一個記者寫道：「隨著街區緩慢、不可逆地走向縉紳化，湯普金斯廣場公園就是一個釘子戶，最後堅定不移的唯一象徵。」[6] 幾個禮拜後，《週六夜現場》（Saturday Night Live）節目在一齣以軍事前線為場景的幽默短劇裡，讓一個角色以鎮壓印第安人的卡斯特將軍（George Armstrong Custer）形象出場。卡斯特將軍（應該在暗指郭德華市長）歡迎驍勇善戰的勇士飛鷹頭目（Chief Soaring Eagle）來到辦公室，問他：「現在下東城那裡怎麼樣了？」

這個「印第安國度」的社會、政治、經濟非常兩極化，而且更快速演變成如此樣貌，反映出美國其他地方的趨勢。公寓租金在 1980 年代飆升，造成許多人無家可歸，豪華公寓的建案數量跟公共住宅供應的緊縮程度相關。華爾街繁榮造就七到八位數的薪水，但另一方面失業率高，導致非技術性勞工難以擺脫困境。社會服務被大砍，越來越多遊民和窮人是女性。近年的保守主義再度引發種族歧視。1990 年代初期，經濟嚴重衰退，租金停滯甚至下滑，失業率卻飆高，1980 年代的極化情況更加擴大。下東城就處在這股全球與地方力量的渦流之中，即使各種變化都是一些在地細節，卻也清楚地勾勒出新都市主義大概的輪廓。

湯普金斯廣場位在下東城的中心地帶。廣場南邊的第七街有一整排住宅大樓俯瞰著廣場公園，多半是十九世紀晚期五到六層的步登公寓（walk-up tenements），裝飾著搖搖晃晃的逃生梯，但也不乏大型的公寓建築，帶有單調、現代、灰白色的立面。從公寓往西沿著 A 大道走也沒有有趣到哪裡去，不過這裡的許多十字路口和各式店家已經算是公園周邊最活絡的區域，周邊有菸具店、異國風高檔餐廳、酒吧、糖果店、書報亭、雜貨店、夜店。廣場北邊

的第十街豎立著一群南北戰爭時期的排屋（townhouse），大部分在 1970 年代都已經縉紳化，看起來氣勢不凡。至於東邊的 B 大道，公寓的立面顯得較為雜亂，然後會見到聖布里吉德教堂（St. Brigid's Church）和惡名昭彰的克里斯多拉公寓（1920 年代建的十六層樓磚造巨型建築，勾勒出當地的天際線）。

公園本身非常普通。彼此交叉的弧狀人行步道構成一個橢圓玫瑰花形，高大的梧桐樹和所剩不多的榆樹為沿路遮蔭，整條人行步道旁都有水泥長凳跟漆成綠色的木條，幾塊寬闊的草皮很需要重新再灑草籽。公園的南邊出入口處，露天圓形劇場常舉辦音樂表演、戲劇演出和其他娛樂活動，也為住在公園的人提供一個遮風避雨跟收放寢具的地方。公園的北端則是一個封閉的空花園，被手球和籃球場圍繞。白天的時候，公園裡的長凳上都是烏克蘭人在下棋，年輕人在販毒，雅痞人士正要去工作或剛下班，少數幾個還留在公園裡的龐克族帶著擴音器，學生在讀書，波多黎各女人在遛嬰兒，居民在遛狗，孩子在日托遊樂場玩耍。自從發生暴動之後，這裡也會固定出現開著巡邏車的警察、攝影師，當然還有越來越多無家可歸的人被吸引到這個看似「解放」但其實還是各方爭奪的空間。公園的住民用帳篷、紙箱、木頭、亮藍色的防水布或撿來的東西，搭起各式各樣的臨時營地來棲身。重度毒癮者一般會聚集在公園南角的「古柯鹼巷」，勞工階級多半集中在東邊，牙買加的「拉斯塔法里信徒」（Jamaican Rastafarians）[4] 總是在靠近 A 大道的噴泉邊逗留，政治運動人士則多在露天圓形劇場一帶活動。

公園雖髒亂，卻讓人放鬆，這裡出入自由又充滿活力，除非警察在演習，不然很少會有令人感到危險的時候。湯普金斯廣場就是珍‧雅各（Jane Jacobs）在她知名的反現代主義小書《偉大城市的誕生與衰亡》裡，提到引起公眾關注

---

[3]　譯註：1624 年荷蘭人向印第安人買下紐約市的曼哈頓島。本文此處應指曼哈頓（含下東城區域）之前都是印第安人的部落。

[4]　譯註：1930 年代起自牙買加興起的一個宗教運動與社會運動，相信衣索比亞皇帝海爾‧塞拉西一世（Haile Selassie I，1930-1974）是上帝在現代的轉世。

的訴訟案（cause célèbre）的那種鄰里公園。雖說公園不太符合邊境的外在特徵，階級衝突、警力鎮壓、邊界意象對湯普金斯廣場來說卻都不陌生。這個地區本來是一片沼澤曠野，最早被迫遷的人應該是名叫曼哈托人（Manhattoes）的原住民，1626 年他們把所住的島「賣」給彼得・米紐特（Peter Minuit），換來一些衣飾珠物。毛皮商人兼資本家約翰・雅各・阿斯特（John Jacob Astor）把土地捐給市政府之後，此地的沼澤被抽乾，1834 年蓋了一座公園，從那時起這裡就成為工人和無業人士舉辦大型集會的地點。1873 年的財務危機導致數量破紀錄的工人和家庭失業或被迫搬走，紐約市的慈善機構徹底癱瘓，在商界的強烈要求下，市政府拒絕提供救濟。「總之，有些人在意識形態上強烈反對救濟，並且認為失業的艱苦對於工人階級來說是一種必要且有益的訓練。」在工會領袖龔帕斯（Samuel Gompers）的記憶中，一場發生在 1874 年 1 月 13 號的抗議行動演變成「放任無度的殘酷暴行」：

> 第一批示威者進入廣場的時候，紐約人正在見證紐約城市史上最大規模的勞工遊行抗爭。市長本應該要對抗議群眾說些話，卻突然改變心意，在最後一刻讓警察阻止遊行繼續進行。不過，在場的工人並沒有接獲任何警告，男女老少都湧入湯普金斯廣場，準備聽哈維梅爾市長報告失業救助方案。示威群眾擠滿廣場，突然間卻遭到警察攻擊。某人描述說：「警察小隊一波接一波地出現。女人和小孩尖叫四散，許多人在蜂擁奔逃向大門的路上跌倒，被別人踩在腳下。街上路人被騎警壓制在地，亂棒毆打。」[7]

在第一波警棍驅離的一個鐘頭之內，刊物《圖說紐約》（New York Graphic）的特別版就出現在街頭，標題是「湯普金斯廣場的暴動進行式」。1874 年的警察暴力事件後，紐約的報章媒體的報導方式，應該能讓 1988 年的市長滿意：他們抨擊示威群眾是「共產主義者」，召喚「共產公社的紅魔」。《紐約

世界報》（New York World）一貫地把湯普金斯廣場上的都市群眾類比成卡斯特將軍的「英雄」遠征，要對抗黑山（Black Hills，也就是現在的南達科他州）野蠻的蘇族（Sioux）印第安人。[8]

接下來幾十年間，數十萬的歐洲工人和農民移入，讓下東城的政治問題變得更嚴重，媒體也更加不客氣，直批此地環境惡劣。1910 年，五十四萬人湧入此區的公寓樓房，全都是要來討生活的，包括製衣工人、碼頭工人、印刷工人、臨時工、工匠、店主、傭人、公務員、作家，以及一群熱血激昂、為勞工處境及權益捍鬥的社會運動家、共產主義者、無政府主義者跟行動知識份子。長期經濟衰退迫使許多人週期性失業；無良老闆、危險的工作環境、缺乏勞工權益引發了大規模的工會組織行動；房東永遠都很擅長哄抬租金。1911 年，紐約三角內衣工廠火災導致 146 名住在下東城的女性死亡，因為工廠的門被鎖住，她們被困在裡頭，只能從窗戶跳下來，摔死在人行道上。但工廠老闆還是拒絕讓工人籌組工會。1910 年代結束在 1919 年的「帕爾默突襲」事件（Palmer Raids），國家操縱的政治鎮壓特別衝著已經惡名昭彰的下東城來。1920 年代郊區興起，各鄰里街區的地主就放任他們的房子傾倒破敗，有能力的住民就搬到郊區去。

就像其他公園，湯普金斯廣場漸漸被中產階級的社會改革者視為必要的「安全閥」，尤其在這麼高密度的居住區域和複雜多變的社會環境下更顯得重要。1874 年的暴動之後，公園又被重新設計，創造出更容易掌控的空間，十九世紀的最後數十年，改革和戒酒運動催生出一個遊戲場和噴泉。爭奪公園的行動還在持續，1938 年，羅伯‧摩斯（Robert Moses）提議要在公園差不多六公頃的土地上蓋一座棒球場，當地的抗議行動迫使政府對重建採取更審慎的態度。這個公園在 1950 年代成為頹廢派詩人（Beat poets）聚會的地點，1960 年代出現所謂的「反主流文化」（counter-culture），公園與其周邊地區在 1968 年又再度成為暴力事件的場景：警察攻擊了無視「禁止踐踏草地」警告躺草皮的嬉皮人士。

　　湯普金斯廣場公園極具爭議的歷史掩蓋了平凡無奇的外表，使它成為對抗縉紳化和新都市主義「背水一戰」最合適的戰場。

打造邊疆神話

　　羅蘭・巴特（Roland Barthes）曾經主張：「事物的歷史性質流失，便構成了神話。」文化評論家理查德・斯洛特金（Richard Slotkin）進一步說，神話除了把意義拉離其時間脈絡，也和歷史有交互影響的關係：「歷史變成老哏。」[9] 我們或許可以加上一項推論，那就是意義必須要能夠經由空間來傳播，地理性質流失對於創造神話同樣重要。事件距離構成它們的環境越遠，神話就越有力量，藉由地理景觀表達出的神話、或者神話表達出的地理景觀也就更像老生常談。

　　縉紳化的社會意義，越來越仰賴邊疆神話的語彙來建構。挪用語言和地景，把新城市當作新的邊疆，這麼做乍看好玩無害，而且其實大家都這樣，所以也根本不足為奇。報章雜誌總讚揚都市拓荒者（urban homesteaders）的勇氣，以及這些移入者和勇敢先驅的冒險精神與強烈的個人主義，大意是他們去到（白）人不曾去的地方。「我們在下東城找到一個地方，」一對住在郊區的情侶在雜誌《紐約客》（New Yorker）的「上流社會」版面承認：

> 路德洛街（Ludlow Street）。我們認識的人都不會想要住在那，根本沒人聽過路德洛街。也許有一天這個街區會變得跟從前的格林威治村一樣，當時還沒什麼人認識紐約……我們解釋搬來這裡就像某種都市拓荒，（跟媽媽）說她以後一定會很驕傲。我們把跨越休士頓街比擬作拓荒者越過洛磯山脈。[10]

　　《紐約時報》的「房地產」版面同時刊出了〈蠻荒西部的馴化〉跟時代

廣場西邊兩個街區的阿默里公寓（Armory Condominium）興建的消息：「開路先鋒已經完成他們的工作：西 42 街已經被馴化，而且雕琢成全紐約最有趣、最新鮮、最有活力的新街區。」[11] 不動產業招募「都市星探」，他們是縉紳化的先驅部隊，負責尋找時機成熟能夠重新投資的街區，並確認當地人的友善程度。人們稱讚房地產經紀人和開發商無私投入市民振興運動，忘了他們宣稱的利他行為，其實會產生房地產利益。

　　既然開闢了新的疆土，城市又充滿希望。惡劣的環境被重新整頓、清除，重新注入中產階級品味；房地產價格飆升；新的城市居民向上流動；上流社會的文雅門面已經普及成為大量製造的特徵。實際邊疆所會出現的矛盾在這個意象裡並沒有被完全抹除，但被安撫成為尚可接受的詭論。就像舊西部的邊境，恬靜愜意卻也危險，既浪漫又冷酷無情。從《鱷魚先生》（Crocodile Dundee）到《燈紅酒綠》（Bright Lights, Big City），有一整個電影類型把都市生活塑造成牛仔寓言，充滿危險的環境、滿懷惡意的當地人，跟文明邊緣的自我探索。在馴化都市荒原的過程中，牛仔抱得美人歸，同時也首次發現、馴服了自己的內心。電影的最後一幕，保羅・霍根（Paul Hogan）[5] 像個澳洲畜牧工爬過一群地鐵群眾頭上，他接受了紐約，紐約也接受了他。米高福克斯（Michael J. Fox）差點無法用走進西邊充滿希望的落日餘暉來收尾，因為現在到處都是一片輝煌，但他個人的救贖，在燦爛日出照在哈德遜河和曼哈頓重建的商業區（砲台公園和華爾街）上方的那一刻終於來到。過去跟邊疆綁在一起的天命論 [6]，在大城市遇上了得以寄託的英靈殿。

　　新城市所呈現出的樣貌如此根深蒂固又自然，而且事物的地理和歷史性質嚴重流失，以致於神話和地景混淆在一起也很難辨識。但神話並不總是那麼強

---

[5]　譯註：澳洲男演員，憑 1980 年代賣座喜劇《鱷魚先生》系列而聞名。

[6]　譯註：manifest destiny 是 19 世紀鼓吹美國對外侵略為天命所定的一種理論，認為美國被賦予了天命，應當向西擴張至橫跨北美洲大陸。

大。之前把 1874 年湯普金斯廣場的抗議者和蘇族的部落兜在一起，只是一種試探性、拐彎抹角的類比，不過這個神話太新，撐不起整個意識形態的重量，來串起這兩個有著天壤之別的世界。但紐約和蠻荒西部在概念上的距離逐漸消失。或許早期城市中最能打破傳統的邊疆想像，出現在卡斯特將軍的黑山遠征之後沒幾年，那時有棟樸素雅致但一支獨秀的住宅在中央公園西邊的荒地上蓋起，名為「達科他公寓」（Dakota apartment）。對比之下，在一世紀之後，公寓大樓的風潮席捲了曼哈頓，在這波浪潮中，任何跟先前邊境地帶的社會、物質、地理連結都盡數抹去，蒙大拿、科羅拉多、薩凡納（Savannah）、新西部就在已經過度建設的土地之間發展起來，從來沒有人批評它們形象不一致。隨著美國的歷史和地理西進，神話也在東邊落腳下來，雖說神話要適應都會環境還是需要花點時間。

時至今日，邊疆主題所代表的文化符碼，不僅包括人造環境的物理轉化、階級與種族對都市景觀的再銘刻，還有新都市更大的符號學。邊疆是一種風格，也可以說是一個地方。因此一下子大量出現德州墨西哥餐廳、沙漠裝飾無所不在、牛仔風紅極一時。《星期日泰晤士報雜誌》（Sunday Times Magazine）的廣告效果極佳：「對都市牛仔來說，只要來上一點點邊疆感，就大有幫助。從印花大手帕到靴子，花邊是最重要的……時尚的西部痕跡就好像牛身上的烙印。」該廣告建議

　　──不要太過搶眼，只要能吸引目光就夠了。對都市裡的潮男潮女來說，代表穿著一定要有特色：流蘇夾克配黑色緊身褲、羊毛外套配細條紋西裝，蜥蜴牛仔靴則幾乎百搭。要是不確定搭配的效果，就大步走到鏡子前。要是你忍不住說出「嗯，還不錯」，那就是有點太超過了。[12]

紐約銷售時髦邊疆飾品的高檔精品店都集中在蘇活區，該區有很多藝術家

的閣樓公寓跟衰敗的藝廊,後來在 1960 年代晚期和 1970 年代縉紳化,與下東城的西南面接壤。在這裡,「邊疆」有時是指某種哲理。在格林街上的 Zona 家飾店賣納瓦霍毛毯、「奧托米印第安人的天然樹皮筆記紙」、聖塔菲珠寶、紅陶、「帶著濃郁豐收色彩的印尼龍目島編籃」,以及波洛領帶。Zona 流露出一種真實感,各個「物件」都被一一編號,所有「選物」的型錄已經準備好了。一塊小巧樸素又刻意低調的牌子上,金色的紙凸印著手寫字體,原來是店家對友善工藝的「個人」哲學,內容充滿新時代靈性的味道:

> 這時代,日新月異的電器工具和高科技無所不在,若有個產品能讓我們純粹體驗質地與感受之美,賦予生活平衡的力量,是非常珍貴的一件事。我們認為,客人是資源,而不只是消費者。我們深信,知識帶來活力,改變則是永恆的真理。

> 謝謝您來到我們的國度。

位在伍斯特街上的「美西選物」(Americana West)致力要表現純粹的沙漠風貌。大門前的人行道上,一名氣質尊貴、盛裝配戴戰斧和羽毛頭飾的印第安酋長正在站哨。櫥窗裡正展示一顆漂白過的水牛頭頭骨,標價五百美金,店裡則有長角和牛皮製成的沙發和坐椅。「美西選物」既是一間藝廊,也是一家店,提供高貴野蠻人的各種形象:仿照藝術家喬治亞·歐姬芙(Georgia Totto O'Keeffe)的沙漠場景、岩石畫和象形文字、皮鞭和馬刺。到處都是仙人掌和土狼(非實物);霓虹色的仙人掌果一顆賣三百五十美金。美西選物正面的窗戶用文字宣告自身的主題,一種介於城市與沙漠之間的跨文化地理學:西南部的風貌演變。歡迎設計師蒞臨。……不只適合城市鄉巴佬。

邊疆形象不見得都是美國風,也不一定都專屬男性。「夢幻街」(La Rue des Rêves)的主題是「叢林混搭」:豹紋外套(當然是假的)、羚羊皮革裙、岩

羚羊罩衫看起來彷彿還活生生的，從衣架上偷偷溜向收銀機。流行飾品像藤蔓一樣，從叢林樹冠層垂下來。一隻大猩猩毛絨玩偶和幾隻活鸚鵡讓整個氛圍更加完美。在香蕉共和國（Banana Republic）連鎖店，顧客用印有犀牛圖案的牛皮紙袋打包他們的狩獵戰利品，同時螢幕上播放著電影《遠離非洲》（Out of Africa）和《迷霧森林十八年》（Gorillas in the Mist），強化白人在黑暗非洲拓荒的形象，但所呈現的是女主角，而非男性英雄角色。中產階級白人女性在當代縉紳化歷程中扮演著前所未有的角色，她們在早期邊境的聲望又重新被發掘或塑造出來。設計師雷夫・羅倫（Ralph Lauren）1990 年代的服裝系列主題為「遊獵女子」，期盼這個主題能夠喚起浪漫的懷舊感：「我相信很多美好的事情正在從當代消失，我們必須好好照顧它們。」桃花心木家具、防蚊網、馬褲、人造象牙、裝飾著斑馬紋的「桑吉巴」（Zanzibar）[7] 寢具組等各種物件，圍繞著羅倫的遊獵女子，她大概也是個瀕危物種。羅倫出身布朗克斯區（Bronx），後來在科羅拉多州的牧場安頓下來，牧場面積是該市鎮的一半。羅倫從來沒有去過非洲，但他很有信心能拿捏好非洲在我們的幻想裡的角色：「有時候沒有去過反而好，我要喚起一個能夠碰觸到這份風采的世界。不要再回首過去，我們現在就可以擁有。想要讓電影裡看到的事情成真嗎？就在你眼前。」[13]

　　根據國際資本市場的標準，即便非洲屬於低度開發地區，而且飽受饑荒和戰爭之苦，卻還是一再成為賣點，撩撥西方消費者的想像——但此地又是那些瀕臨滅絕的特權階級白人獨占的領域。就如一位評論家所言，該遊獵服裝系列「帶有東非風格，讓人想到羅德西亞（Rhodesia）而不是辛巴威（Zimbabwe）[8]。」[14] 羅倫的非洲讓人可以脫離縉紳化的城市；這裡對於縉紳化的城市來說，是一個類似鄉村度假勝地的地方，給人一種幻覺：城市好像是從這片荒野中收回，並由上層階級的白人墾殖者重新擘劃。

　　自然也重新在新都市占有一席之地。邊疆神話最初出現時，是自然被賦予了歷史意義（historicization of nature），現在重出江湖的形象，則是城市史被賦予自然的意義（naturalization of urban history）。即便貪婪的經濟擴張摧毀了沙漠和

雨林，新都市還是端出「豐收」色彩、講究用料品質的織品、道地的材料和環保意識，標榜自己愛護自然：「所有『羅倫的遊獵世界』系列服飾陳設所用的木頭，都是菲律賓土生土長，而且不是瀕危種。」[15]「自然公司」（The Nature Company）的店面坐落於充滿「歷史感」的南街海港（South Street Seaport），這家店正是這種城市史被賦予自然意義的巔峰之作，它販賣地圖、地球儀、捕鯨文選和望遠鏡、主題是世界上最危險爬蟲類的書，還有探險與軍事征服的故事，毫不扭捏地展現對自然的崇拜，而且刻意避免任何都市元素，於是成為一面完美但迅速消失中的鏡子，折射出充滿爭議的都市歷史。為了要證明跟自然有連結，新城市否定自己的人文面，否定那些讓城市成為今日樣貌的奮鬥史。

根據斯洛特金所言，十九世紀的邊疆神話和相關思想都是「伴隨西方各國『現代化』（modernizaition）過程的社會衝突所產生的」。這些神話跟思想「意圖要避免承認新大陸（New World）資本主義發展的危險結果，並且把社會衝突大事化小、小事化無，然後說成神話。」[16] 邊疆被視為一種社會安全閥，為各種事件醞釀出的都市階級戰爭扮演調節功能，如 1863 年紐約徵兵暴動、1877 年鐵路罷工、甚至 1874 年湯普金斯廣場公園抗議。斯洛特金斷定，發生在邊疆的「壯觀的暴力場面」（spectacular violence），對城市來說有一種救贖作用，可算是「某種階級鬥爭的替代方案，若能被允許在都市裡發生，會讓世間上演『諸神的黃昏』（Götterdämmerung）[9] 的情節。」[17] 邊疆在媒體上呈現出來的形象，是各種極端城市事件的發生地點，放大都市群眾的荒唐墮落，東邊的城市

---

[7]　譯註：桑吉巴群島位於非洲東部坦尚尼亞國土外的印度洋上。是知名熱帶度假勝地。

[8]　譯註：辛巴威位於非洲東南部內陸，原為英屬南羅德西亞（Southern Rhodesia），由白人統治，當地黑人反抗，因而發生戰爭，1979 年白人政權與黑人團體在英國政府安排下進行協商，雙方結束戰爭，1980 年第一次民選政府，由「辛巴威非洲民族聯盟」（ZAPU）領袖穆加比勝出，羅德西亞改名為辛巴威共和國（Republic of Zimbabwe），正式獨立建國。

[9]　譯註：諸神的黃昏（Götterdämmerung）是北歐傳說中最終決戰、世界毀滅並重生的末日，在英文語境裡有體制崩壞、災難性事件結束的意味。在本文情境中，應指能使城市中的階級紛擾告一段落。

則被視為團結和諧的典範地區，正面臨外部的威脅。都市裡的衝突與其說是被否定，不如說是被外部化，任何人只要破壞都市和平的現狀，都會被拿來跟外部敵人相提並論，也就是所謂的「他者」（Other）。

美國歷史學家弗雷德里克・傑克遜・特納（Frederick Jackson Turner）在 1893 年宣稱邊疆時代結束，但反而讓這個神話更深植人心。他力排一切模稜兩可的說法，定義邊疆為「潮流的前緣——野蠻和文明的交會點」。[18] 特納的邊疆論述有力地結合了各種主題：邊疆既是明確的地理位置，也是經濟擴張的前線，財富在此來來去去；對許多來到新大陸的歐洲人來說，更是歷史命運的關鍵點。所謂的邊疆消失雖然徹底改變了原本的中心思想，其影響力卻沒有降低。邊疆的概念逐漸脫離特定的歷史和地理特質，神話的力道反而更強。

今日還是一樣，邊疆概念將社會衝突轉移到神話的領域。假如十九世紀出現的「都市邊疆」（urban frontier）是用來解釋工業化衍生的社會動盪，在當前新一波的都市空間重整風潮下，這個意象又重出江湖。1960 年代美國都市暴動，導致數十年來對都市的投資縮減，都市更新又造成許多破壞，經濟狀況對市中心再發展很有利，1970 年代美國人也被鼓勵要重新發現城市。邊疆意象已經隨時準備好，要為文化地理學突然逆轉找出合理的說法，甚至吹捧美化之。衰退中的戰後都市已經被住在郊區的中產階級白人視為「城市荒野」（urban wilderness）或「都市叢林」，城市史被賦予自然意義並不會特別造成什麼困擾。一位知名學者的提議不經意地複製了特納的觀點（不是要嘀咕或反對），認為正在歷經縉紳化的鄰里應該被看作「文明階級」和「野蠻階級」的綜合體，可以根據「文明或不文明行為的程度」來分類。[10] 邊疆的意識形態當中，依然蘊含著階級和種族所定義的政治，這事實再清楚不過了。

邊疆意象並非純粹的裝飾功能，抑或天真無邪的概念，而是具有相當程度的思想重量。邊疆主題讓新城市可以用舊概念來詮釋。縉紳化徹底抹滅工人階級社區，迫使貧戶遷離，將整個街區轉成布爾喬亞的飛地。邊疆意象把社會分化和排除合理化，稱其自然發生且無可避免，作法就是用一條英雄式的分隔

線，把窮人和工人階級劃到「不文明」的那一邊，說他們是野蠻人和共產主義者，在城市的中心為殘酷無禮的作為辯護。工人階級遭受言語誹謗，然後被驅逐到城市邊緣，甚至深入都市荒野。邊疆意象的要義和結果，就是要馴服仍有野性的城市。

販賣下東城

邊疆在不同的地方以不同的形式出現，一邊創造場域，也一邊適應場域。在下東城，有兩種行業定義了 1980 年代新的都市邊疆。當然，要角就是不動產業。該產業大力推銷休士頓街以北的下東城北部（也就是東村的區域），因其地理位置鄰近格林威治村，希望藉由格林威治村的體面和氛圍、治安和夜生活、文化和高租金來獲利。在這方面，藝文產業（藝術經紀人與贊助人、藝廊老闆與藝術家、設計師與評論家、作家與表演者）將都市廢墟改造成時尚潮地。文化業和不動產業攜手在 1980 年代從西邊侵入曼哈頓剩下的這塊殘餘地區，如評論家羅賓遜（Walter Robinson）和麥考密克（Carlo McCormick）所津津樂道的，「懶洋洋地朝 D 大道逼近」。一棟接一棟、一個街區接一個街區，這個區域漸漸從破敗不堪的十九世紀廉價公寓街區，搖身一變成為嶄新的城市，魅力和別致中還摻著一點點危險。鄰里街區的原始狀態，正是吸引力之一。那幾個評論家繼續說道：「至於氣氛嘛，東村是這樣的：貧窮、龐克搖滾、毒品、縱火、『地獄天使』機車犯罪幫會（Hell's Angels）、酒鬼、妓女、破敗住宅的獨特綜合體，讓此處創新前衛的風氣聲名大噪。」19

[10] 作者註：「積極的那一端……是『文明階級』的成員，他們的態度和行為是基於這樣的假設：從個人利益到鄰里利益，都會因為服從社會規範而增強。另一端是『野蠻階級』，由於民法和刑法有不及處，是而有其他規範，但這群人的行為和態度反映出他們不願服從。他們的態度可能是對社會規範漠不關心，甚至對任何關於行為的集體定義，都抱著敵視的心情。」引自 Philip Clay, Neighborhood Renewal（Lexington, Mass.:Heath, 1979），pp37-38。

下東城被盛譽為新藝術波西米亞地區，人們熱衷拿它來跟巴黎左岸或倫敦蘇活區比較，足堪代表紐約的潮流最前線。藝廊、時髦的俱樂部、舞廳、粗獷的小酒吧都是刺激經濟的奇兵。此外還有餐館，一位《華爾街日報》（Wall Street Journal）的記者描述了在「印第安地區」（Indian Country）吃飯的情境：「要用餐的話，一間位在 C 大道叫作『伯納』的餐廳有供應『有機法式料理』。窗戶的毛玻璃讓用餐的人在小口啃著十八塊美金的小牛腰肉時，不會看見對街燒毀的廉價公寓。」[20]當然，街區裡那些貧困、被社會放棄、無家可歸的人，就算沒有這扇毛玻璃，也隱而不顯，只剩下他們當初被驅逐離開的建築軀殼，還張牙舞爪地企圖闖入。

1980 年代，下東城來到了紐約藝術界的最前線，人氣遠勝麥迪遜大道和第 57 街古板正經的市區藝廊，以及隔壁蘇活區的「另類」藝術。蘇活區過去曾經是前衛藝術的一級戰區，現在走向商業化。該區一直都有藝術家活動，不過 1970 年代晚期又大量湧進更多藝術家。第一批畫廊在 1981 下半年大張旗鼓開張，還不到四年，街區裡的畫廊就多達七十間。這裡是很多小說喜愛的故事地點，多部電影也喜歡蘇活區的場景和主題，包括史蒂芬·史匹柏刻劃縉紳化的電影《鬼使神差》（Batteries Not Included），善良的外星人拯救了受困的租戶免於縉紳化造成的迫遷。

文化產業讓下東城充滿原始邊疆毫不掩飾的浪漫。一位當地的藝術評論家觀察：「要知道，東村或下東城不只是個地理位置，更是一種心境。」只有在下東城，藝評家才會慶祝「貧民窟小小藝術節」；只有在這裡，藝術家才會珍惜「貧民區最普遍的材料──無處不在的磚頭」；也只有在這裡，一堆藝術跟風者才會承認「著迷於貧民窟文化的活力」。當然，邊疆的危險是浪漫的對比。娛樂畫廊（Fun）旁邊，是一間名叫「愛拯救世界」（Love Saves the Day）的擺飾小物店、一間叫「榮美之地」（Beulah Land，約翰·班揚所說的平和安靜之鄉）的酒吧，然後是「平民戰爭」（Civilian Warfare）跟「虛擬要塞」（Virtual Garrison）兩家畫廊，還有酒吧「貝魯特市中心」（Downtown Beirut，因為太受歡

迎了，後來又開了二店）。藝術本身就瀰漫著邊疆的危險感。一個為這種風格辯護的人誇張地說，這些場景是由「叢林法則」所支配，新藝術散發出「野蠻的能量」；新原始主義藝術（neo-primitivist art）描繪膚色黝黑的都市原住民在街道上狂奔，大概是要表達這股野蠻能量。[21]

這種城市巷戰的意象有可能驅使我們承認社會衝突確實存在，尤其媒體更是一再大肆宣揚此地的犯罪和毒品問題，但藝術召喚的危險感太隱晦，無法突顯關於縉紳化的激烈衝突。第一大道顯然不是貝魯特市中心，充其量也就是用虛構的形式（酒吧的名字）所形塑的意象來傳達事實（就是普遍存在的都市衝突）。藝術界所採用的暴力都市意象，多半都只是對現實的鬥爭輕描淡寫，呈現出的危險感很難讓人真的把它當一回事。社會衝突被轉化成藝術景觀，危險成了一種氛圍。當地店家開開關關、搬遷更名、歷經縉紳化又衰敗，這裡的地景充斥著快樂的暴力，成了另一種新型地理表演藝術的舞台，無縫接軌，一檔又一檔。

羅莎琳·多伊奇（Rosalyn Deutsche）和卡拉·萊恩（Cara Ryan）的文章〈縉紳化的純藝術〉（The Fine Art of Gentrification）指出，藝術界和縉紳化彼此串通並不令人意外，縉紳化現象確實「在藝術機構通力合作的幫助下逐漸成形」。[22] 她們認為「東村」之所以崛起，和新表現主義（neo-expressionism）的成功有關係，不過無論藝術家的姿態多麼反文化，由於他們欠缺政治上的反省，也不敢批判形塑街區的更大社會力量，因此很多下東城的藝術家並不會對藝術機構的金錢來源和其他方面提出什麼尖銳的挑戰，對這些機構代表的主流文化也同理可證。1980 年代史無前例的藝術商品化，也使得文化和政治同樣處處跟美學掛勾：塗鴉脫離火車，走進畫廊；極其怪誕的龐克和新浪潮風格很快從街頭進入《紐約時報》的滿版時尚廣告。媒體開始誇耀新的藝術風貌帶來多少財富，傳達出來的訊息是「別被社區的貧窮表象給騙了」，這一代的年輕藝術家靠美國運通金卡就都過得去。

事業有成的前衛藝術家既否認社會和政治情境，卻又依賴文化機構，立場

極度矛盾。他們逐漸成為文化機構和前途光明的多數藝術家之間的中間人。下東城的畫廊就扮演著至關重要的角色，讓平民百姓的雄心壯志和機構的資金得以交會。²³ 文化產業把鄰里街區打造成文化聖地，吸引來遊客、消費者跟有可能移居的人，助長了縉紳化的發展。當然，並非所有藝術家都跟文化機構關係密切，一個重要的藝術家抗議事件挺過了商品化以及 1980 年代物價上漲造成街區房地產和文化事業水漲船高的時期。²⁴ 其實在歷經湯普金斯廣場公園的暴動之後，聚焦在縉紳化、警察和文化產業等主題的政治藝術就蓬勃發展。許多藝術家都是占屋人士和居住權社運份子，帶有顛覆精神的藝術也表現在街上或畫廊最角落的海報、雕塑、塗鴉之中。

對房地產業來說，藝術馴服了鄰里，兜售充滿著異國情調但溫和的危險形象。藝術描繪出一個從社會底層進步到上層的「東村」，獻上某種適合銷售的街區「性格」，把整個區域包裝成不動產商品，並且創造出需求。的確，有人說「東村最新的波西米亞風潮，也可以看作是紐約房地產的一段歷史——那就是，部署一群對縉紳化有幫助的藝術家到下曼哈頓最後的貧民窟去。」²⁵ 不過，到了 1987 年，藝術和不動產因為利益而結合的情況雖然大量增加，然而商業房東不受租金管制約束，大漲租金，反而帶來一波畫廊倒閉潮。普遍推測，這些「房東」（多半是匿名的物業管理公司，靠郵政信箱往來運作）刻意在 1980 年代早期以低租金吸引畫廊和藝術家進駐，大肆炒作該區後，再漲租金。這一波操作成效卓著，於是他們在頭五年的租約到期時，又想要獅子大開口。這個街區現在已經有一堆畫廊，上演著藝術和經濟的割喉戰，緊接著就是財務衰退，許多畫廊關門大吉，混得比較好的也悄悄搬到蘇活區去了——但在此之前，他們已經帶頭徹底改變了社區的形象和房地產市場。

藝術家幫助促成縉紳化，結果自己成為縉紳化的受害者，在藝術媒體上引發了辯論。[11] 不管是有心還是無意，文化和房地產業已經攜手把下東城改造成一個新的地方，這裡另類、獨特，不僅是個奇蹟，還是前衛時尚的巔峰之作。文化和地方已經成為同義詞。時尚和風潮流行創造出文化稀缺性，就如房

地產業定義的「東村」，打造了少數尊榮的居住地址。好藝術跟好區位已然融為一體。而好區位就是金錢。

利益急先鋒

　　下東城經歷過幾個快速建構的階段，跟大的經濟週期相呼應，當前的建成環境也出自這段時期。有一些早期建物是從 1830 和 1840 年代留下的，不過矩形的列車式公寓（railroad tenements）更普遍，建於 1850 年代或南北戰爭之後，供數量龐大的移工階層居住。1877 年後十五年，隨著經濟增長，移民也持續增加，下東城來到建設激增的高峰期。幾乎所有看得到的空地都被開發成啞鈴型公寓（dumbbell tenements），它們跟之前四四方方的矩形住宅不同，其名來自中間部分變窄，跟鄰棟建築之間創造出一個象徵性的通風井，以符合 1879 年後的建築法規。1893 年經濟崩潰，讓這個建築週期真正走入歷史，近乎六成的紐約市住宅都是啞鈴型公寓。[26] 下一波建設熱潮始於 1898 年，主要集中在都市邊緣，也就是幾公里之外的外圍區域和紐澤西州。下東城只有零星幾個新建案，但很多房東已經開始撤資，不願再維修手頭上早已擁擠不堪的建築物。

　　紐約的統治階層一直都很想要把下東城從難管束的工人階級手上要回來。1929 年，美國實業家洛克斐勒（Rockefeller）資助的區域規畫協會（Regional Plan Association）為下東城提出了非凡的願景。該計畫明確表示要移除現有人口，創造出「高級住宅區」，裡頭有現代化的店鋪、東河上有遊艇碼頭，還要重建下東城的公路系統，以加強跟鄰近的華爾街之間的聯繫：

---

[11]　作者註：克雷格・歐文斯（Craig Owens）主張「藝術家當然不需要為『縉紳化』負責；他們自己也常是縉紳化的受害者。」（"Commentary," pp.162-63）而多伊奇和萊恩回應道：「把藝術家形容成縉紳化的受害者，是對街區裡真正的受害者的一種嘲笑。」（"The Fine Art of Gentrification," p.104）頁可參見 Bowler 和 McBurney 所著的〈Gentrification and the Avant Garde〉。

當一個地區開始這種規模和性質的運作時，無論手段卑劣與否，周圍
房地產的品質一定會有所改善，接著向四面八方蔓延。新設立的店家
已經準備好要服務另一個階層的客人，附近的街道會變得更乾淨，房
地產價值會上漲……再過一段時間，其他公寓套房就會出現，最後東
區的性格將完全改變。[27]

　　1929 年股市崩盤、隨後發生的大蕭條、第二次世界大戰，以及一波前所
未有的戰後郊區發展，皆不利下東城成為「上流階級的避風港」的重建計畫。
1930 年代末到 1960 年之間，政府致力清除貧民窟和興建公共住宅，但許多政
策的施行，加上私人資本撤出，反而使得某些長期的經濟和社會力量更加強
化，徹底摧毀下東城和無數類似社區。戰後時期，撤資、棄置、拆除、公共倉
儲是反都市主義（anti-urbanism）的主要策略，具有致命的殺傷力，導致下東城
這樣的鄰里成了自由開火區。特別受到重創的區域，包含休士頓街南邊，還
有休士頓街北邊以東叫作「字母城」（Alphabet City）的地方，範圍從 A 大道到 D
大道，位在第一大道的東面。1960 年代的暴動只是讓資本和中產階級更加慌
亂地從野蠻的城市撤退。此時期的都市更新計畫，不過是強迫還留在斷垣殘壁
中的住民集中聚居而已。到了 1970 年代末，由縉紳化推動的一種完全不同的
「更新」取代了本來的作法，真正實現了 1929 年的願景。
　　即便雅痞人士和藝術家開始在廢墟裡挑挑揀揀，有能力的人還是搬出去
了。1910 年下東城的高峰期人口超過五十萬人，1980 年來到十四萬九千人，
損失了將近四十萬居民。「字母城」的中心區域在 1970 年代少了 67.3% 的住
民，數量相當可觀。家戶平均收入為 8,783 美金，是 1980 年全市平均收入的
63%，全區二十九個普查區域，有二十三個區裡頭低於貧窮水平的家庭數量更
勝以往。窮人被留了下來，「字母城」剩下的 59% 人口生活在貧窮線以下。
在雅痞人士和藝術家之間非常搶手的街區，是曼哈頓島上除了哈林區以外最窮
的地方。財富和貧窮的兩極分化在 1980 年代變得更嚴重，一貧如洗又無家可

歸的男女跟俱樂部專屬的加長豪華轎車一起共享著下東城街道的陰影。

房地產價格下跌，伴隨而來的便是人口流失。想想東十街 270 號的例子，一棟破敗但有人住的五層樓啞鈴型公寓，介於第一大道與 A 大道之間，湯普金斯廣場公園西邊半條街。1976 年撤資巔峰時期，這棟公寓被一個只想趕快離開的房東賣掉，價格只要 5,706 美金加上該付卻沒付的房地產稅。到了 1980 年初，它又以四萬美金被轉手賣掉。十八個月後，買賣價格變成 13 萬美金。1981 年九月，這棟建物又易主了，這次以 20 萬 2,600 美金賣給一個紐澤西的房地產公司。才不到兩年，這棟建物的價格就翻了五倍——而且根本連整修都沒有。[28]

這並不是個特例。湯普金斯廣場公園上，十六層樓的克里斯多拉大樓如今是反縉紳化的象徵，過去也曾經歷類似的撤資又再投資的週期。克里斯多拉大樓建於 1928 年，原本是個「睦鄰之家」（settlement house），後來在 1947 年以 130 萬賣給紐約市，過去曾發揮許多市政用途，最後作為社區中心和旅宿空間，服務對象以黑豹黨 [12] 最為有名。這棟大樓在 1960 年代末期已破敗不堪，1975 年的公開拍賣上根本無人出價競標。後來布魯克林不動產開發商喬治·賈菲（George Jaffee）以 6 萬 2,500 美金買下它，當時這棟廢棄建築物的門已經焊死，而且已經維持那個狀態五年了，賈菲本想尋求聯邦基金的援助，以低收入住宅的名目來翻修，但沒有成功。1980 年賈菲開始接到跟這棟建築相關的詢問，焊工被叫來幫忙弄個入口，檢視整棟建物之後，開始有人出價二十萬到八十萬。最後賈菲在 1983 年把房子以 130 萬賣給另一個開發商哈利·斯凱德爾（Harry Skydell），斯凱德爾一年後就把房價「翻」到 300 萬，只為了要跟開發商塞穆爾·葛拉瑟（Samuel Glasser）聯合經營時回收成本。斯凱德爾和葛拉瑟翻

---

[12] 譯註：黑豹黨（Black Panthers）是 1966 年由非裔美國人政治活動家和革命家休伊·紐頓（Huey P. Newton）及鮑比·西爾（Bobby Seale）所組織的黑人民族社會主義團體，主張黑人有權武裝自衛，亦試圖解決貧困黑人社區面臨的許多問題。其全國總部曾經設立在克里斯多拉大樓裡。

新了克里斯多拉大樓，1986 年開始銷售裡頭的八十六間公寓。四聯式頂樓公寓有私人電梯、三個陽台、兩個壁爐，一年後以 120 萬美金成交。[29]

在克里斯多拉大樓和東十街 270 號兩個案例裡，真正振興的是房地產的利益，而非街區的利益。根據拖欠不動產稅的比例來計算，從住宅大樓撤資的情況在 1976 年到達高峰，再來是 1980 年，然後整個 1980 年代持續下降，撤資持續了十年之久。狀況好轉時，正逢 1990 年代初期的經濟衰退期，完全無法回到 1980 年代初的水準。1968 到 1979 年間，下東城公寓的房屋中間售價只上升 43.8%，通膨率卻將近 90%，但接下來到 1984 年的五年之間，關係開始逆轉：房屋價格上漲了 146.4%，幾乎是通膨率的四倍。[30] 甚至 1987 年股市暴跌後，該街區每坪的公寓售價都還有 8900 到 12460 美金。湯普金斯廣場住宅（Tompkins Court）位於湯普金斯廣場公園東南角，是 1988 年修復兩棟公寓大樓的成果，單房公寓的價格是 13 萬 9 千到 20 萬 9 千元，兩房是 23 萬 9 千到 32 萬 9 千元。其中最便宜的，估計住戶年收入也要 6 萬 5 千元才負擔得起，若要住最貴的，收入需達 16 萬元之譜。年收入四萬美元以下的人，甚至連個小套房都住不起。幾條街之外的另一棟整建公寓大樓，已經賣出了十七戶合作住宅（co-ops），兩房住宅的價格從 23 萬 5 千到 49 萬 7 千都有[31]，後者的抵押貸款和管理費高達每個月近五千元，這間公寓兩個月的支出就已經遠遠超過此鄰里街區的年收入中位數了。直到 1990 年代初期，房價才明顯下降——比市場頂峰值低了 15%。

商業租金和銷售額上升得更快。房東任意漲房租，導致歷史悠久的小商家被趕了出去。 瑪麗亞・皮多羅傑茨基（Maria Pidhorodecky）的義式烏克蘭餐廳「蘭花」（Orchidia），從 1957 年起就坐落在第二大道上，1984 年閉店，當時沒有任何針對商業租金控制的規範，二十坪的空間，原本月租金 950 元，房東硬生生漲到五千元。[32]

縉紳化的關鍵力量就是房地產市場。每當出現其他能夠確保更高收益的投資管道，私人市場的競爭機制就會讓房地產持有者決定撤資。他們有計畫地

將資金從物業轉去投資其他項目，在整建維護方面非常苛刻，或者乾脆統統砍掉，反正建物已經被「吃乾抹淨」了。當建物年久失修到產生經濟性貶值，就會帶動建物所在的土地一起貶值。地租（Land Rent，也就是土地的價格）會跟著建物價格急遽下降。隨著街區環境不斷惡化，實際土地價值也越來越低，但其潛在的價值（假如該區重新開發或縉紳化之後，可以開出的土地價格）卻會隨著城市裡周邊其他區域的都市發展而持續上升。當前惡劣環境下的實際地租，跟新的土地利用方式造成的潛在地租，這兩者之間的差距叫做「租隙」（rent gap），翻修跟重建正是租隙促成的。[33]

記者馬丁・戈特利布（Martin Gottlieb）調查下東城房地產的運作情況，親身見證了租隙造成的後果。以東十街 270 號為例，土地和建物綁定的銷售價格在五年半之內就從 5,706 元飆升到 20 萬 2,600 元，根據不動產估價師的說法，建物本身的價格其實從 2 萬 6 千元掉到 1 萬 8 千元，各處情況如出一轍。土地比建物更有價值。地產金融的不當理性，反而讓榨取土地和摧毀建物的建物持有者和開發商，獲得加倍的報償。首先，他們把那些本該用在維修保養的錢繼續留在口袋裡；第二，他們實際上摧毀了建物，而且建立起租隙，藉此為自己創造出全新一輪投資回流的條件和機會。他們以利益為名造成資金短少，現在又為了同樣目的，投下大把資金進入街區，把自己塑造成關心社會的英雄，一種英勇、冒險犯難的新城市建立者，百姓對他們都感激涕零。不過，引述戈特利布的話，市場上這種自導自演的逆轉代表「下東城的地主可以玩弄他們的資產，還不會有任何損失」。[34]

縉紳化的經濟地理學並非隨機發生，開發商才不是突然就進到貧民窟的中心，而是一點一點地拿下。篳路藍縷的開拓歷程因為財務上的顧慮緩了下來。「重點是你願意出走到縉紳化的邊疆。」一名物業經理解釋道。「你試著走遠一點，來到可以大撈一筆的『那條界線』——但也不要遠到你轉賣不了房子，遠的程度是房子很便宜，而且你又可以把它給轉手賺到錢。」[35] 開發商陸陸續續從郊區搬進來，蓋「一些具有戰略意義的精品前哨站」。[36] 他們先在所謂的

「黃金海岸」（gold coast）區域開疆闢土，此區位於房地產價格高的安全牌社區和投資減少但機會更多的貧民窟之間。然後邊疆很快就建立起灘頭陣地跟可防禦的邊界。經濟地理學於焉定義了城市開拓（urban pioneering）的策略。都市邊疆的神話被捏造出來合理化縉紳化和迫遷的暴力，神話所繫的日常邊境，正是企業剝削和經濟現實赤裸裸的產物。下東城就跟其他地方一樣，是個重視利益先於一切的邊疆地帶。真正「復甦」的其實是利潤率，文化復興可有可無。的確很多工人階級社區都發現，移入的中產階級在他們的家戶周邊開起酒吧，否定街道的社交功能，用柵欄把他們的門廊隔起來，再把不喜歡的人從「他們的」公園裡趕走之後，社區就嚴重「喪失活力」（devitalization）。

在某些地方，開發商的作法有點像軍隊，也帶點經濟地理學的味道。紐約市哈林區開發公司（Harlem Urban Development Corporation）的總裁唐納德・科斯維爾（Donald Cogsville）表示：「我們要做的，就是從邊緣開始處理哈林區。」該開發公司是一個致力吸引投資進入社區的行政法人。「私人市場已經開始往西移動，我們應該幫它一把，尤其是南邊位於中央公園北端 110 街處非常受歡迎。」科斯維爾說。「首先我們在 112 街先建立灘頭堡，針對該區幾棟修復過的目標建物進行投資。當這些街區已經穩當之後，我們再向北移，到 116 街建立第二個灘頭堡。」[37]

下東城展現出經典的縉紳化邊疆地帶。房地產投資持續回流的第一波徵兆，出現在 1977 到 1979 年該區域的西界，北面接壤格林威治村，南面靠近華爾街和中國城。1980 年後，縉紳化從安全的西邊蔓延開，兩年後，雖然美國國內經濟衰退、房地產市場低迷，縉紳化的腳步還是向東穿過「東村」，從第三大道到第二大道、從第一大道到 A 大道——也就是湯普金斯廣場公園的西緣。這個公園成為攻克下東城的測試，公園的另一邊是字母城，正是建物被棄置跟投資出走的核心地帶。但 1983 年克里斯多拉公寓大樓周邊的投機熱潮，讓開發者相信東邊荒廢的景觀代表的是機會，而非風險。《紐約時報》週日的房地產版興奮地敘述：「縉紳化來勢洶洶，橫掃『字母城』」——從 A 大道

到 B 大道，然後 C 跟 D。到了 1985 年，撤資的逆轉情勢已經一路來到東河，只剩下市府持有的建物沒有受到投資回流影響，這股回流是往 D 大道一路衝去，可不是沒精打采的。[38]

若說 1980 年代湧入下東城的房地產牛仔利用藝術為他們的經濟追尋添了點浪漫色彩，其實他們也找了市府裝甲部隊來處理更乏味的差事，像是收回土地和鎮壓當地住民。從城市的住宅政策、緝毒行動，尤其公園策略，可以看出城市並沒有什麼心思為現有居民提供基礎服務和生存機會，反而是要把當地人趕走，為房地產開發提供機會。根據一份標題為〈東村投資機會分析〉的顧問報告：「紐約市已經給出清楚的訊號，準備好要拍賣紐約市持有的房地產，以及資助縉紳化地區的開發計畫，來支撐它的稅收並加速振興復甦，以幫助中產階級回歸。」[39]

紐約市在下東城持有超過兩百筆房產，來自沒有付房地產稅而被取消抵押品贖回權的私有地主。1981 年，紐約市政府首次跟進縉紳化熱潮，藝術家則是工具。住宅保護與開發局（Department of Housing Preservation and Development，簡稱 HPD）針對「藝者有其屋計畫」（Artist Homeownership Program，簡稱 AHOP）對外徵求提案，1982 年公布一個整修計畫，將釋出 16 棟建築共 120 間住宅，每間約莫五萬美金，目標對象是收入兩萬四以上的藝術家。郭德華市長宣稱，整修的目的是要「重振社區的能量和活力」。有五個藝術團體和兩個開發商被選來執行這個七百萬的計畫。

然而，社區裡很多人大力抨擊此計畫。超過三十個下東城的住宅和社區組織組成的聯盟「聯合規畫委員會」（Joint Planning Council），要求像廢棄建物這麼有價值的資源，應該修復後提供在地使用。市議會議員米莉安·弗里德蘭德（Miriam Friedlander）譴責該計畫「只不過是來掩護縉紳化的」，斷言「能從這些住宅得利的，只有負責翻修工作的開發商」。支持藝者有其屋計畫的藝術家把自己塑造成縉紳化的受害者，說自己跟任何人一樣都渴望有自己的住屋，另一個「藝術家社會責任聯盟」（Artists for Social Responsibility）則反對藝術家將街區縉

紳化。住宅保護與開發局、郭市長和藝者有其屋計畫最後被紐約市評議委員會
（City Board of Estimate）打回票，拒絕核發頭期 240 萬的公共基金。[40]

　　不過事實上，藝者有其屋計畫其實是一個更大的拍賣計畫的暖身而已，住
宅保護與開發局打算要把棄置的房產和土地賣給私人開發商，鼓勵全市都縉紳
化。市政府無視社區的提議，提出「交叉補貼」（cross-subsidy）方案，開發商可
以購地、新蓋或整修住宅，並同意將新公寓的至少兩成賣給負擔不起市場價格
的租戶，以領取一連串公共補助金。剛開始一些社區團體對這個方案有表示初
步支持，但其他團體想要把補助和市價的比例調整到五比五。

　　然而，隨著方案的意圖越來越明顯，反對的聲浪也漸起。1988 年，紐約
市跟全國性的大開發商萊弗拉克集團（Lefrak Organization）簽訂契約，要在下東
城的蘇厄德公園（Seward Park）所在地上蓋新建案。1967 年，一千八百名窮人遭
到迫遷、家園被拆除，多數都是黑人或拉丁裔。他們原本得到承諾說可以入住
當地新建的公寓，但二十一年過去了，新屋還是沒蓋起來。萊弗拉克集團付出
一美元買土地，另外每年再付一美元，租期九十九年，加上三十二年減稅優
惠。根據這項計畫，萊弗拉克集團會蓋 1200 間公寓，其中 400 間是按市價的
公寓大廈；640 間會以 800 到 1200 美金租給年收入 3 萬 7 千到 5 萬 3 千美元
的「小康」家庭；剩下 160 間則留給 1 萬 9 千到 3 萬 7 千美元的「普通收入」
家庭。耐人尋味的是，沒有任何公寓專門留給低收入或無家可歸的人。也難
怪，畢竟二十年後，所有房子都會被萊弗拉克集團收回來作豪華公寓。一位居
住權社運份子形容這個計畫：「這是低收入街區裡的雅痞級收入住宅，目的是
要打造新的房地產熱市」。[41]

　　除了端出住宅策略之外，紐約市在 1984 年一月啟動掃毒行動「壓力點行
動」（Operation Pressure Point），此行動普遍被視為支持縉紳化的整體策略之一。
十八個月內，下東城就執行了一萬四千次毒品搜捕行動。《紐約時報》洋洋得
意地表示：「多虧了『壓力點行動』，畫廊漸漸取代了靶場。」[42] 但輕罪犯很
快就被放出來了，組織裡的頭頭從來不會遭到逮捕。風頭過後，毒品賣家又出

現了。

聖馬可廣場（St. Mark's Place）和第一大道間的壁畫呈現出掃毒行動和縉紳化的關係。這幅壁畫在 1987 年由當地藝術家傑夫（Geoff）畫就，是聖馬可酒吧燒烤店（St. Mark's Bar and Grill）裝飾系列的一部分，這幅畫尖銳點出了街區的縉紳化現象，而且一直都有人來塗塗改改，傑夫也會定期來修補。壁畫以風格鮮明的新表現主義（neo-expressionist）描繪出一條黑暗的街道，兩邊立著公寓大樓，街上有火柴人小碎步跑來跑去，透露出一種危險逼近的震撼感。背景有一群全副武裝的警察，怒目走進街道上，監視各方的一舉一動。在前景部分，時髦的咖啡店裡一名莫霍克髮型的龐克服務生正在服務一對雅痞情侶；兩個小孩正從街上望進咖啡店。但最令人毛骨悚然的存在，是一隻手臂從兩棟公寓大樓中間伸向街上，手上拿著一個正在滴水的海洛因注射針，袖子上有條紋。壁畫的意思很清楚：警方的掃毒行動刻意鞏固了縉紳化，真正保護到的，就算不是走私者和街頭小販，也是靠毒品牟利的幕後黑手的階級利益。

公園的襲擊事件伴著「壓力點行動」掃毒一起出現。房地產開發商威廉·傑肯多夫（William Zeckendorf）位於 14 街以北的聯合廣場（Union Square）的二十八層豪華大廈獲得減稅和分區變更——這是一個發展上的「要塞」，作為未來開拓工作的精神指標，而紐約市提供了戰術支援。根據新的開發計畫，在社會上不受歡迎的街友等群體被趕出聯合廣場公園，接著就展開兩年期 360 萬美元的翻新作業。1984 年春天，整修工作啟動，郭德華市長痛斥窮人和街友占據了公園：「剛開始幾個惡棍先占地為王，接著搶劫犯也占下地盤，然後吸毒的人也來了，現在我們要把他們統統趕出去。」[43] 新的公園還很有活力，為傑肯多夫公寓大樓的立面增色不少。樹變少了、路拓寬了、南邊開闢了一個開放式廣場，實質上是為了要擴大視線範圍，以便進行監控。邊角銳利又光潔如新的石頭，取代了日曬雨淋、眾人踏遍的石板；農夫市集整頓得光鮮亮麗；公園的紀念碑被清洗打磨，意圖「復舊」理想中的往昔。綠色雕像被恢復成本來的銅色光澤，這招的用意是要把街友和貧窮從城市的歷史裡抹去。

不過，聯合廣場公園的縉紳化並不算順利，巡邏的警察一直都在，而且被驅逐的人又回來，公園再度恢復成邊疆地帶。儘管如此，紐約市還是繼續執行原本的策略，往格林威治村南邊的華盛頓廣場公園（Washington Square Park）蔓延過去。這裡同樣也立起邊界圍欄、實施宵禁措施、員警巡邏增加。然後 1988 年湯普金斯廣場公園大翻轉，深深影響了下東城。紐約市過去先對公園實施宵禁、封閉公園後再「修復」的縉紳化策略，在八月暴動事件中已經不管用了——起碼持續了一段時間。

「比第一波更野蠻」：新（全球）印第安戰爭？

「受到住房緊缺影響的紐約人，似乎已經習慣了某種戰時心態。」1980 年代初期縉紳化熱潮剛開始時，《紐約》（New York）雜誌曾如此評論。[44] 特別在下東城，近年都市變遷的地理情況揭示了未來縉紳化後的城市樣貌，高檔消費的霓虹燈閃爍著光彩，同時卻焦慮地封鎖四面，以防街友來搶奪。縉紳化的邊疆席捲過一個又一個街區，在經濟擴張時期快速推進，經濟衰退時期則變得遲緩。舊時的工人階級和貧困區被捲入國際資本的循環裡，下東城的藝術也出現在倫敦和巴黎，城市裡最豪華的公寓也登上了《時代雜誌》（Times）和法國《世界報》（Le Monde）的廣告頁。

縉紳化預示著新城市裡的階級征服關係。都市開拓者試圖洗去城市裡勞動階級的地理和歷史。重構城市地理，就是在改寫它的社會史，為城市的未來辯護。公寓貧民窟成為充滿歷史感的褐沙石建築，外牆立面噴沙，好在未來時還能呈現舊時風情。內部裝修也一樣，「入世的苦行主義成為公共的展示」，因為「比起沒有塗灰泥的窮苦貧民窟，裸露的磚牆和露出來的木頭更能表現出文化敏銳度。」[45] 把後來增加的東西從原本的結構上剝除，也會抹去其社會史。假如過去的東西沒有完全毀棄，至少還能算是改造（reinvented）——但其實階級輪廓被磨平了。在把遺緒整頓得得體的過程中，瀰漫著偽造出來的真實感。

　　無論是因為工人社區本身好戰固執，還是地區投資流失、房屋破敗的程度，導致此類把建物修復得體面的努力，淪為永無止境的徒勞，這些階級依然有其他方法登上檯面。 骯髒、貧窮、驅逐的暴力被形容成微妙的氣氛，下東城成為「頗負盛名的前衛場景」。階級界線快速重構且極化，卻反倒因為新鮮刺激而大受讚揚，沒有因為暴力受到譴責，或者讓人理解眾怒所為何來。

　　想開拓城市裡的殖民地，有系統地驅逐是一種手段。紐約市現在至少有七萬個無家可歸的人，占該市人口整整百分之一。紐約市政府各種工作小組針對縉紳化都市邊境提出的報告裡頭，從來沒有一份提及如何安置這些被趕出去的人。政府官員否認縉紳化跟無家可歸的情況有任何關聯，甚至不承認有迫遷。公共政策已經鋪陳得讓我們「看不見無家可歸的人」——下東城的塗鴉是這麼形容的。1929 年下東城區域計畫（1929 Regional Plan for the Lower East Side）更誠實：

> 每次迫遷，代表許多舊租戶將會消失，然後負擔得起更高租金的人搬進來。高租金是因為在高價土地上興建現代建設所致。總有一天，光是經濟力量就會導致大半東區人口的特徵改變。[46]

　　縉紳化已向 D 大道逼近，談到那些被趕出去的人未來會如何，一個東村的開發商說得很直率：「他們會被迫離開、會往東被推到河邊，然後被發個救生圈。」另一個開發商為新邊疆的暴力辯護：「要我們為這些暴力負起責任，就像把休士頓街上的一棟高樓，歸咎於建商在百年前逼迫印第安人離開一樣。」[47]

　　有些人更過分，意圖認定街友違法，「若在街上丟垃圾是非法，說實在的，睡在街上……也應該算是非法。因此，以公共秩序和衛生之名把這些人趕到別處去，是一件非常單純的事情。沒有要逮捕他們，只是把他們移去其他我們看不到的地方。」[48] 美國保守派政治評論家喬治‧威爾（George Will）宣稱。一個佛蒙特州伯靈頓市（Burlington）的餐廳老闆對這件事很認真，打定主意要

讓「這些人」從其他人視野中消失。「盧尼的舊世界咖啡館」（Leunig's Old World Cafe）位在已縉紳化的教堂街市場（Church Street Marketplace），這條路上鋪著鵝卵石，還有一堆時尚精品店。咖啡館店主對街友非常反感，說街友「嚇到」餐廳的客人。鎮上的餐廳和其他店家捐款贊助他，成立了一個叫作「往西去啦！」（Westward Ho!）的組織，提供街友離鎮的單程車票，遠至奧勒岡州波特蘭市。

媒體呈現街友時，通常都會責怪受害者，把無家可歸歸因於吸毒、酗酒、精神疾病或其他個人的悲慘命運，而非遭到住房市場嚇人租金排除的結果。說好聽一點，媒體選擇對無家的個人抱著同情和慈善救助的角度，呈現出個人的故事，而不是追溯性的調查，這樣也是強化了公眾的看法，認為無家可歸是個人因素，而非社會現實導致。呼籲社會大眾要有同情心，反倒讓我們習慣了那些排除措施的存在。「無家者」（the homeless）更精確地說，是「被驅逐的人」，因為人們並不會直接脫離住宅市場，通常都是被逼的。一世紀以前，恩格斯（Friedrich Engels）的告誡似乎完美預言了都市的未來：「中產階級只有一招來解決住宅問題……這裡是疾病的溫床，資本主義生產方式下，惡名昭彰、夜夜監禁工人的洞穴和地窖，其實並沒有徹底消失，只不過移到其他地方去了。」[49]

受縉紳化影響的街區，在地人都能感覺得出劇變。下東城跟北邊五公里的上東區的富豪階層，根本就是天差地別，街區也大相逕庭。C大道跟第一大道相比，經濟、社會和文化都非常不一樣。重構新城市的過程和力量，縱然是全球性的，其實在地力量也不遑多讓。新城市裡，縉紳化和無家可歸是新全球秩序的縮影，由資本的貪婪所蝕刻出來。

類似的進程不僅正在讓全世界的城市改頭換面，世界也劇烈衝擊著地方。文化人類學家及城市民族誌學者克絲汀‧科普楚奇（Kristin Koptiuch）形容，縉紳化的邊界同時也是「帝國的邊界」。[50]除了國際資本湧入紐約的不動產市場，國際遷移也為新都市經濟所需的服務工作提供人力。紐約的菜販大多是韓國人，幫縉紳化大樓安裝水管的工人常是義大利人，木匠是波蘭人，幫縉紳化推

手照看房子跟孩子的傭人和保母則來自薩爾瓦多和巴哈馬。

美國的資金在哪個國家開拓過市場、開採過資源、把人民趕出土地、或派遣海軍陸戰隊前往作為「維和部隊」，該國就有移民來到紐約。全球錯置（global dislocation）讓美國城市越來越「第三世界化」（third-worlding）──犯罪率不斷上升，街上的警力越來越多，讓人聯想到一個忙著蠶食鯨吞的新城市，卻也對縉紳化造成威脅。地理學家辛迪・卡茨（Cindi Katz）研究孩童適應社會的歷程中遭到哪些干預，發現紐約市街道和蘇丹農村有顯著相似之處。[51] 從巴西的亞馬遜森林到香港的血汗工廠，這些邊緣地帶簡陋的生活環境，又在市中心區域重出江湖。科普楚奇寫道：「好像從什麼科幻小說的情節裡跑出來一樣。早年旅遊記敘裡被形容得很誇張的野蠻邊疆，本來都已經離眾人遠遠的，竟然又在我們之間爆發開來，驚得大家措手不及。」[52] 舊西部的印第安戰爭已經來到東邊的城市，而且還不只如此，新的美國與世界秩序的全球戰爭也已經來臨。

一陣陣湧入新世界城市（new world city）的再投資資本填滿租隙之後，縉紳化的邊疆就會向市郊蔓延，也就是撤資情況還很嚴重的地方。許多弱勢族群、失業者、勞動階層的貧民被趕出市中心新興的中產階級遊戲場，被迫搬到更遠的地方，在郊區晚近發展起來的區域落腳。的確，地理學家哈羅德・羅斯（Harold Rose）表示：「要是黑人住宅發展的空間型態沒有顯著改變，（下一代的）貧民窟中心基本上就一定會落在某個特定的近郊圈社區。」也就是原本中心城市有大量黑人人口的都會區域。那些區域「似乎不怎麼關心當前的空間重構對都市裡的黑人居民會產生什麼樣的社會和經濟面的後果，還有如此態勢對城市未來的影響。」羅斯下了如此結論。[53]

新的社會地理學正在誕生，但過程並不平和。白人意欲透過縉紳化奪回華盛頓特區（這或許是全美種族隔離最嚴重的都市），多數非裔居民稱之為「陰謀」（the Plan）。倫敦的碼頭區（Docklands）和東區（East End）正面臨縉紳化，一幫無政府主義失業工人青年把攔路搶劫說成是「收雅痞稅」，為湯普金斯廣場的口號加了點英國特色：「搶劫雅痞」。家戶、社區都轉變成經濟邊

疆，人們必須自衛，必要的時候會使用暴力。接下來出現了種種邊境暴力：騎
兵衝進城市的街道、犯罪率上升、警察種族歧視、襲擊當地人等。隨之而來的
是 1989 年一位曼哈頓的租戶權益運動者的謀殺案，布魯斯・貝利（Bruce Bailey）
被謀殺，他的屍體被肢解，裝在布朗克斯區發現的一個垃圾袋裡。雖然警方公
開懷疑憤怒的地主有嫌疑，但沒有任何人遭到起訴。好幾個紐約遊民在睡覺時
被縱火，合理推測是為了把他們趕走。

　　不過，邊境組織也出現了。1862 年《公地放領法》（Homesteading Act）通
過，在這之前大部分吃苦耐勞的邊疆英雄都算是非法占地。他們只取用自己
需要的土地，組織社群對抗大投機商，捍衛自身的土地所有權，並建立起基本
的福利圈，鼓勵其他占地者也安頓下來，畢竟人多力量大。邊疆神話的所有力
量，都意在透過個人主義的浪漫外衣，使掌權者受到的核心威脅得以緩和，當
然這發生在最初的拓荒者本身很有組織的時候。事實上，占地情況實在是太普
遍了，《公地放領法》不得不通過。若我們接受城市作為當前新的都市邊疆，
開拓的第一步應該會是占地──雖說歷史的正確性還有待驗證。城市已成為
新的蠻荒西部（Wild West），這點或許已經無須爭論，但這個蠻荒西部的性格如
何，才是真正的利害關鍵。

Inside Exopolis: Scenes from Orange County
深入虛空都市：橘郡十景

愛德華・索雅 Edward W. Soja

此城市是自己的翻版；此城市的存在只是要令人緬懷城市是什麼、緬懷溝通和社會交往是什麼。放眼全球各地，這些模擬的城市差不多坐落在舊城市的原址，卻無法發揮舊城市的功能。它們不再是中心，只是用來模擬中心的表象。

場景一：「托托，我覺得我們已經不在堪薩斯州了。」[1]

這裡是個主題樂園，一個面積 2035 平方公里的主題樂園，主題是「你能得到想要的一切」。

這裡是全加州最有加州樣的地方：最像電影、最像傳說、最像夢。

橘郡（Orange County）既是「明日世界」也是「邊疆世界」[2]，兩者已融為一體，密不可分。是十八世紀的宣教區，是 1930 年代的藝術村，也是 1980 年代的企業總部。

這裡處處都有歷史：航海探險家、西班牙征服者、隨軍牧師、牧場工人、探礦者、冒險的投機份子。但多半都來自「現在」（Now），「過去」（Then）已經很難找到。房子都是新的，車子也是新的。店家、街道、學校、市政廳──連土地和海看起來都很新。

今天的氣溫將是攝氏 27 度左右。離岸微風徐徐吹來。天堂裡又一個宛如昨天的日子。

來橘郡吧，這裡就是完美的家。1

　　第一個主題開宗明義：在橘郡，你能得到任何你想要的一切。橘郡的每一天都跟昨天沒什麼分別，始終存在的現時感（Now-ness）到了明天也還是一模一樣，因此很難找到「過去」；每一處都偏離中心，邊陲到令人窒息，但同時又身在所有事物的中心，這裡是不偏不倚的邊疆地帶，此時此地還沒有哪裡像家的。對樂於宣傳本地的人來說，橘郡就像一個主題樂園天堂，在這裡美國夢不

斷復活，而且永遠存在，如同電影情節描述的那樣。此處是一個華麗的市集，時間和空間被重新包裝，你有機會在此經歷跟消費一切當代的事物（包括歷史和地理），幾乎什麼都可以同時發生。

　　橘郡本身就是一個對未來的預言，這裡被重新創造出日常生活，是一個重組得很出色的後現代世界，比奧茲國（Oz）還厲害，甚至比迪士尼這種烏托邦式的晚期現代主義場域（late-Modernism）更厲害。橘郡宣稱自己已經在「全世界最快樂的地方」的競爭裡拔得頭籌，要是其他哪處還有點勝算，那肯定是完全照著原樣忠實仿擬而成的。每一天都有越來越多地方模仿橘郡，遍及波士頓、紐約、舊金山、芝加哥、華盛頓、達拉斯與沃思堡地區、邁阿密、亞特蘭大周邊，驅使十九世紀工業城市成形以來，都市景觀最巨大的轉變，也包括我們用來描述它們的語言。整個都市的改造像是被用來慶祝千禧年一樣，不管你喜歡與否，你人就是在那了，目睹迷人事物迎面而來，躍然投射在現代性（modernity）都市的邊緣。

　　有些人稱這些沒有固定形式的郊區替代物為「外圍城市」（outer cities）或「邊緣城市」（edge cities），也有人稱他們為「科技城」（technopoles）、「科技園區」（technoburbs）、「矽谷景觀」（silicon landscapes）、「後郊區」（postsurburbia）或「大都會區」（metroplex）。我會統稱它們為「虛空都市」（exopolis），沒有城市的城市，來突顯它們的含糊矛盾，整個城市都不像城市。空無都市位於傳統城市樞紐地區之外，自成一格，把城市裡裡外外同時徹

---

[1]　譯註：電影《綠野仙蹤》（The Wizard of Oz，1939）的經典台詞，為主角桃樂絲被龍捲風吹離家鄉堪薩斯，初到奧茲國時，對她的小狗托托說了這句話，表達她的驚訝與不安。後來這句台詞廣為流傳，成為美國文化通俗詞彙的一部分，常引伸為走出舒適圈、到達陌生異地、或是某地令人感到驚奇的意境。

[2]　譯註：「明日世界」（Tomorrowland）和「邊疆世界」（Frontierland）為洛杉磯迪士尼樂園中兩個主題園區。「明日世界」以宇宙與未來城市作為主題；「邊疆世界」以美國西部拓荒的時代背景為主要體驗內容。

底翻轉。我們所熟悉的都會型態是這樣：有主要的市區；土地使用呈現同心圓狀態，從高密度的市中心一路向外，然後有郊外住宅區蔓延開，密度梯度從核心到邊陲一路降低。但它們正面臨激烈的解構與重塑，且大量激增、合併成為明日的實驗社區，或演變成不可思議的城市，到處都可以是中心地帶，以往熟悉的都市狀態已經消失無蹤。我們確實已經不在堪薩斯州了，但我們也不在從前的紐約或芝加哥——甚至也不在洛杉磯，這個離心型虛空都市（centrifugal ur-exopolis）的原型，已經被新的仿製品遠拋在後頭。

場景二：虛空都市的由來

橘郡有如美國陽光地帶（the Sunbelt）[3] 工業和都市地理環境的縮影，那裡有交易密集的經濟、明顯區隔的在地勞動市場、倒退的勞資關係和高科技國防工業，成長幅度呈指數型飆升。在 1950 年代中期，橘郡的環境還滿單純的，只有少數工業、北邊和海岸邊有一些住宅區。多樣的自然環境、大量娛樂設施、（即使當時也是）極為保守的政治環境，讓橘郡成為中產階級和商業的好去處。

> 1960 年代某個時期……橘郡的製造商開始聚在一起，形成名符其實的園區（complex），意即一群共享人力資源和各種基礎設施服務的相關產業……到了 1970 年代初期，高科技園區不僅在經濟面上高度整合，在地理層面上也緊密相依……（時至今日，）安那罕市（Anaheim）和富勒頓市（Fullerton）周邊鬆散的工廠子系統，仍然是橘郡整體工業模式裡強大的要素。除此之外，爾灣市（Irvine）市內和周邊的子系統也已發展成……橘郡的重點區域，其電子零件、電腦和儀器產業迅速成長。2

地理學者艾倫・斯科特（Allen J. Scott）因此胸有成竹地描寫道，虛空都市是

工業與勤勉之地，交易網絡整合良好，成為靈活的製造和服務園區，因而表現出後福特主義科技的新「範疇」（scope）經濟。由於不再受限於大規模生產和作業線一層層僵化的要求，新的工業化狀態導致一種新的都市「周邊」化（peripheral）[4]，一種抵銷式的都市型態，以及彈性的經濟細緻化所形成的製造業景觀，虛空都市便是由此孕育而成。不只橘郡如此，幾乎每個美國主要大都市的周邊都有如此的現象。

斯科特繪製的橘郡虛空都市地圖上，有一堆符號代表了高科技廠房像野草般大量繁增，像是個結合科技工業景觀、新版的田園城市。這些工業園區裡，最密集、繁忙的案例就是爾灣市「子系統」（subsystem），也就是爾灣公司（Irvine Company）推動總體規畫的區域。爾灣公司持有橘郡六分之一的土地，也是負責包裝銷售美國最大新市鎮的地產商。再往北一點，安那罕市和富勒頓市有另一群更早出現、規模更大的螺紋狀生產區塊，此外還有更多分散的區塊，各個像是一個點畫般都市景觀上的色點。

把這種極度密集又高度相依的製造集群和他們的下包雇員稱為「後工業」（postindustrial），無疑是搞錯重點了。況且這個地區早已不是次於城市的近郊地區（“sub”urban），橘郡或許缺少傳統意義上的主導城市，也沒有容易辨別、象徵著現代主義都市堡壘的地理中心或天際線，但它仍然是一個大都市，是一個有 250 萬居民的標準都會統計區（Standard Metropolitan Statistical Area），一個新型的工業資本主義社會，此城市的「彈性累積」（flexible accumulation）意味著重組後的政治經濟，工業化形構出虛空都市的具體樣貌。

---

[3]　譯註：指美國西部和南部氣候相對穩定乾燥、陽光充足的區域，從東邊的佛羅里達州貫穿到西邊的加州，另一較粗略的定義是北緯 36 度以南的地區。陽光地帶的溫暖天氣吸引了很多人搬到那裡。因陽光地帶的勞動力成本較低，且工會不如北方強勢，所以很多公司把工廠移到陽光地帶，工人也隨之遷入。

[4]　譯註：peripheral 作形容詞解為外圍、邊緣的意思，作名詞解則表示電腦的周邊設備，如外接硬碟機、掃描機等等。此處有雙關意涵。

　　斯科特還抱著比較早期的觀點在看都市的動態發展，企圖在後現代變動不停的複雜情境中尋找理性秩序。他計算出橘郡工業體系的地理「重心」（center of gravity），並將郡內的工業生產和就業情況繪製成同心圓，統計出現了一些模糊的同心度（concentricities），但這個計算最啟發人的，是其不經意透露出的內圈（inner circle）情況：真正的「重心」處幾乎沒有高科技產業，而有一個像甜甜圈般、具有極高可及性的奇怪圓洞，各個子系統都圍繞著它轉動。虛空都市妙就在妙在中間竟然是空的，它的中心區域幾乎是完全靠具有生產力的邊緣地帶來定義。

　　但這個內圈中央，有幾處是橘郡人口密度最高的地方，還有一大塊是橘郡首府聖塔安娜（Santa Ana）的拉丁裔移民區，此地為橘郡提供了廉價勞力，上千非法移民跨越一郡之隔外的邊界，來此暫歇。這裡也很靠近連接三條高速公路錯綜複雜的交流道、聖塔安娜河（Santa Ana River）的混凝土河床，和一間名為「城市」（The City）的大型購物中心。城市大道（City Drive）和大都會大道（Metropolitan Avenue）等街道旁，有一間牆上塗著灰泥的小監獄，還有一個廣大的新醫院院區，更顯現此處作為堡壘的意圖。接著會看到高聳的半透明浮誇之物，那是園林市（Garden Grove）的水晶大教堂（Crystal Cathedral），一棟由建築師菲力普・強生（Philip Johnson）設計以白鋼和銀玻璃組成的雄偉建築，是個電視轉播的祈禱場所，尖塔高達 38 公尺，跟迪士尼樂園的馬特洪峰雪橇飛車，爭奪橘郡低度天際線的視覺焦點，或許這裡才真是中心的中心（center of centers）。

　　以上所說的種種徵象，開始為虛空都市畫出一張地圖。從圖上計算出的中心點，我們開始把視線拉到橘郡工業基地以外的地方，視覺化其他的空間。我們絕對不該忽略那些工業基地，因為它是構成每個虛空都市的基礎。但當我們把焦點轉向較軟性的城市幻象和願景時，還有很多值得看的東西。

場景三：標誌性的空間排置

> 說到心靈感觸，沒什麼比得上普安那公園市（Buena Park）「活藝術博物館」（Palace of Living Arts）給人的感受……除了一些雕像以外，那裡展示的並不僅限於還算逼真的仿製品，這個博物館仿照史上最傑出的畫作，用蠟製作出原尺寸的 3D 立體的實物，而且顯然是全彩的。你會在那裡看到達文西，他正在幫一位面對他坐著的女性畫像，她是蒙娜麗莎，椅子、腳、背面都有呈現出來。達文西旁邊有個畫架，畫架上有張 2D 平面的《蒙娜麗莎》畫作：有了這些你還奢望什麼？[3]

我必須打斷評論家兼符號學家安伯托・艾可（Umberto Eco）在《超真實漫遊》（Travels in Hyperreality）一書中的描述，並指出這個博物館（今天已經不存在了）本身就是在模仿一個更令人印象深刻、更高科技的真人秀：「大師畫中人」（Pageant of the Masters），這個活動每年夏天都在橘郡另一邊的拉古納海灘（Laguna Beach）舉行。這裡的大師名作是用壓克力漆，讓舞台燈光產生偏折的效果，還有陰影跟切割得剛好的人形洞，如此一來，真人模特兒就能夠溜進去各自的擺位裡，在規定的一分半鐘，成為「魔幻舞台場景」的一部分，這場秀每年都吸引超過十萬名觀眾前來觀賞。以 1990 年那場為例，「畫中人」的主題是二十三幅「活靈活現的重製」畫作（依傳統，高潮是《最後的晚餐》）和各種物件的「真人版」，包括黃金飾物、木雕神壇、蝴蝶胸針、日本娃娃和法國畫家朱爾斯・謝雷特（Jules Charet）的海報。[4]

艾可的旅行主題是「不折不扣的山寨品」（the Absolute Fake），他只對完全虛假的城市感興趣：「模仿城市的城市，就像模仿畫作的蠟像館」。艾可第一個體驗的地方是普安那公園市的諾氏莓果農場（Knott's Berry Farm）：

在這裡，所有的伎倆似乎都攤在陽光下，周邊的城市樣貌和鐵柵欄（以及入場門票）在在警告著，我們進入的並非一座真正的城市，而是一座玩具城。但當我們開始走進頭幾條街，精心安排的幻象就接管一切了。

諾氏莓果農場標榜自己為全世界歷史最悠久的主題遊樂園，一個封閉的娛樂場所，讚頌「更理想、更單純的美國所擁有的健全面貌」。農場創辦人的極端保守主義，也為「舊」橘郡的右翼政治傳統與創業夢定下基本教義派的調風，不僅使得虛空都市變得更像主題樂園，也為這裡的後福特主義的工業化提供了動力。

雖然諾氏的單純美國理念還是很流行，比它更現代一點的企業鄰居迪士尼樂園卻已凌駕其上。我們的符號學時空旅者形容迪士尼樂園這令人嘆為觀止的景點、將巧妙編碼的 semeion（希臘文，意為「記號」或「空間裡的特定位置」）稱為「墮落的烏托邦」，「以神話形式出現的思意識形態……既是絕對真實，也絕對荒誕」。他說，這裡「像是一個偽裝過的超市，你在此地大買特買，還覺得自己在玩」，但同時這裡也「比蠟像館更超真實」，假裝完全模仿現實，「迪士尼樂園清楚表明，在這個魔幻園地之內，所有的幻想都是被複製出來的」。然而，

一旦承認「全都是假的」，若要讓人享受它，就必須讓人感覺它如假包換……迪士尼樂園告訴我們，偽造出來的自然（faked nature）更符合我們做白日夢的需求……科技比自然更能帶給我們真實……我們不僅喜歡完美的模仿，也深信模仿出來的樣子就是事物的巔峰，往後的真實一定不會比它更好。

艾可的旅行揭露了第一波超真實（hyper-reality）的象徵性發源地。來參訪的

人總會在橘郡最有代表性的水晶大教堂前停下，他們不會走離這幾個基本的景點，也擺脫不了這些令人驚愕的符號。但這是一個錯誤，因為第二波的超真實已超越當地的圍封空間，以及傳統主題公園的合理性（rationality），而進入了日常生活的地理和傳記，以及虛空都市的紋理與建構（謊言）當中。在今天看來，迪士尼樂園的仿真物（simulations）幾乎就像年代久遠老舊的民俗古籍。橘郡其他地方已經把這些山寨城市拋諸腦後，開始打造新的魔幻圈地，將真實事物重構得精采絕倫。

新事物正在這裡誕生，漸漸脫離舊分類和舊觀念，不再受傳統的說法左右，長期以來應對政治的策略也跟著鬆動。虛空都市值得更多嚴肅的關注，它正快速發展成當代生活的樞紐——一個僅存的原始社會，法國哲學家布希亞（Jean Baudrillard）稱之為：未來的原始社會（a primitive society of the future）。這種社會越來越受「擬像」（simulacra）所制約：原件的複本不復存在、也或許從來沒有存在過。然而，在現今美國橘郡的每吋土地上，原始的擬像又再次被模仿，進入更高權力或各種依存的關係裡。同時，現在橘郡的地圖顯得很奇怪，到處都是那種告訴觀者「你在這裡」（YOU ARE HERE）的方向小箭頭。

> 每個國家都有自己的動力源和穩定器，它們會隨著時間改變。我在約巴林達市（Yorba Linda）出生的時候，該區域扮演了穩定器的角色——主要是農業地帶，也像遊樂園一樣。現在那裡已經是推動美國進步的引擎，創業家齊聚一堂，想要實現他們的美國夢。看看那裡的教育基礎設施、企業基礎設施和政治領導狀況，就可以看到美國的未來。那裡是個充滿活力、具有前瞻性的地方，當地的人物和產品正在改變美國……〔當地出身的政治領袖〕促成了東歐國家（East Bloc）的和平革命。我的一些老朋友……還是支持自由的死忠派。很感謝他們堅定支持我們的立場，幫助實現全球變革。其他人也是耀眼的明日之星……都是過去二十五年來美國國會最優秀的新血。假以時日，隨著資歷不

斷累積，他們必會成為超級巨星⋯⋯而這些人將不會與時代脫節，反而會迎領風潮。5

1990 年尼克森總統（Richard Milhous Nixon）如是說。尼克森總統圖書館和故居（Nixon Library and Birthplace）在他的老家約巴林達市盛大開幕時，還是維持著同樣的論調。約巴林達市曾經是貴格會教派（Quaker）的落腳點，現在藏身在橘郡北邊，是一個大面積土地、可以養馬，幾乎零負評的市鎮，當局標榜自己為「優雅家園」（Land of Gracious Living）。美國公共電視台有個戲謔的橋段報導了開幕的慶祝實況，在東西岸都很活躍的演員兼劇作家巴克・亨利（Buck Henry）在節目裡以東岸的觀點引領觀眾觀看這個盛大場面，現場有上千個紅色、白色、藍色的氣球，新聞節目名主持人湯姆・布羅考（Tom Brokaw）親自訪問尼克森，多位共和黨總統都出席參加這場演出來的高峰會，只有吉米・卡特（Jimmy Carte）沒有出現在那群據稱還在世的美國總統行列裡，他當時人應該在衣索比亞。

寧靜的花園庭院裡，種著許多（移植來的）本地樹種和灌木，巴克的手指向很難找的地下圖書館，這棟圖書館先前還曾引發爭議，討論該不該開放給可能會挑剔批評尼克森的人。後來的決定是不應該。我們被帶領參觀了尼克森的故居，那是一棟四十萬美金的仿製品，模仿尼克森的父親當初花三百美金蓋好的西爾斯組合屋（Sears Roebuck kit）[5]。巴克面帶微笑，在各種複製出來的紀念物之間，傳來尼克森低沉的聲音，回憶起他九歲前在約巴林達市的生活，包括那台不起眼的家族鋼琴，從前小狄克（Dick）[6] 的媽媽會抽著鞭子逼他練琴，還有熟悉的火車聲，歷史又重現在眼前，這一切難道都是真的嗎？當然囉！

最大的室內空間是圖書館正上方的影音博物館，收藏了尼克森生涯的片段選輯。宏偉的入口羅列著《時代》雜誌的封面，你可以大步穿過編排好的政治傳記，那是一連串象徵性紀念物和模擬的歷史片刻構成的奇幻布景。巴克帶我們快速經過尼克森的幼年時期，再穿過「尼克森夫人走廊」（Mrs. Nixon's

Passage，主要都陳列舊衣物），進入燈光昏暗的「水門室」（Watergate Room）。我們在那裡聽幾個有名的錄音片段，一邊搭配著看相應的手稿，視覺和聲音一搭一唱，多多少少增添了幾分真實感。觀賞過尼克森在白宮最後一天的影像剪輯，跟一張他在直升機前離情依依的大相片，我們進入了「總統論壇」（Presidential Forum）。觀眾可以在這裡運用「觸控式」影像系統，跟三十七位總統進行「對話」或「戲劇互動」。當巴克按下超過四百多個問題中的其中之一時，我們開始觀賞又一段再現的再現然後又再現的片段……

目前圖書館裡最引人入勝的是「世界領導人雕塑展廳」（World Leaders Sculpture Room），尼克森、雷根、福特、布希站在一群「青銅色」的原寸人像模型之中，這些人像模型被描述為「十位本世紀最偉大的政治領袖」，每位都「身著代表性的服裝，站立姿態各異」。我們聽說用觸控螢幕就可以很快地調出這些世界領導人的資訊，有生平概述和名言，以及他們和尼克森互動的小故事。

這段節目以東岸恰到好處的超然感作為結束，照出公園大道（Park Avenue）上那棟拒絕讓尼克森在紐約市落腳的建築物。但我們可以如何理解這一切呢？該稱之為惡意的超然（snide detachment）嗎？我對這一長串的表述不太滿意，因此親自到約巴林達市去瞧瞧。不過，我不太記得看到了什麼，因為視訊模擬取代了現場體驗，關閉的感受比打開的更多。我再次覺得有必要探索「其他空間」，來更認識這個虛空都市，看看它在最古老跟最新的主題樂園之外還有些什麼。

---

[5]　譯註：美國 19、20 世紀消費快速擴張，西爾斯百貨推出郵購服務打響名號，其郵購目錄甚至販售房屋，購買者只要準備好建屋用的土地，就可以運用從西爾斯百貨郵購來的住家工具和組件，組合出一棟夢想中的家，實現郊區中產階級的美國夢和美好生活。

[6]　譯註：尼克森總統在政壇上有個綽號叫「狡猾狄克」（Tricky Dick），Dick 是他的名字 Richard 的小名。

場景四：設計出來的校園

大概三十年前，規畫師威廉・佩雷拉（William Pereira）向爾灣牧場（Irvine Ranch）空蕩蕩的山丘望去，試圖在心裡尋找一個強大的隱喻，來比擬他想像中的加州大學校園。

佩雷拉的目標……是要「打造一個核心和地方感」，能讓第一批學生產生「校園命運共同體」的感覺。

這個計畫變成……一圈圈的同心圓，最內圈是大學部的設施，最外圈則設有研究所和研究大樓。這個圈內有圈的隱喻，目的是要表達學生的成長，從頭幾年專注於學習，漸漸來到校園之外更寬廣的世界。

雖然這個已故建築師的整體規畫很大膽，不過，他在 1960 和 1970 年代為其添上的建築物，在很多人看來，實在是量體過大、細節單調無趣。學校裡一些愛說笑打趣的人，把那些包圍住加州大學爾灣分校內圈廣場的現代主義水泥盒，形容成「一堆巨無霸起司刨絲器」。
如今這一切都正在改變……[6]

　　史前階段又從頭來過了：圈內有圈，象徵著進步和現代性，當外圈也來到極限時，「除魅」（disenchantment）就勢在必行。如今，正當內圈乏人問津時，現代性也被刻意的後現代建築構造（postmodern architectonics）和一種新的校園（campus，原野、平原、平地）所取代。
　　故事始於爾灣牧場兼公司，加州大學分校牧場的同名贊助者。爾灣公司作為虛空都市人造景觀的模範推手，一直致力於填補遺漏的中尺度空間，而創造出一大堆「離中心化」（ex-centric）的都市特性。橘郡死氣沉沉的二流郊區正在

成長成一圈圈隱隱約約、分散的半城市聚集區（semi-urban gatherings）。橘郡有大量這些合成的身分，布希亞稱之為「人造天堂」（artificial paradises），在此「空間給人一種雄偉的感覺，就連無聊的郊區也是如此」[7]。微觀一點來看，其轉變沒有比加州大學爾灣分校的簡稱 UCI 更清楚的了，有些人說這幾個字母代表著「無限期施工中」（Under Construction Indefinitely）。

爾灣市和周圍的橘郡已經從一個個分立的郊區，發展成幾乎一區區近似都市的中心。根據校園建築師大衛·諾伊曼（David Neuman）的說法，加州大學爾灣分校也從「一間郊區學院變成一個有都會感的校園，無論在學術方面或建築方面，都有爭取一流的野心」。的確，這個校園已經成為一座不折不扣的建築主題樂園，每棟建物都出於世界上最新潮的建築師之手。眼前有很多廊柱的管理學院是羅伯特·文丘里（Robert Venturi）的作品；南邊看上去很另類、粗獷的建物是法蘭克·蓋瑞（Frank Gehry）和艾瑞克·歐文·莫斯（Eric Owen Moss）之作；位於西側，人文學院的「美食衛星中心」是 Morphosis 建築師事務的作品，特色是一排單立的石柱，看上去很像建築廢墟。廣場對面，冒出一棟由詹姆士·史特靈（James Stirling）設計的後現代科學圖書館，表面有一條條的粉飾灰泥；北邊有鄉村感的紅瓦藝術村，出自勞勃·史騰（Robert Stern）；然後，校園東區還有查爾斯·摩爾（Charles Moore）的義大利風校友之家和延伸教室，一位評論家形容它是「普契尼歌劇的舞台布景」。

摩爾的延伸大樓，位於爾灣分校社會科學院接壤外面世界的輻輳區域，其有趣之處在於，與其說它像歌劇場景，不如說更像電視攝影棚。摩爾自己把這裡看成某個想像出來的「義大利／西班牙／加州」市鎮的露天廣場，被三間巴洛克教堂的正面和一座牧場風格的露台給包圍，夜深的時候，帶著劍的蒙面俠蘇洛可能會騎著馬來到這，在塵土中劃出一個他招牌的字母 Z。想當然耳，在剪綵儀式上，一個戴面具、一身黑服的男子真的從影子裡衝出來，秀出一個徽章顯示自己很可靠，畫上去的鬍鬚下帶著微笑、一邊鞠躬，把劍在空中揮舞了三下。這段當下編造出來的精采記憶，讓「虛擬的真實世界」（reel-world）產生

不可疑惑的連結。

　　對這個格外當代的環型大道（Ringstrasse），以及爾灣分校創造校園特色的企圖，眾人反應不一：一位學生認為蓋瑞的新建築「看起來像五金行」，而蓋瑞給出了很解構主義式（deconstructive）的回應：「置身在我的建築作品裡的工程師，對於事物如何組成有興趣。於是我給他們一個建築隱喻，線索來自你在機器裡看到的零件裝配」。爾灣分校校長回得更隱晦：「我不必喜歡它，但它很吸睛，人們願意過來看看對我們很重要」。不過，郡政委員會（County Board of Supervisors）的保守成員擔心新建築會搶去「普通建物」的鋒頭（鄰近的爾灣市都是類似的普通建物），還有造成堵車問題，因為很多人會跑來爾灣分校參觀，看橘郡令人眼花撩亂到腿軟的「加州土地大學」（University of Californialand）。

場景五：看見無瑕爾灣

　　爾灣公司的所在地就在校園外頭，也是爾灣分校的外部校園。它忙著製造其他的中心和節點，無休止地創造出真正假到底的事物，創造出都市的假象。在這裡我們又進入另一個不同但有關聯的場景。

> 拋開那些撞球桌和飛鏢板的印象，忘卻醃醋蛋和會叫你「親愛的」的年長女服務員。爾灣市（現在差不多有十萬個居民）終於有了第一家酒吧，前面說的那些在這裡都看不到。

> 不出所料，「特羅卡德羅」（Trocadero）成了爾灣的化身，一間位在爾灣校區對街充滿南加州風情的酒吧，店主形容它的特色是「高檔的傳統牙買加農園」。

……身為爾灣歷史上第一間真正的酒吧，「特羅卡德羅」的象徵意義跟酒館功能一樣重要。「特羅卡德羅」的店主和店址是爾灣公司精挑細選的，該公司掌控了爾灣市一半的零售空間，數十年很小心地在塑造這個無瑕郊區的零售中心。如此謹慎的規畫成效卓著，像廉價酒吧和按摩院這種事業只會出現在城市另一側的貧窮社區……

店主霍奇克夫婦（Holechek）介紹他們最新的嘗試，酒吧的客人可以品嘗開胃菜，包括注入蘇托力伏特加的新鮮牡蠣，表面再淋上柳橙荷蘭醬。8

差不多一年半前，開發公司來找馬克‧霍奇克（Mark Holechek）設計跟營運這間即將開業的酒吧和它非常時髦的廚房。當時，霍奇克跟他的姊夫，就是動作片名人查克‧羅禮士（Chuck Norris）一起經營一間名聲不錯的紐波特海灘酒吧「伍迪碼頭」（Woody's Wharf）。

霍奇克也跟辛蒂‧寇比（Cindy Kerby）訂婚，辛蒂開了一間模特兒學校，她曾經得過 1981 年美國加州小姐，同年得到美國小姐季軍，且被同伴票選為「親善小姐」和「最佳上鏡獎」。

當機會來臨時，酒吧店主該怎麼做呢？霍奇克賣掉了「伍迪碼頭」，跟辛蒂結婚，去加勒比海度了蜜月長假……為醞釀中的酒吧收集資料……那趟蜜月調查的成果是……一個宏都拉斯的桃花心木吧台和一個展現「男子氣概」的後吧台陳列區。霍奇克說，大理石餐桌、吊扇、棕櫚樹和原色是為了增添一點「女性色彩」。8

這篇報導問道，爾灣為何過了這麼久才出現一間像「特羅卡德羅」這樣的

酒吧？答案很發人深省，他們談到虛空都市的創造者所面臨的重大生存困境：「首先是歷史問題，因為爾灣並沒有歷史」。這個「歷史問題」存在於橘郡各處，據我們被告知，就連土地和海看起來都很新。如同市長說的，你不能把一個都市社區的革命壓縮成幾年間的事。這些事情需要時間。說起威尼斯或洛杉磯，都是好幾百年的歷史。從市政的觀點來看，這裡的歷史只有二十年」。

　　還有，就是眼前「爾灣公司的問題」，公司代表解釋發展延遲的原因是「時空因素」。「1988 年的時間點跟『校園路』（Campus Drive）這個地點很適合，換成再早一點或任何其他地方都不妥」。市長補充：「當大部分可資運用的不動產都掌握在你手上，差不多就可以用自己的步調前進，決定權也在自己手上」。顯然，當下的時空對了。霍奇克太太辛蒂說：「我們到規畫委員會去報告我們的想法，他們都起立鼓掌，很高興終於有家酒吧開在這裡」。

場景六：根與翼

　　再轉到爾灣分校的校園西側，我們發現另一群不同類型的整體規畫空間，沿著紐波特公路（Newport Freeway），從聖塔安娜和塔斯廷一路到科斯塔梅薩和紐波特海岸。這是橘郡虛空都會的「世界大軸心」（Grand Axis Mundi），一個真正的商業香榭麗舍大道。一本舊版（1984）的《機場商業期刊》（Airport Business Journal）是最適合的旅遊指南，這本厚厚的月刊服務了約翰韋恩國際機場周邊的民眾，而機場像是「麥克阿瑟走廊」（MacArthur Corridor）最重要的凱旋門。

　　1849 年之後，加州人沒看過類似的事情：淘金客急著要爭搶土地所有

　　權，因而發生大規模踩踏……

　　麥克阿瑟大道（MacArthur Boulevard）以前是一個穿越橘子林和番茄田的雙

　　向柏油路，後來拓寬得像氾濫的河流，帶來開發金流，河的兩岸長出

辦公大樓園區。

……所有的標示都指向郡內這一區……它正漸漸成為該郡主要的金融
中心，也許是加州的中心，也或許是美國的中心。[9]

坐落在「麥克阿瑟走廊」裡，像豐沛洪流一般漫溢出來的許多綜合開發
案，裡頭的亮點就是一座座假湖。一個專案經理對這些不折不扣的都市潭區
（pools of urbanity）非常興奮：

「人會被水吸引……橘郡的人喜歡開闊的感覺，也喜歡水帶來的浪漫和情
調。我們認為有水是很正確的投資。」

這篇文章接著辨識出麥克阿瑟走廊商業園區的「精華地段」：十億美元
的科爾中心（Koll Centers，一北一南），以及作為約翰韋恩機場東邊成長中的爾
灣商業中心（Irvine Business Complex）支柱的強寶瑞商業中心（Jamboree Center）和麥
克阿瑟巷（MacArthur Court）（兩者都是爾灣公司開發的）。機場區域的南邊，
幾乎可以看到紐波特港（Newport Harbor）的市民廣場（Civic Plaza）、太平洋共同廣
場（Pacific Mutual Plaza）、一間美術館，和一間鄉村俱樂部，共同圍繞著巨大的
「時尚島」（Fashion Island）購物中心。它們共同構成紐波特中心（Newport Center）
商業區，該區是另一個威廉‧佩雷拉和爾灣公司整體規畫的環形基地，現在正
在內部重建。互相重疊的紐波特和爾灣開發區，將達到開發範圍的極限，公司
承諾會含括超過930公頃的辦公空間，這肯定是全世界最大的市中心外辦公樓
群（除非華府周圍的虛空都市趕上它）。

這個商業重鎮被複製成精美的模型，在強寶瑞商業中心的「爾灣展區」
（Irvine Exhibit）展出。要抵達那裡，你得穿過一排移植的棕櫚樹和旋轉門，來到
宏偉的警衛室，然後你會被要求留下照相機，接著兩手空空被帶到一間小劇院
的豪華座位上，座椅裝有可透過預測型科技操控的震動設備。

前方牆面是一個分割螢幕的全景，上頭投影著一系列令人目眩神迷的景

象：鳥和鳥寶寶、日落和海岸、家庭出遊和商人的午餐、雲朵和湖（老是湖）和可愛動物，全都搭配立體聲的音樂和舒緩的人聲，宣讀著閾上知覺（supraliminal）訊息 [7]，而這些訊息也寫在你手中緊抓的手冊裡：

> 我們能給予子孫兩個最恆久的禮物，一個是根，另一個是翼……根與翼……無論在社區還是自然環境，都必須達到平衡，整個系統才能保持穩定……我們有夢，有個地方可以生根，有個地方讓我們的生命展翅。

空氣裡隱隱然瀰漫著一種氣氛，要讓你相信眼前的一切，讓你想要許下新的承諾。但突然間，閃動的圖片停住了，螢幕牆變得透明，一層閃爍輕薄的薄膜後出現了一個密室。你還在位置上，音樂還在你耳邊震動，你發現密室的整個地板都在動，在你眼前傾斜，慢慢向你靠近，「爾灣世界」（Irvine Earth）預示的全景填滿牆面，那是「根與翼」真實世界的精確模型。你收好東西，跟著迷人的模型移動，地板慢慢傾斜回來接住你，親自環繞住你。這裡是一個迷人的景點，細節詳盡到公路上的車道畫線機，和新住宅及辦公室興建中的飛灰塵土都看得見。

但這整體的「區域模型」還不夠看。一個短講之後，導覽人員帶你穿過大理石廳，搭乘鋼製膠囊電梯上到另一層樓，模型本身也以逐漸放大的特寫鏡頭再現。你被帶著前進，一間又一間，越來越靠近最後的象徵物和真實之間的對應關係。最後一站的空間，幾乎完全被一個巨型結構占滿，那個巨型結構很像你此刻置身於其中的建築物，幾乎每個細節都一模一樣，辦公室燈火通明，充滿各種微型裝置，包括小人、牆上的小裱框畫（導覽員很驕傲地告訴你這是電腦做出來的）。你想要窺看一下二樓，看看你是不是也出現在那裡，正在窺看二樓……

整個體驗最後結束前，驕傲的導覽人員按下一個按鈕，然後一道看來很堅

固的外牆消失了，露出一面大窗戶，上面映著一條兩旁有成排棕櫚樹的走道，還有圍繞著爾灣商業中心的建築物和庭院。那是個美麗的景象，比你身後的複製品大得多，也比你一小時前實際在地面上看到它們時，美妙得多。你感謝導覽人員，走回警衛室，取回相機，然後離開，途中注意到真實的排排棕櫚樹跟它們的巧妙贗品比起來，是多麼無聊乏味。

我忍不住想起布希亞在離開爾灣市的時候，對加州的反省：

> 不過，此地有一種激烈的對比⋯⋯一邊是越來越抽象的核宇宙；另一邊則是原始、發自肺腑的無限活力，但這份活力源於無根，展現在工作或商業交易上。基本上，美國幅員遼闊、科技精進、良心直率，就算在那些為了仿真物所設立的空間，也是**現存唯一的原始社會**。其迷人之處在於到此一遊，彷彿它是未來的原始社會，一個盤根錯節、混合、各種關係極度交雜的社會，一個具有殘暴儀式，卻因其表面多樣性而美麗的社會⋯⋯其內在令人神迷，但是缺乏可以用來反照這種內在的過去。[10]

場景七：百貨世界妙妙妙

約翰韋恩機場的另一端，在科斯塔梅薩市的範圍內，爾灣王國出現了主要競爭者：一間越位的特大購物中心，大肆宣告要成為橘郡真正高檔市中心的翻版。你在這裡會看到其他的商辦園區：南海岸城市中心（South Coast Metro Center）、中央大樓（Center Tower）、家園牧場（Home Ranch）、市鎮中心（Town Center）——這些名字聽起來就很假。這不只是城市生活的模仿而已，整區甚至

---

[7]　譯註：指有意識的溝通。相反概念是 subliminal，指潛意識的。

被稱為「南岸都會區（South Coast Metro）……未來之鑰」，除了外觀，它的內部也令人嘆為觀止、無與倫比。

開拓者以前都說，當美國開始發展文化的時候，文化將會出落得朝氣蓬勃。除了像德州這樣的地方之外，沒有任何一處的拓荒精神比得上富有的橘郡，交響樂、歌劇、芭蕾、百老匯音樂劇，凡是你想得到的，在造價七千三百萬美元的橘郡表演藝術中心（Orange County Performing Arts Center）裡都有，雖然它有個糟糕的縮寫 OCPAC。一座巨大的凱旋拱門，象徵著戰勝野蠻的過去。

但這裡不是羅馬帝國……從這個拱門看去，不見羅馬廣場上的熙熙攘攘，而是南海岸廣場（South Coast Plaza），那是亨利‧塞格斯特羅姆（Henry T. Segerstrom）和他的家族所持有的大型購物中心和高層辦公大樓，再加上科斯塔梅薩的聖地牙哥高速公路。

別在意拱門是座假建築，略帶紅色的花崗石外牆覆面只是純粹的鑲板，蓋住的鋼架內部結構都是直角和方形，根本沒有圓形。大片的壁面牆不過是個直立的螢幕，形成一幅巨大的廣告，只是切成了拱門的形狀…

但表面上效果極好……這座具有象徵意義的門戶（後來根本不是真正的入口）雄偉地矗立，跨過塞格斯特羅姆廳（Segerstrom Hall）的前方，設有三千個觀眾席的大劇院是 OCPAC 最引以為傲的空間。

對橘郡來說，可能沒有比它更好的象徵物，足以衝破狹隘的地方觀念，來到音樂和藝術的盛世。……儘管有很多建築上的缺陷，塞格斯

特羅姆廳還是全美這類多功能設施裡機能最好的。[11]

　　或許可以說，整個橘郡都是這樣：假建築、大廣告，但卻是全美這類多功能設施裡機能最好的。它是如何長成現在這樣的？瑞典裔的塞格斯特羅姆家族約一世紀以前來到橘郡開墾，他們仍然自稱是世界上最大的皇帝豆生產者。但今日塞格斯特羅姆家的兒子們所耕耘的，是田園以外的事物。其中，亨利正在「建造一座城市」，你想要的一切都可以在穿越蜿蜒的紅磚路時找到，途中會經過「一片密集又華麗的百貨公司群」、「擁有多扇拱門門戶」又「莫名虛幻」的南海岸廣場，這裡是加州最大、最賺錢的購物中心，占地將近 28 公頃，幾乎有一萬個停車位，有 Nordstroms、Mayco、Sears、Billock's、Saks Fifth Avenue、Robinson's、the Braodway 以及超過兩百種其他商店和精品店，光是 1986 年有將近美金五億元的應稅零售額……範圍位於房地產開發商和零售公司塞格斯特羅姆家族（C.J. Segerstrom and Sons）的辦公大樓周邊和內部、南海岸廣場的威斯汀酒店（Westin Hotel），裝飾著亨利・摩爾（Henry Moore）、亞歷山大・考爾德（Alexander Calder）、胡安・米羅（Joan Miró）的雕塑……接下來朝市鎮購物中心和公園中心大道（Park Center Drive）的十字路口慢慢移動，距離中央大樓和市鎮購物中心的辦公大樓群（到處都有中心區）不遠，「迷人的小小南岸話劇院（South Coast Repertory Theatre）為右側增色不少」……來到你面前的這一區，「像是登上神壇」，OCPAC 的儀式性斜坡連到燈火通明的看台下客處，以及塞格斯特羅姆廳「挑高的玻璃帷幕大廳裡，〔理查德・利波爾德（Richard Lippold）的〕《火鳥》（Firebirds）飛在露天陽台上」，望向美麗的廣場景觀和遠處海岸平原的台地。

　　附近轟立著洛杉磯藝術家克萊爾・法肯斯坦（Claire Falkenstein）非常引人注目的玻璃和鋼製大門，通往塞格斯特羅姆家族送給當地最尊爵不凡的贈禮：野口勇的園林作品《加州情景》（California Scenario），無比靜謐的山水花園淡定地坐落在一個怪異的場景之中，既映射出周圍的建築物，又將它們躲避開來，這

裡是一片拼湊出來寧靜的都市綠洲，「文明化的自然」（civilized nature）被保存在石頭和水構成的景致裡。

塞格斯特羅姆家族的小兒子曾經帶著我參觀這裡，他發自內心的無限活力真的令人讚嘆。他之前和野口一起工作，共同設計整個場景，尋找「人類社區」和「自然環境」之間的平衡，以確保「系統的完整性」，更讓系統提升到一個新的高度——套句「爾灣展區」裡常用的說法。他穿著貼身的義大利絲綢，在酷暑中淡定地說著他的家族和農事，邊向我解釋各種雕刻形式的象徵。來到我最喜歡的一站，一堆排列整齊、形狀規則的大石頭被傍晚的太陽染紅，他敘述著每塊石頭是如何經過小心切割，並在某個日本村落裡塑形，那個村子很擅長模仿製作自然中的物體，讓它們看起來很自然，幾可亂真。他看著野口將這些模擬的石頭集中起來（這些東西是對不存在的原件的精確拷貝），堆成啟發人心的石堆，最後會命名為「皇帝豆頌」，以示對他家族的敬意。

「我要讓自己偏離中心」，布希亞說：「遠離中心，但是我要在世界的中心來進行這件事」[12]。或許就在這裡，在《加州情景》虛幻的平靜底下，人卻無比靠近當代世界的中心，那「最高的星點」、「最精巧的軌道空間」。但我好奇是否有可能在這個地帶找到一個中心，裡面充滿超現實主義藝術家和文化評論人彼得・哈雷（Peter Halley）所稱

> 此城市是自己的翻版；此城市的存在只是要令人緬懷城市是什麼、緬懷溝通和社會交往是什麼。放眼全球各地，這些模擬的城市差不多坐落在舊城市的原址，卻無法發揮舊城市的功能。它們不再是中心，只是用來模擬中心的表象。[13]

場景八：翻版城市

到目前為止，我們都聚焦在虛空都市令人嘆為觀止的工業兼商業兼文化地景，只稍微帶到一點居住人口。現在是時候來點不同的描述，向外來到虛空都市沉睡中的邊緣地帶，橘郡南半部大片的郊區住宅。

米申維耶霍市（Mission Viejo）坐落在南橘郡連綿山丘上的公路邊，它是全世界的游泳之都，奪牌選手嚮往的地方，完美 10 分高台跳水運動員的養成地，有三座比賽游泳池，但只有一間公共圖書館。

開發商宣傳此地是「加州的承諾」（The California Promise），這裡成了美國夢的典範……

先前在這裡訓練的游泳和跳水選手，在 1984 年奧運奪下九面金牌、兩面銀牌和一面銅牌，比法國、英國贏到的獎牌還多，而且在 140 個參加那次比賽的國家裡，這獎牌數就超越了 133 國……

世界馳名的納達多瑞斯（Nadadores）游泳隊和跳水隊在這裡訓練，受開發商米申維耶霍公司（Mission Viejo company）資助。但裡面還有三個兒童戲水池、四個水療池、長寬二十五米的奧運跳水池、十九座燈火通明的網球場、十二座手球與壁球場、五座排球場、兩座室外籃球場、男女桑拿、兩間重量訓練室、四座戶外遊戲場、一棟多功能體育館、十九個改良過的公園、四個育樂活動中心、五十公頃的人工湖、兩座高爾夫球場、三座比賽池（其中一座是五十五米的奧林匹克規格泳池），全都是由這間公司興建或捐贈的，有一些仍為該公司所持有、營運。14

　　一位當地的不動產女業務，同時也是市政諮詢委員會（Municipal Advisory Council）的成員下了這樣的結論：「此地是一個能提供你美好生活方式的社區——一棟郊區裡的房子，你的孩子們有事可忙」。委員會裡的另一個成員問：「東岸的人，怎麼可能不想跟進我們一起搬到這裡？是說，請原諒我們沾沾自喜，這社區無論怎麼誇都不為過，我已經愛上它了。」不過，其他人倒是沒這麼樂觀，一位四十歲的家庭主婦就覺得「不合拍」。

　　「這裡每個人都在彰顯自己的地位」，她解釋道，「你一定要很開心、要很面面俱到、小孩的生活要很充實。要是你不慢跑、不散步或不騎腳踏車，別人會想說你是不是有糖尿病或其他殘疾」。……

　　她後來要求記者不要標註她的身分，因為她的評語可能會造成她先生跟生意夥伴還有高爾夫球友之間的摩擦。她說那些人「都很米申維耶霍市」。

　　自成一格的米申維耶霍市，背後的操盤手就是米申維耶霍市公司，1970年代晚期以來就屬於菸草商菲利普莫里斯公司（Philip Morris Inc.）龐大帝國裡的一部分，其淵源是握有土地的大家族，至今仍在政治經濟上占有一席之地，甚至以新的企業型態在運作。其當代企業關係也值得一提，因為它們都在經營幻覺（illusion）。

　　菲利普莫里斯公司一開始買下通用食品公司（General Foods），之後再買下卡夫食品（Kraft Foods），便成為美國最大的企業集團之一。跟米申維耶霍市同家族的，不只有不會咳嗽的萬寶路牛仔，跟「口感佳／熱量低」的美樂啤酒（Miller）的酒客，還有「滴滴香醇，意猶未盡」的麥斯威爾咖啡（Maxwell House）夫婦、希望自己是奧斯卡・邁耶熱狗（Oscar Meyer wiener）的孩子、被酷愛飲料（Kool-Aid）和菓珍（Tang）風味飲料粉養大的寶寶。如果說真的有一個企業

集團能包辦從搖籃到墳墓的事物的話，這就是了。通用食品公司還有更多仿製食品：跳跳糖（Pop-Rocks）、夢之鞭甜點餡料（Dream Whip）、爐頂牌烤雞填料（Stove Top）、傑樂果凍粉（Jell-O）。卡夫的「食品」則更精緻，跟原形食物更沒有連結。多年前，他們賣一種「改造」起司，是用植物油而非牛奶中的脂肪做成的，品名叫作「黃金印象」（Golden Image）。這種起司被正式列為「仿造物」（analog），在全國起司協會（National Cheese Institute）掀起了一些問題。既然加工起司從一開始就是一種仿製真實起司的產物，那麼究竟該如何稱呼仿製品的仿製品呢？全國起司協會建議它的分類就叫作「Golana」，因為「念起來很好聽……而且是 analog（仿造物）的字母顛倒過來」15，但似乎沒有人建議用「Murcalumis」[8]。

　　企業化的米申維耶霍新市鎮（它本身就是在模仿爾灣新市鎮）裡的各種仿製品（imitations）和仿造物（analogs）充斥在南橘郡的邊境地帶，一些小城（urblets），沿著鞍峰谷（Saddleback Valley）和其他地區的外側蔓延開來。這些小城跟一般都市一樣，想辦法開發專有的住宅利基市場，提供結合當地環境和生活方式的套裝方案，甚至連家裡要漆成什麼顏色、要不要在前門掛個美國（或其他）國旗、如何才能充分符合住宅主題（希臘島嶼、卡布里島飯店、獨特美國風）等，事事都要管。每個細節都詳載在跟開發商的冗長合約裡，有點過於私部門社會主義的味道。住宅相關的問題都跟許可和例外有關：我能架個籃球框嗎？我能在池子周圍鋪黑磚嗎？我敢把它漆成桃紅色嗎？

　　透過闢建亞里索維耶霍市（Aliso Viejo），米申維耶霍市的樣貌正在往海岸一路複製，而內陸則還有一塊面積更大的兩千公頃的新市鎮都市村落（New Town Urban Village）也正在蓋，要打造成聖瑪格麗塔牧場市（Rancho Santa Mararita）：「西部將『再次』開疆之地」。迪士尼併購的阿爾維達開發公司（Arvida Disney）就在馬路對面（連同跨國能源公司雪佛龍〔Chevron〕和城市聯邦儲蓄貸款

---

[8]　譯註：Simulacrum（擬像、翻版）的字母顛倒過來拼。

〔City Federal Savings and Loan〕），也就是 1984 年奧林匹克五項賽事舉辦的地方，啟動了高檔的「度假勝地及住宅社區」科托德卡扎（Coto de Caza）的開發計畫，在原本給騎馬跟獵雉雞、鵪鶉和泥鴿所用的設施上，大興土木。直到今天，都還在新的企業旗下，不斷成長發展中。

君主海灘（Monarch Beach）沿岸，來自東京、日本最大的信用卡公司「日本信販」（Nippon Shinpan Company）最近剛從昆泰澳大利亞有限公司（Quintex Australia Ltd）在尼古湖市（Laguna Niguel）的子公司手上，買下南加州最後一區未開發的大片濱海土地，面積共 93 公頃，預計在這裡開發一座「世界級的」高爾夫球場，提醒（如果還需要的話）眾人虛空都市正在日益國際化。一晃眼，在地變成全球。

橘郡也有自己的養生村（Elderly New Towns），正優雅地老化。「拉古納山」（Laguna Hills）的「休閒世界」（Leisure World）是美國最大的退休社區，那裡出現了一種奇妙的衍生現象：

> 「休閒世界」外曾經是一片豆田……現在已經冒出九家證券業者、五家銀行、十二家儲蓄機構和許多其他理財人士。這些團體把「休閒世界」大門外五條街到埃爾托羅路（El Toro Road）和瓦倫西亞大道（Paseo de Valencia）的範圍內，變成金融業的超級市場。還有更多掮客、銀行業者、貸款機構也都在附近。

> 退休社區吸引掮客的情況並不少見。……但 1964 年 9 月開張的「休閒世界」卻不太一樣。[16]

「休閒世界」的開發案是「美國富人階層成長最快速的地方」，1985 年大門外五家銀行的存款金額，據稱超過三億四千三百一十萬美金。兩萬一千個住民之中，大部分都是退休人士，很多都曾經是「產業巨頭，包括退休的企業

經理、銀行管理人員、出版業人士、成功的醫生、牙醫和律師。至少三位退休將軍、兩位海軍軍官，加上一位退休的德國潛艇船長」，住在被鎖定的「休閒世界」（銀髮）黃金國。這些將軍和海軍軍官令人想到，虛空都市還有另一個捉摸不定的存在，就是一連串被曝露出來、隨著外部空間填滿、更不為人知的主題樂園。

場景九：論生存環境裡的小戰術

海軍陸戰隊中校威廉・J・福克斯（William J. Fox）在他飛過橘郡開闊的農田上方時，想到日本人對珍珠港發動攻擊，就非常生氣。當時是 1942年，福克斯正在尋找「合適的地方」作陸上飛機場，打算訓練海軍陸戰隊的飛行員，為奪回太平洋的戰役做準備。

他掃視過一個名叫埃爾托羅（El Toro）的小火車站時，發現一塊廣闊的土地，上面覆蓋著豆子田和柑橘林。

這裡實在太完美了：鄰居很少又離得很遠；位置靠近海邊，飛行員可以練習降落在航母上；位在沙漠投彈區的範圍內；接近潘德頓營區海軍陸戰隊基地（Camp Pendleton）⋯⋯

「橘郡很適合作為軍事基地」，現年九十二歲的退休准將福克斯回憶著，「這裡幾乎沒人住」。

如今，橘郡的小飛機場──埃爾托羅海軍陸戰隊航空站（El Toro Marine Corps Air Station），卻被一種福克斯在四十六年前想都想不到的方式圍困起來。密集的住宅區帶來的上萬鄰居正逐漸靠近基地護欄⋯⋯隨著都

市發展，也出現了抱怨的聲浪，批評海軍陸戰隊戰機低飛造成的呼嘯聲震耳欲聾。[17]

在波士頓、聖地牙哥、西雅圖、傑克遜維爾、洛杉磯周邊，幾乎每個虛空都市裡頭，曾經空空如也的外圍地區所發展的軍事工事，逐漸為人所知[18]，這些軍事設施的存在一旦揭示後，伴隨而來的是人們對都市邊疆地帶日常生活的新見解，觀察力敏銳的記者發現有幾個「兵團」正為了當地的維安和認同而產生爭奪：

- 被民眾圍困住的軍事指揮官和武器測試人員企圖尋求保護，因為從前單純的要塞正在承平時期受到攻陷，他們對於被發現感到很困擾，但願意進行初步協商。
- 「組織有序的社區團體」和屋主協會爭取他們私人產權的權益，不讓任何事物侵害到他們當初購買時堅信的前提與承諾。
- 「環境運動人士」拚命尋找保育區，要保護許多虛空都市裡的瀕危物種。
- 「對土地飢渴的開發商」到處覓尋更多的土地，以積累、打造他們雄偉的虛幻資本王國。
- 「要求很多的地方政治領袖」似乎對這一切感到很震驚，企圖想盡辦法維持公正，以服務難以捉摸的選區選民。
- 最後，當然就是記者本身代表的「兵團」，諮詢媒體和想像工程 (Imagineering) 的專家一邊選擇性地發布訊息，同時也對所有人扮演著環境化妝師（spin doctor）的角色，塑造最有利的位置，為幾乎所有小小的虛空都市戰役定下戰線。

這個六方的權力競爭（刻意排除外國族裔，以及跟此地格格不入、被排擠

得很徹底的窮人）準確地描述了虛空都市重心轉移的地方政治，每件事都跟排列和位置有關，米歇爾・傅柯（Michel Foucault）曾經形容這種情況叫「生存環境的小戰術」（the little tactics of the habitat）。橘郡有獨特的幾何結構，宣稱空間中的每一點都可以是中心，因此這種小地方的土地爭奪，也可能變成全面性的戰爭。

舉例來說，要是家旁邊有核能電廠，你會怎麼辦？聖克萊門特（San Clemente）的居民盡量不去想那麼多，反映出這個國家驕傲自滿，只是偶爾擔心一下可能到來的世界末日。美國密西西比河以西最大的三座核電廠反應爐就在附近，橘郡的大部分人口都住在「基本緊急應變計畫區」（Basic Emergency Planning Zone）內，「當局給出一個不可靠的保證，說在災害事件發生的時候，會把所有人明確快速地撤離，那裡的人只能相信這套。」一位當地的運動人士說，

> 其實即使有了這些保證也沒有用，……到底要怎樣才能讓他們醒醒？……我跟一些人說過，光一個反應爐熔毀……就會造成十三萬人早逝、三十萬人有潛伏性癌症、一千萬人撤離……他們聽是聽了，但沒辦法有意識地接受如此令人沮喪的過程，他們選擇不要活在恐懼之中。[19]

軍隊鄰居則比較難無視，潘德頓營區在坦克軍事演習時會揚起一片煙塵，導致五號州際公路的能見度降到零，造成公路上一起連環事故。

1986 年，北方爾灣社區的領袖對安全問題感到很擔憂，當時一架從塔斯廷過來的 CH-53E 超級種馬（CH-53E Super Stallion）運輸直升機在進行緊急迫降時，墜落在住宅區附近。今年初，一架失控的 F-14 雄貓式戰鬥機（Navy F14）在返回聖地牙哥的米拉瑪陸戰隊航空站（Miramar Naval Air

Station）的途中，墜毀在基地附近的郊區機場，一人死亡，四人重傷。[20]

海軍陸戰隊發言人解釋：「西岸的土地侵占問題是目前最嚴重的。」

所以軍隊有時很努力要當個好鄰居，隨著土地開發在橘郡快速蔓延，約 5 萬 6 百公頃的潘德頓營區（旁邊就是聖地牙哥郡）已經成為很多瀕危物種最後的避難所。因此，實施野外演習的部隊「必須小心避開紅樹林秧雞、稀樹草鵐和加州白額燕鷗的巢區」。

有時候，甚至可能因為平凡的日常小事、笨拙的普通人、或被遺漏在六角生存環境戰術（habitactics）之外的工人，而使得未來偏離正軌。一場 1987 年發生在聖胡安─卡皮斯特拉諾（San Juan Capistrano）附近的大火，就延誤了阿爾法雷射器（Alpha laser）的關鍵測試。這個系統原本是設計來擊殺飛彈，但必要時也能徹底毀掉整個城市，是雷根總統「星戰計畫」（Star Wars）的防禦系統之一。

火災發生在……南橘郡湯普森─拉莫─伍爾德里奇公司（TRW Inc.）一千公頃的大片廠區，當時一名工人在錯誤的時間點打開了閥門……真空室裡都是濃煙和瓦礫，官員說已經無法在類似太空的條件下，繼續進行雷射光束製造和測試的實驗了。[21]

場景十：詐騙地景：虛構的生存環境戰術

根據前面所有場景所描述的情況，難怪意象（image）與現實（reality）在虛空都市內部常被搞混，真實（truth）不只消失，還變得完全無關緊要，極不尋常。

美國郵政署的稽查員表示，橘郡有個不光彩的稱號叫「世界的詐騙首都」。五位在聖塔安娜郵局之外工作的稽查員、今年要處理多達一萬名受害者的郵件詐騙案……負責領導該稽查小組的人如此表示。（他）估計橘郡因為詐騙事件損失了兩億五千萬……橘郡的富裕條件以及大量的退休人口，讓此地成為騙子的最愛……

郵務稽查員說當前最熱門的話題是貴稀金屬期貨。地下的「鍋爐室騙局」（boiler-room operations）[9] 一向會勸說投資人，說他們會賺到豐厚利潤，然後可以把錢花在派對、毒品和汽車上……這些騙徒在投資人開始起疑的時候，常常就消失無影蹤了。

另一種常見的詐騙術「信封臨時工」（envelop-stuffing）[10] 就很難追蹤，因為繳了錢加入的受害者通常都羞於承認他們被騙了。22

這個「兩千平方公里的主題樂園」，這個「你能得到你想要任何一切」的地方，已經成為世界上最活躍、最有創意的詐騙地景。紐波特海岸或許是「鍋爐室」最密集的地方，「純粹因為它在電話上聽起來比較有品味，比起像波莫納市（Pomona）好多了」，一位稽查員說道。但在橘郡，各種類型的詐騙都曾發生過，回應了這裡後現代的地理環境。隨著即時通訊的普及，詐騙事件很快

---

[9]　譯註：證券市場中很普遍的詐騙手法之一，騙徒利用高壓推銷手段，以電郵或電話等方式向投資人推銷毫無價值或子虛烏有的投資標的。因為這些騙局起初在美國租金較低且空氣悶熱的地方進行，因此被稱為「鍋爐室騙局」。電影《華爾街之狼》（The Wolf of Wall Street）就是在詮釋這類詐騙犯罪。

[10]　譯註：約 1920、1930 年代美國興起的一種「在家工作」的詐騙手段，招募人閒暇時在家工作裝填信封，就可以賺大錢。但是在正式工作前，要先繳一筆註冊費，並提供個人資訊，之後在其工作要求下協助宣傳這種詐騙手段讓更多人上當。

就波及到虛空城市之外。

尼古湖市的國防刑事調查處（Defense Criminal Investigative Service）辦公室是全美最大的。過去短短幾年，國防刑事調查處提出將近百條控訴，追回超過五千萬款項，都跟一些創新的詐騙手法有關，像是把產品移花接木，或竄改測試結果。其中最爭議的案件造成一家當地製造鳳凰飛彈彈頭「引信」的公司破產倒閉──鳳凰飛彈是電影《捍衛戰士》裡，海軍的噴射機駕駛員的武器選擇。引信具有兩種恰恰相反的駭人功能：它既能引爆彈頭，也能避免彈頭過早引爆。雖然當地的工人信心滿滿地吹噓一組浮雕金屬招牌：「全世界品質最夭壽好的引信就是在這扇門後製造的」，但五角大廈的採購人員和國防刑事調查處的官員，顯然很擔心工廠沒有辦法好好處理引爆和防爆這兩種功能的差異。直到今天，沒人知道哪個觀點才是對的。

另外一種主要的詐騙類型，讓我們想起「鍋爐室」和它們的投資與破產陰謀、電腦犯罪、環境犯罪、不動產詐騙、保險詐騙（自導自演的汽車事故特別氾濫）、醫療詐欺及濫用，還有各式各樣的騙術，都是依賴虛構的生存環境戰術。官方統計，鍋爐室詐騙的受害者（或稱「被揩油的人」）平均損失四萬到五萬美元。根據報導，有個人只接了一通電話就投資了四十萬，另一位九十歲的寡婦匯給一個男人七十五萬，那個男的告訴她說他是「內布拉斯加州的原住民男孩，家道嚴謹」。有些鍋爐室每月的總收入是三百萬美金，跟買賣毒品有得拚，而且這種情況並不罕見。一次警察臨檢時，發現推銷員的桌上有張標語牌，精準地捕捉了鍋爐室看似誠懇的狡詐性格，算是另一種虛空都市的奇妙圈地：「我們騙了另一個人，幫你省了錢」。

最近，金融詐騙的傳奇就是總部設在爾灣、但和全國連線的「互助儲蓄銀行」，尤其牽連到南加州興起又衰落的垃圾債券帝國。查爾斯・基廷（Charles H. Keating）領導的林肯儲蓄和貸款協會（Lincoln Savings and Loan）大肆投資、不受監管的詐欺事件付出了重大的代價，其奸巧造成的失敗或許要花費納稅人數十億元來掩飾和修復。這裡的詐騙地景又更上一層，把純粹的詐騙轉變成「元騙

術」（metafraud），這裡又要再次請出布希亞，「問題不再是真實（reality）被錯誤地再現（意識形態），而是真實（the real）已不再真實的這個事實被隱藏起來」。虛空都市充滿元騙術，「一種令人忘乎所以的丟失」，分不清虛幻與現實，因為其分野已經不存在——不管你所指的對象為何。

閉幕／開頭

什麼都有可能，但沒有一樣是真的，這情況不只發生在橘郡。被創造性力量侵蝕的後現代地理，正飛快地在美國各個都市地區被創造出來。日常生活似乎漸漸超越了人造主題樂園的單純世界，那個世界本是你在想去的時候才去的，如今新的主題樂園是自己來到你面前，不管你身在何處：消失的真實不再被刻意隱藏。忘乎所以的丟失（ecstatic disappearance）正快速助長現金後現代世界裡新的社會管制方式，悄悄把我們納入對政治麻木的完全過度擬像（hypersimulation）社會，在這個社會裡，就連日常生活都是被塗脂抹粉過的，意識本身也事先經過一番包裝。

千萬不要忘記，虛空都市的確運作得起來——在功能方面，虛空都市可能是當代資本主義城市裡最完善的多功能生活環境。裡頭歡天喜地的居民深信虛構的事物，他們所共享的假世界實在太有趣了，於是他們隨隨便便就嘲笑那些滿懷信心告訴他們說他們被騙的人。難道，真的沒有希望成功反抗這些虛空都市的詐騙地景，或有其他更有說服力的選擇嗎？

對我們這些仍有力氣對抗虛空都市誘人又虛幻的召喚的人來說，頑固地靠現代作法來抵抗或除魅或許還不夠，因為整個情勢已經改變太多了，過往定位舊政治版圖的地標大多都已消失，新地理樣貌的吸引力和幻象，充滿著過去完全意想不到的力量，需要新的後現代批評和對抗。

一個新的起點是要知道，比起時間，空間才是真正難以預料的，新的地理將我們推遠離權力的中心，這種邊緣化（peripheralization）透過許多空間尺度表

現出來，從生存環境的小戰術到全球地緣政治的戰略話語。要是我們能夠重新找回關鍵能力，看見社會生活的「空間性」（spatiality）本身即是政治，或許就會將那些看似兼容一切的仿真物拆解開來，重新建構一個權力的地圖，有別於現今存在於虛空都市裡的空間配置。

Underground and Overhead: Building the Analogous City

飛天遁地：打造假城市

特雷弗・波迪 Trevor Boddy

地下道和空橋形成的新市區帶有特定的都市發展與社會目的。正如我們所見，它們加劇了種族與階級的區分，而且反而使它們本來要修補的狀況更加惡化──公共領域的設施便利性、安全性、環境狀況皆然。

它們在避免什麼，跟它們連結起什麼一樣重要。

　　街道的歷史和人類文明一樣悠久，而且比任何其他人造物更能象徵社會生活，人類在這裡發生各種接觸、衝突和容忍之事。人們從前不會想到，街道其實很脆弱。其實北美的市中心街道正受到攻擊，一種緩慢、安靜卻有力的襲擊，發生在地下和空中，在街道上方閃亮的玻璃棧道，也在街道下鋪了地磚的地下道。

　　從外頭颳著冷風的街道，踏進新的都市地域。入口處有該棟建築物的標誌，此標誌是個身分識別，表示裡頭是與世隔絕的王國，也提醒人們牆後就是私有財產──顯然屬於私人所有，而且是財產。隨著玻璃門緊緊關上，心理狀態也改變了。我們位在內部，受到控制，與他人隔絕開，屬於系統的一部分，是消費者，是詳細的考察者，是巡邏者──這些都是會員身分的特權。搭電梯向上，走下樓，沿著紅磚走廊前進，對沒完沒了的機器嗡嗡聲和機械微風感到麻木。依稀有些令人安心的圖示像公路指引般掠過：資訊站、連鎖鞋店、涓流噴泉、裝飾著霓虹燈的美食廣場。就像編劇喬治‧羅梅羅（George Romero）在電影《活人生吃》（Dawn of the Dead）裡，描繪食屍鬼又回到購物中心，「因為那裡是他們生前熟悉的地方」，在郊區長大的這一代，面對新城區各種熟悉的視覺和環境提示，可說是如魚得水。幾乎聽不見的對話片段漂浮在空氣中──抵押貸款、促銷、孩子、照片。而且肢體語言的類型也同樣受限──不能出現緊握的拳頭、激情熱吻、擠眉弄眼、肩膀不動地大步走路。地下和天上的新世界都處在一種愉快麻醉的狀態，如今感覺起來不再新奇，它跟真正的都市街道的節奏和韻律又有哪些差別，也似乎越來越不重要。其他老舊的街道因為不好聞的氣味、風和難以預測的狀態，迴旋成為遙遠又微弱的記憶，如同外頭的煙和雨一樣，霧濛濛的。

　　過去十年，整個美洲大陸的市中心都出現了新擴充的都市空間。多采多姿的城市如明尼亞波利斯（Minneapolis）、達拉斯（Dallas）、蒙特婁（Montreal）和夏洛特（Charlotte），都蓋起行人天橋，把分散各處的新大樓連結成一整個系統。迷宮般的地下道從公共運輸連通到工作地點，不用走到一般街道上，旅客捷運

系統滑行在熙攘街道構成的城市上方。這些新的都市裝補術（urban prosthetics）被加在目前市中心的活組織上，剛開始看起來還不錯，另外還需要人工手臂和塑膠管來維持重要的公共功能。有人宣稱它們能夠對付高溫、濕冷等一般街道令人無法忍受的極端環境，感覺像是現有都市空間裡的工具，一種價值中立的擴充套件。

才不是那樣。這些行人通道及它們連通的大樓、購物中心、美食廣場、文化設施提供了一種城市經驗被過濾後的版本，一種經過模仿的都市風格（urbanity）。地下和天上的新步行系統將最基本的都市活動（人在街上走）給排除掉，改變了北美城市的性質。

我們有充分的理由推測，地下道和空橋形成的新市區帶有特定的都市發展與社會目的。正如我們所見，它們加劇了種族與階級的區分，而且反而使它們本來要修補的狀況更加惡化——公共領域的設施便利性、安全性、環境狀況皆然。過去二十年，針對市區購物中心和公共基礎設施的投資不斷增長，建構新的步行系統是合理且必然的結果。隨著全球資本重新組合成越來越龐大的整體結構、不動產開發漸漸被少數更大的公司掌控、在種族和經濟區隔嚴重的城市裡，各社會階層之間也很難產生互動，各種建築手法難免也讓新興企業化的北美城市市中心更加封閉、隔絕、單獨。

威廉・懷特（William Whyte）稱呼新步行系統為「代理街道」（surrogate streets），其特別狡猾的特質就是它們為北美城市的整體更新（corporate retooling）帶來了一種新的規模和效能。[1]過去的開發行為受限於土地整併模式，最大的單位就是街區（block），新的空橋和地下道則令篩選過的企業城市擴建之後，出現在整個市中心之上。從前各棟玻璃大樓和窗間板之間有街道和人行道串接，現在新的空橋和地下道延續同樣的建築秩序，街區之間也繼續保持著原有的社會經濟秩序。在這之前，街道扮演著的角色，是定期提醒我們公民領域（civic domain）還存在，並使其發揮功能，新的城市建築型態卻連最後一點僅存的公共生活遺緒都給去除，用擬仿之物（analogue）來代替，也就是一種代用品

（surrogate）。

　　正因為市中心的街道是能夠接觸到社會各界的最後一片淨土，它們被空中和地下的封閉場域取代，對政治生活的各方面都有很大的影響。要是沒有人潮聚集的公共空間作為實踐權利的場域，憲法所保證的言論和集會結社自由，意義就已經大減。只剩電視攝影機的近視放大鏡還把示威、遊行、攔場抗議當作一種政治表達方式，自從越戰結束之後，都市型態和活動改變，此類政治表達早已變得毫無意義。過去十年裡，這些政治行動和活動已經從廣場和街道上，被移進大風掃得一片空蕩的市政廳商場或聯邦大廈廣場。現在得在這類場合才遇得到一群三教九流的抗議者，感覺更可悲，他們被迫去到不重要、乏人問津又不討喜的城市空間，處於一種邊緣狀態（marginality）。

　　新的步行系統只是後現代都市主義的主要模式（即「假城市」〔analogous city〕）的一種表象。後現代文化理論的基本觀察之一將社會學家及哲學家尚・布希亞（Jean Baudrillard）和建築師羅伯特・文丘里（Robert Venturi）串在一起，主張我們這時代的人都偏好模擬勝於真實。後現代的假城市的起始是迪士尼樂園，建築師查爾斯・摩爾（Charles Moore）稱其為戰後美國都市主義最有影響力的案例。[2] 五分之三比例尺的「美國小鎮大街」（Main Street America）位在「明日世界」這個科技烏托邦和充滿神祕風情的往日「邊疆世界」之間，在大多數人的想像和專業者的心目中，它越來越成為城市建築和更新的模範。若沒有迪士尼樂園這第一個、也是最能引起共鳴的當代假城市，就很難想像勞斯公司（Rouse Corporation）的「節慶市集廣場」（法尼爾廳市集廣場、南街海港等）、主題樂園和購物中心合併成的「西艾德蒙頓商場」，或充滿鄉村懷舊情懷的新市鎮如佛羅里達州海濱區（Seaside, Florida），究竟何以如此成功。都市生活受到控制的模擬環境，延伸到速成郊區的「城鎮中心」、重新裝潢過的都會市民活動中心、還有太多歷史街區的仿造視覺畫面和活動之中。所有這些案例中，它們的都市情境裡原本混亂中帶有活力的狀態，以及階級、種族、社會與文化形式高度相互混合的現象都被拋棄，替代成篩選過、美化過、同質性高的環境。

大都會主義（metropolitanism）作為公民理想的觀念式微，是二十世紀北美最被低估的文化趨勢之一，我們才剛開始瞥見這些不那麼多元的城市會產生哪些長期的影響。新的步行系統只能代表假城市在它最後的邊境之一（也就是市中心街道）的最新發展。[1]

這些改造過的人行通道密密地縫合進市中心的軀殼，所發揮的功能不僅是取代，更是徹底的轉變。它們身為基礎設施，於是使得其潛在目的（以公共事業建築之名，讓城市不那麼公共）更加可怕。這是一場安靜的詭計，來自地下──無所不在、無人聞問、深深滲入肌理；也來自天上──無可非議、見不著也批評不了、不受約束。最後，新的地下道和空橋可以被視為某種惱人的隱喻，象徵著其他徹底改變北美城市的過程。它們使私人和公共領域混在一起，甚至令其意義顛倒翻轉，還有它們的人工雕琢痕跡，都使得地下道和空橋很適合作為切入點，來一探都市裡運作中且更廣泛的反都會化力量。

假城市的簡史

在擬仿之物出現之前，得先有事物本身。廣義而言，在新石器時代，人類聚落的形式出現了高度的趨同現象。相隔甚遠的族群同時創造出的不只街道

---

[1]　作者註：關於都市擬像（urban simulacra）崛起，本註腳是當代都市主義最受敬重的一位評論家所言。珍·雅各離開紐約到多倫多去，一部分是因為她兒時印象中下東城種族多元的街道生活正在消逝，而 1970 年代多倫多似乎還維持著街道的多樣性。從那時起，這個加拿大最大都市的環境因為非白人底層階級的興起而漸漸惡化，基礎設施和學校系統日漸衰敗，而且租金還是全加拿大最貴的。多倫多也漸漸不是當初促使她動身時的樣貌。珍·雅各的都市風格（Jacobsian urbanism）的基石，包括進口貨品堆積如山且別具風格的族群商店、臨時街角噴泉前面留著小鬍子的熱狗攤販、都市生活被視為放大版的國慶日；可悲的是，美國各地每個勞斯公司的市集和歷史街區都在徹底模仿這些東西。當代開發商發現，提供這些都市風格的顯著象徵物效果極好，同時又排除了種族、族裔和階級的多樣性，但一開始吸引珍·雅各，並開啟對數十年前城市的廣泛反思的，正是那些多樣性。珍·雅各的都市風格並沒有失敗，而是太成功了──說得更精確些，其實是那些表面想法所形成的立體樣貌，在公共領域裡占得先機。

（這是一項了不起的文化創舉），還有街道的階層模式。隨著有錢有權的人越來越集中在帝國體系裡，棋盤式都會風貌成為巴比倫、羅馬、中國和中美洲城市的基本架構。西元時期開始之後，高度一致的街道形式在全世界紛紛出現，同時也出現了各種重要且迷人的變化類型。

多層的人類聚落歷史也很悠久。中國的地下窯居、土耳其卡帕多奇亞（Cappadocia）的山邊洞穴、普韋布洛印第安人文化（Pueblo cultures）堆疊出來的房子和巷弄，都是為了防禦功能或農業發展所適應變通的結果。但這些多層的都市形態都是根據傳統街道來變化，像雙層街道這種兩層高的移動系統很少見。英國的集市城鎮切斯特（Chester）因為定期洪水氾濫，以及需要在圍城內尋找建地，在中古時期發展出雙層的街道系統，目前大部分都還完好無缺，切斯特的半木構造橋、建築物上方竹編夾泥牆的走道，還有通往下方街道的手劈階梯，都跟當代的高架步行系統十分相仿。

義大利文藝復興激發了多層城市的新想像，最知名的就是 1490 年達文西所繪製的市政中心的素描。嫁接在城市上最有名的替代人行系統，出現在 1565 年的佛羅倫斯，由建築師瓦薩利（Vasari）為美第奇家族設計，整個橋和通道路網將近一公里，從舊宮（Palazzo Vecchio）跨過阿諾河（River Arno）、經過老橋（Ponte Vecchio）上方，來到碧提宮（Palazzo Pitti）。瓦薩利走廊（corridoio vasariano）被法蘭西斯科一世‧德‧美第奇（Francesco de Medici）當作結婚禮物，獻給他的妻子：奧地利的約翰娜（Johanna of Austria）。這座走廊剛開始本來是要作為防禦系統，好讓美第奇家族在教宗派（Guelphs）與皇帝派（Ghibellines）的人馬在街頭打起來時，可以逃離市中心和政府，來到新蓋的碧提宮。

這個路網實在太成功了，於是貴族家庭和一群逢迎拍馬的人開始把時間花在那裡，就算沒有群眾造反的時候也一樣。瓦薩利走廊很快就被妝點得漂漂亮亮，從窗戶看出去的景致，賦予人一種更微妙的都市經驗的類比：身在都市裡，卻不用面對階級衝突和隨機性，也避開了真正的佛羅倫斯下頭街道的氣味與混亂。為了增添氣氛，牆上還掛著畫，這幾乎是第一次藝術被用來永久裝飾

非宗教的室內空間。在被衝突撕裂的都市區域裡，瓦薩利走廊兩邊的畫，提供人們另一種懷舊、浪漫、虔誠、壯麗的生存方式——和逃脫的策略。

　　五個世紀以來，巴黎一直是最傑出的城市實驗室，有些實驗能幫助人們更了解假城市的概念。對法國人來說，里沃利街（rue de Rivoli）的連續拱廊創造出一種新的都市空間，在店家和街道之間有個可以躲雨的中間區域，許多拱廊街區為炫耀性的消費和展示儀式提供了場所（這是常見的民俗風情），幫助促進了都市資產階級的發展。如今的拱廊裡頭，種族和階級很多元，但過去並非一直如此。這些時尚和社交的長廊在十八世紀的鼎盛時期，有警衛駐守，也會劃分社會群體，很像現在的高爾夫度假村。對左拉和巴爾札克來說，往拱廊看去的景象，和從拱廊看出來的景象，都是階級劃分的重要象徵。但它們的開放狀態容易受到天氣影響，路線又會被市區街道給中斷，體驗起來不太理想，僕人得領著貴婦穿過危險又混亂的街道，從一個角落來到另一個角落。

　　假城市的另一項發展，就是十九世紀初期每個歐洲大城紛紛出現的有屋頂的購物街。這套步行系統的構想更進一步，兩邊都是高檔商店，完全不用接觸到公共街道和自然元素。1860 年代，有人提議在倫敦推動「水晶大道」（Crystal Way），將地下鐵路、行人通道、店鋪、辦公室、住家，全都集合在一個連續的玻璃拱廊底下。雖然此建設沒有完成，卻預示了一個世紀後的現代化工程。理查·桑內特（Richard Sennet）在小說《巴黎皇家宮殿》（Palais Royal）探索了一個他長期關注與書寫的主題：都市空間的社會隔離，已透過巴黎和倫敦有頂蓋的新拱廊街表現出來：

> 拱廊把觸角伸進整個現代巴黎，從巴黎皇家宮殿一路伸向北邊、東邊、西邊。包括全景廊街（Passage des Panoramas）、薇薇安拱廊街（Galerie Vivienne）、奧爾良走廊（Galerie d'Orléans），這些都成了城市的玻璃毛細管。倫敦有伯靈頓拱廊街（Burlington Arcade）、皇家歌劇院拱廊（Royal Opera Arcade），建築風格更原始，不像巴黎有很多鐵和玻璃的構造，但

對付雨天和冷天還是很夠的。蓋拱廊的人可能會……驕傲地指出，他的玻璃屋頂可以阻擋煙塵。他說起時尚：來到奧爾良走廊步行區的小姐不用擔心她的衣服會沾滿汙垢。他說起更多真正的好處：嬰兒車裡的小寶寶在拱廊裡比較能呼吸，不會被煤塵嗆到。人們不用在無情的自然中備受折磨，倒可以笑看它的恐怖。拱廊讓冷天變得不算什麼，明亮的光線抹去了夜晚。人們獲得許可進入這個只有美好事物的控制架構裡——比方說，熱帶植物就是要用來裝飾玻璃底下他生活著的走廊。（拱廊的）光線和空氣頂篷令人感覺平靜，走道上都是禮貌的往來互動，圍起來的周邊區域裡有各樣精心製作的物品。[2]

當奧斯曼男爵在巴黎闢建大道，當時對於任何歐洲城市來說，都是一次未達戰爭程度的巨大動盪。事實上，大部分闢建的動力、理由和管理資金都跟軍事有關。雖然奧斯曼和他的贊助者一定還有其他目的，例如改善交通、串連紀念碑和主要街道、需要偶爾從骯髒擁擠的巴黎中心區脫離出來喘口氣……但軍事考量還是首要的。越來越多都市起義促成了新大道的興建，以快速部署全市的軍隊，特別是 1848 年的幾個事件。新大道的額外好處，是將問題多多的市中心鄰里切成可管理的單元，創造出許多理想的新建築基地。到了 1870 年代，漸漸富裕起來的巴黎沿著醒目的新大道，形成一片中產階級歡樂輕鬆的場景。奧斯曼的成果可以視為第一個因為階級造成大都市「主題樂園化」（theme-parking）的現象——這是一個重要先例，展現出都市元素布景重組的新技術。

在以上這些階段，城市還是維持在單一平面上。說也奇怪，歐洲和美國的主要城市在十九世紀晚期所建的地下跟高架鐵路，雖然使得住宅和商業活動的密度變高，卻沒有在一開始就對多層城市（multilevel city）產生興趣。原本的地面街道繼續完美扮演平面步行系統的功能；沒有任一個高架運輸系統出現大面積的新零售層或空中的替代步行路網，不管是芝加哥捷運、柏林城市鐵路，或者倫敦、巴黎、紐約地鐵系統的高架路段都不例外。除了幾個主要大站，地下

鐵道系統也是同樣的情況。一直到這個世紀，純粹用於步行活動的擴建地下道或橋樑系統還是少得驚人。理由簡潔有力：街道基礎設施（照明、公車、噴泉、商業、號誌）的投資金額高昂，況且街道活動一直都很有文化吸引力，要把行人從交通行列分離出來感覺既不明智又浪費。

隨著新的營建技術出現，都市土地價值飆升，十九世紀晚期到二十世紀初產生了量體更大的建築，多樓層拱廊就是從這類建築裡出現的。一個例子是莫斯科巨大的古姆百貨商場（GUM），範圍遍及好幾個城市街區。古姆百貨從米蘭的伊曼紐二世拱廊（Galleria Vittorio Emanuele II）得到靈感，甚至更勝一籌，玻璃天幕底下的各個樓層都有橋，接起連續的步行通道，不像米蘭是單一零售樓層融入周遭街道。古姆百貨搶得先機，也啟發了其他多樓層的市中心購物區，如多倫多伊頓中心（Eaton Centre）。

另一個有影響力的多樓層建築，是 1920 年代晚期到 1930 年代早期設計、興建的洛克菲勒中心（Rockefeller Center）。雖然該建築很融入曼哈頓的棋盤式布局，而且其公共空間是公民包容力和福利設施的典範，卻在各方面都跟周圍的城市割裂。地下的購物大廳連通各棟建築和下方的地鐵，也讓這個建築群更像一座孤島。早期洛克菲勒中心的描述宣稱可以一整天在裡頭工作、購物、跳舞，都不用冒險外出；半個世紀後，這種花上整天在市區的多功能建築群裡、不會遇到真正的都市街道的想法，才終於變得平常。不可否認，洛克菲勒中心的下沉式廣場和第五大道的確非常成功，但這也不該掩蓋一個事實：洛克菲勒中心就是北美市中心企業改造的典型，這項改造高度依賴地下和天上的路徑，來相互連結各個多功能的孤島。

一直到二十世紀，都市理論才漸漸發展出要把步行活動跟傳統街道分開

---

[2]　作者註：Richart Sennett, *Palais Royal*（New York: Knopf, 1986），p.86. 桑內特在 *Fall of Public Man*（1977）也探討同樣的主題。他對都市問題抱持著含蓄的無政府主義態度，可從 *Uses of Disorder*（1970）這部作品窺見端倪。

的想法。到了這個階段，汽車甚至對歐洲城市的歷史中心產生了有害影響，並且在當時的反歷史主義精神下，人們想要找到在城市裡移動的全新方式。之前，都市規畫理論中的田園城市（Garden City）和城市美化運動（City Beautiful movements）主張把行人徒步區和其他車流分開，但基於密度之故，少有劃分用途的建議或需求。多層城市在通俗小說和藝術出現的頻率，比出現在專業文獻裡來得多。未來的想像圖景描繪出廣大的路網，串接起摩天大樓的頂部，飛機聚集在天空中，導演弗里茨·朗（Fritz Lang）的電影《大都會》（Metropolis）以及亞歷山大（Alexander）和文森·柯達（Vincent Korda）兄弟檔的電影《未來》（Things to Come）透過影像創造出多層結構的敵托邦（dystopia）。當前的現實只是稍微沒那麼壯觀：紐約中央車站（Grand Central Station，建於 1903 到 1919 年間）從南邊引入公園大道（Park Avenue）上到一個斜坡，跨過第 42 街，繞著車站大廳上方窗戶周圍的高架道路迴轉，然後再往北方伸出去。這條道路蓋在紐約中央鐵路多層調車場上方的支架之上，輸送行人穿過地下道、斜坡、階梯、露台、從地鐵跟人行道出來後銜接往火車或計程車站的雙層大廳、店鋪或酒吧、售票窗或休息室，或來到兩側巍然聳立的三大旅館之一，這是個龐大、獨立存在的早期典型代表，是假城市中被大量複製的灰色大象，所謂的超級建築（megastructure）。

　　1920 年代晚期，將步行活動和街道車流分開的作法，已經成為國際現代建築協會（Congrès Internationale d'Architecture Moderne，CIAM）所推廣的都市生活的基礎，最著名的就是柯比意（Le Corbusier）。在《朝向新建築》一書中，柯比意建議把步行活動和很多其他東西從地平面上移開。他提議「一般街道上空架起短短的天橋通道，得以讓人們在這些新得到的地段步行，並從事各種活動。通道掩映在樹木花草之間，可謂是很好的休憩地。」[3] 眾所皆知柯比意不喜歡街道的喧囂，於是他發想的都市生活方式，就是構想出另一個更理性的選擇，就如《光輝城市》（La Ville Radieuse，1935）書中所追求的境界，以及像馬賽公寓（Unité d'Habitation）這類的建築。

　　如他在 1922 年提出「三百萬人口的現代都市」（Ville Contemporaine），提倡要嚴格執行動力載具、行人，甚至飛機移動的垂直分區管制。高聳的辦公和公寓大樓、飛機起落跑道 、多車道的高速公路、閒適恬靜的咖啡店、行人步橋，全都不相襯地並列在一起，形成烏托邦式的風景，卻又毫不違和，當然部分是因為柯比意在文中像機關槍一樣激烈論辯，同時也談到這類新都市領域的必然性和有利條件。對這些都市發展非常關鍵的一點，就是嚴格的垂直分區，跟柯比意建議在都市平面上實施嚴格的土地使用分區的作法相輔相成。而且我們會發現，水平和垂直分區之間的關係也很重要。

　　有了國際現代建築協會和柯比意的鼓動，替代步行系統開始被納入歐洲戰後的重建工作裡。鹿特丹全新的行人徒步區裡完全禁止車輛通行，倒是德國和英國的橋樑和地下道串連沒什麼進展。不過，基於戰後重建的急迫性，加上興建替代移動系統的資金支出，這些投入都還只是實驗性的，國際現代建築協會的規畫師所想像的合理、完整的系統，從來都沒有在戰火肆虐過的歐洲城市中心貫徹成功過，說得更精確一點，是**西歐**城市，因為東歐的重建雖是遵照國際現代建築協會的城市理想，卻是採用簡化到某種程度的戲謔模仿的版本，包括徒步區立體化的概念。一直到 1960 年代英國新城運動（New Town Movement）興起，針對行人基礎設施的大量公共投資才跟柯比意式的現代都市主義相互融合。在蘇格蘭的坎伯諾爾德（Cumbernauld）新市鎮和倫敦的泰晤士米德（Thamesmead）住宅區等地，規畫出一大片完整的中心徒步區，有橋和通道連結到周圍的房舍，另有交通、服務和支持功能點綴在各區之間，似乎已經變成一種標準作法。

　　同時間的美國，建築師和規畫師也感染了羨慕歐洲的情緒（Euro-envy）。[3]這股情緒蟄伏了半個世代，終於在 1940 年代晚期到 1950 年代早期之間爆發開

---

[3]　作者註：當然，歐洲的建築師和規畫師也有同樣的弊病，他們以新世界的模式重塑自己和城市，但這最好留待另一篇文章來討論。

來，知名建築雜誌刊出，西歐城市不久前才被轟炸過的市中心，出現了光鮮亮
麗的現代化購物區和整齊方正的住宅群。被天災摧毀的城市，對富有遠見的建
築師和規畫師來說有很強的吸引力，歐洲城市被轟炸過的區域讓他們有機會受
委託，因而獲得重寫歷史的自由——這兩點激發了戰後世代羨慕歐洲的風氣。

就在各地都醉心於現代性的氣氛下，北美眼紅歐洲和日本都市璀璨嶄新的
潛力，希望發展出在市中心蓋大型量體建築的策略。這種超現代的欲望，再加
上狄更斯時代的美德力求清除貧民窟，因此導致了美國類似的都市轉變。規畫
師和政治家幾乎毫不掩飾自己的種族主義，致力剷除最會發聲也最顯眼的非白
人的市中心生活區域（黑人從南方移民來到北邊和西岸的軍工廠之後，這些生
活區域就大幅增長）。所有這些因素在都市更新的指導下相互整合，廣泛實施
之後，就產生出北美第一個大規模的替代步行系統。

都市更新的實踐從來沒有跟上理論，但這沒什麼關係。差不多每個美國大
城市都準備看著市中心鄰里被夷為平地。這種在專業和學術上合法摧毀城市生
活區的作為，不可避免地伴隨著光潔閃亮的現代主義表現手法，由通道串起大
樓和廣場，並透過一連串的市民振興主義（civic boosterism）對外宣傳。這一陣批
評、拆除、提案的狂熱過後，幾乎到處都會出現一段很長而且越來越緊張的等
待期，等待私人土地市場開始激發轉變的那一刻。以都市更新之名，整平和清
理行動幾十年來有增無減，甚至還延續到 1970 年代，卡加利和蒙特婁等城市
也有同樣的歷程。跟其他地方一樣，都市土地市場自我校正的魔法手指從來都
沒有出現過，人們殷殷期盼的空街區上頭的私有開發也從未兌現，只有少得可
憐的一些特例除外。各地的政治人物感到一陣尷尬的空白，於是他們提議要把
荒涼的區域作為公共或非營利建築。既然這些地塊對財稅的貢獻已經趨近於
零，公共或非營利用途起碼還能夠減少損失。

人們已經忘記摩天大樓是如何出現的，現在城市一個接一個將自己的更新
區域塞滿模鑄混凝土蓋成的市政廳、鋁波紋板蓋的教育局總部、龐大的會議中
心和基督教青年會（YMCAs）。就業服務處前排著長長的隊伍，一些辦公室名字

取得很好聽、但其實注定失敗的更新機構辦公室前說不定也大排長龍。由於這片土地上曾有過貧民窟的記憶尚存，由於幾個街區外岌岌可危的非白人社區注定要成斷垣殘壁，由於回到市中心的人仍抱著郊區的思維，若能有個內部通道來連結、保護文明禮貌的這些新堡壘，就顯得更令人響往。有時車輛被禁止通行，然後蓋了一個購物中心，空曠荒涼的區域只剩下溜滑板的人和慌慌張張的通勤族。不過，更多時候地下道和空橋連結著新建築，有效地將準公共區域分開，新進駐的官僚可以繼續他們的布局大業，卻不用看到他們所服務的這座城市裡的雜亂景象、聽到外頭嘈雜的聲音。

在缺少自覺意志或計畫的情況下，一個新的都市秩序就建立在之前長期抵抗它的區域之上。根據預設，為了因應徹底失敗的都市更新，在處處市中心（Downtown Everywhere）的脈絡裡，就會發生第一個超過現有街區規模的改變。接下來人們就可以踩著石磚和室內外的地毯，來來去去逛遍市區，完全不會遇到混凝土和柏油這種掃興的東西；在絹印的旗幟底下，走過從辦公室到機構再到餐廳的路程，這些旗幟在氣候控制的規律淡風中搖曳；甚至連最黑暗的市中心心臟地帶，也繼續模擬購物中心跟家庭學校的生活。

探索假城市 1：明尼亞波利斯市的空中走廊

明尼亞波利斯市是第一個提議在整個市中心區興建天空步道（當地稱為「空中走廊」〔skyways〕），而且把此課題納入都市規畫協商的大城市。一開始是在 1959 年明尼亞波利斯市核心計畫（Central Minneapolis Plan）裡提出，該計畫也建議興建尼科萊特購物中心（Nicollet Mall）和各種其他市區改善建設。在這些早期的討論裡，氣候並沒有被考慮進去，反而更在意現代主義的效率和運作，認為天空步道有助於改善明尼亞波利斯市的公民結構。但第一座橋在1960 年代建好後，整個計畫對步道系統的想像更加擴大，空中走廊的概念因而轉變——行人能跟車輛分隔開且有效率的移動變得沒那麼重要，避免極端氣

候才是更要緊的。這個轉變跟雙城（Twin Cities）蓋了第一座封閉的郊區購物中心幾乎同時發生。雖說一代代人都習慣了這個城市的街道有風吹拂，還常遇上全美最冷的冬天，不過明尼亞波利斯的人現在都集中到新購物中心去了。在封閉式購物中心出現之前，街道是公認的商業活動發生地。購物中心出現之後，明尼亞波利斯市和聖保羅（St. Paul）就跟很多其他城市一樣，開始經歷一段不怎麼愉快的過程，企圖要在之前地位穩如泰山的市中心區，重新塑造購物中心的環境、社會和商業性格。

空橋一座又一座蓋起來，一個真正的行人徒步網絡，在主要的市中心開發計畫裡於焉成形。政府官員一開始用了些高壓手段讓事情起步，之後明尼亞波利斯的開發商也漸漸受到空中走廊的概念吸引，因為整個市區都是雙層的零售範圍，可以賺到額外租金，還有上方增加的辦公室空間作為容積獎勵，具有誘因。富裕又有企業撐腰的明尼亞波利斯有辦法讓私部門自己建起大部分的空廊路網，不過面積較小又比較窮的聖保羅也不甘示弱，用市政基金興建了自己的橋樑和走廊路網。從建築方面來看，這兩種系統的意象不太一樣：明尼亞波利斯的空橋將周邊建物的覆面、顏色和設計變化延伸到街道上，聖保羅則一再重複一套標準設計。聖保羅眾所周知的單調，跟明尼亞波利斯的民間大雜燴，到底哪個比較有礙觀瞻，可能是個見仁見智的問題。無論是哪種情況，橋都擋住了景觀和光線，而且永遠改變了雙城市中心街道的品質。以前本來還可以從尼科萊特購物中心向上或往下看。明尼蘇達大學的教授朱迪思・馬丁（Judith Martin）寫道：

> 當今，兩座空中走廊穿過購物中心，第三座正在興建中，準備連通到市中心商場（City Center）。讓這些橋出現在頭頂上，徹底改變了這座購物中心。能夠向下凝望街道，就算只是一條普通的市區道路，對於我們定位自己身處何處也很重要。不過，跨越市中心街道的空中通道帶給我們越來越多阻礙，也毀壞了街面的建物景觀。[4]

1973 年，當強生與伯奇建築事務所（Johnson and Burgee）的水晶閣廣場（Crystal Court）在 IDS 中心（IDS Center）開幕的時候，明尼亞波利斯就取得了卡加利和許多其他後來的模仿者所缺少的東西：一個大範圍的室內空間，為空廊路網增添開放和宏偉的感覺。在冬天的中午時分，無論如何，水晶閣購物中心是當代少有的室內廣場，結合了多樣的視覺體驗和娛樂設施。它不只是一個美輪美奐的大廳或購物中心的延伸，而是整個空廊路網不可或缺的樞紐，也提供了另一種令人喜愛的選擇，與一般戶外都市場所有別。

整個 1970 年代，明尼亞波利斯的空廊路網斷斷續續地延伸，大部分重要的市區高樓都已經整合進整個空橋和走道的格局裡。二樓零售空間的租金一直都比不上地面層，只有少數例外。後來新蓋、由空中走廊串連的室內廣場，也沒有一個比得上水晶閣的典雅。1970 年代晚期和 1980 年代初期所建的橋更窄、更暗，也不像第一批橋那麼精細。空中走廊跟大部分都市發展的樣本一樣，已經成了一種準則，而這套準則又被化約為最基本的元素。1982 年發生經濟大蕭條，擴建工程就中止了，空留許多因應空中走廊而生的大膽預言沒能實現。

同時，陸地上的街道文化也正在改變。就連明尼蘇達這麼開放、富裕的州，生活品質都產生了巨大的變化。大家很熟悉 1980 年代一連串的改變：聯邦住宅計畫在雷根總統時期崩潰、精神異常或年老體弱者重返社區的方案帶來未知的副作用、經濟蕭條時福利國家的狀態逐漸削弱。種種原因加在一起，徹底改變了這個中西部大都市的街頭文化。犯罪率上升，新一代的都市專業者開始害怕市中心街道。他們衝向空中走廊入口的途中，越來越常要穿越夾道的紙箱棚屋裡一群喋喋不休的人，令人不安。

為了回應惡化的社會氣氛，空中走廊發揮了從來沒想過的功能：既是堡壘，也是過濾器，更是庇護所。空中走廊之前只有非正式的警察巡邏，現在保全公司接到越來越多申請站崗人員的合約，這些站崗人員能夠巧妙嚇阻窮人、年老體弱者、黑人、印第安原住民、精神異常者進入空中走廊，不必露骨地密

切監控。空中走廊比以往任何時候更成為中產階級的專利，外頭市中心的街道則留給那些在雷根經濟學（Reaganomics）政策底下，都市的受害名單中，受了輕傷但還能走的人。

社會大眾討論到空橋和其他假城市的表現形式時，會使用氣候和內部環境作為隱喻。眾所周知，美國人和加拿大人沒辦法公開談論種族和階級，正是因為現實情況和這兩個國家的公民階級訓誡互相矛盾。北美人選擇保持安靜，或者選擇令人寬慰的隱喻，以掩飾他們最害怕的都市因子；從托克維爾（Tocqueville）到布希亞這些歐洲人常常批評我們無法承認種族和階級是公共領域裡應該積極討論的議題，反而把它們掩蓋在修辭的保護色底下。「氣候保護」之所以在公共討論的意識和潛意識層面上有莫大的吸引力，就是因為它可以作為一個方便運用的關鍵字，或其他因子的代表——在美國主要是種族，在加拿大是階級。現今，當我們說要用新蓋的市區空橋或地下道保護市民免受極端氣候衝擊，真正的意義其實是更社會性的，反而跟氣象沒那麼有關。人們現在說他們「絕不會在冬天去市中心購物」的口氣，跟他們從前說「絕不會再進去那個街區」的口氣一模一樣。說人不能冒險進入氣候真空狀態的這種主張，跟人們在某些十字路口會從車內反鎖車門，是由同樣的感受力所驅動——肯定是發生在前往當地滑雪場的途中。犯罪、貧窮、種族和生活方式所產生的衝突，都開始牽扯到環境，它們都擴展成為「氣候」或「開放」的虛擬理念本身，沒有什麼比環境障礙更能使某個地方變得適合居住了。藉由新的空中走廊和地下道，恐懼開始用建築的方式表現出來。

但氣候作為隱喻、內部城市（interioricity）作為象徵，擴大了北美文化反都市（antiurban）的偏見。李歐・馬克斯（Leo Marx）在《花園裡的機器》（The Machine in the Garden）勾勒出這種情況，而這偏見已經來到新的都市邊疆。人們想逃避的不再只有亂七八糟的市中心區域，反正犯罪和都市問題已經出現在城市各個角落，就連商業區、辦公室和機構核心區周邊的街道都很危險。有鑑於當前的毒品、犯罪及惡化的種族問題，「在裡面」（being inside）就成為一個有

力的象徵，代表受到保護、支持、悉心呵護；而「在外面」（being outside）就會引來接觸、孤立和脆弱。在越來越衰敗的都市景觀中，這些關鍵字更加為人所知，所乘載的意義遠多於其平淡無奇的源起。空橋和地下道的象徵權力，在公共空間的論述裡是這樣：雖然它們的目的和推廣過程都是以看似中性的字眼來陳述，其物理性質卻對應到某些我們最深的恐懼。很多中產階級美國白人雖然沒說出口，實際上卻很擔心會在街上被一群充滿敵意的黑人包圍，或像加拿大人很怕被口出惡言、沿街乞討的都市原住民搭訕。我們不遺餘力地避免這類可能擦槍走火的區域，而假城市的都市通道正是眾多城市提出的解方。

1980 年代中期，種族和階級劃分越來越嚴重，加上經濟復甦，使得空中走廊的興建工程又火熱起來。明尼亞波利斯跟其他中心地區的城市一樣，也出現了一大群基本上善良、但視覺上有礙觀瞻的街頭人口（street population），之前只有在沿岸和五大湖區的城市比較多這類人。雙城的民眾應對的方式就是更加躲進空中走廊裡。空廊路網有兩種維持治安的方法，讓此地依然是符合中產階級規矩的避風港：正式的作法，是由警力守在主要的出入口階梯、保全守大廳；非正式則是透過視覺符碼和各種線索，暗示穿著不得體的人、行為不恰當的人都不該出現在此。

在明尼亞波利斯，夏日晴好的日子裡，還是會有大批歡樂的午餐人潮出沒，你會覺得空廊路網對地面的街道生活沒什麼影響。但到了下午兩點半，這些人潮就消失了，中產階級成員認定的安全感消失，平面街道就跟某個一月下午一樣，又落入下層階級手中。雖然天上和地下發生了明顯的變化，人們幾乎還是獨以氣候為由，為明尼亞波利斯的空中走廊辯護，說它保護人免受酷熱寒冷，是為了提升便利性而建的準公共設施，沒別的了。但大家都很清楚，這處庇護所不僅是要讓人逃離那些天氣因素，更是要逃離社會氛圍。氣候和接觸是最有象徵意涵、也最方便的關鍵字，一個新城市就默默貼合在明尼亞波利斯和聖保羅的核心地區之上。建築師賈桂琳・羅伯遜（Jaquelin Robertson）認為空中走廊沒有必要存在，它們是全國市中心歷經郊區化和私有化的歷程中，空間設計

不佳的後果。

> 諷刺的是，明尼亞波利斯雖然是個有空橋的城市，卻沒有橋帶來的樂
> 趣……（關於都市基礎設施的）盲目決策會持續造成糟糕且無可救藥
> 的無效率擴張，然後加強空間的私有化，明尼亞波利斯的空中走廊就
> 是個例子。「美國城市的公共領域」這個概念已經完全消失了。就在
> 我們放棄街道，選擇封閉、控制的二樓空間的那刻起，就已經增進私
> 有化的力量，並把市民拉離城市。5

很多城市都效仿明尼亞波利斯到聖保羅的實驗。北卡羅來納州的夏洛
特（Charlotte）是全世界應用空中走廊最糟糕的案例之一，「跨街購物中心」
（Overstreet Mall）這名字恰如其分。就連平時很和善的都市分析家威廉·懷特都
忍不住要罵一罵夏洛特的空廊系統：他在《城市》（City）一書中，提到「跨街
購物中心」在城市裡創造出虛擬的空間隔離制度，中產階級在上，黑人和窮人
在下。6或許是懷特搞錯重點，或者至少是糊塗了，他堅持這些群體在地平面
上的居住地彼此孤立，因此能「從中得利」。

同樣的空間隔離狀況，在底特律和其他曾經運用這個概念的城市，也很顯
而易見。一條條玻璃棧道的輻條從文藝復興中心（Renaissance Center）向外放射出
去，連接到一條單軌列車，這列車空虛地繞著過去曾經輝煌的都市中心，在剩
下的髒亂殘跡上方打轉。文藝復興中心自成一格的金屬感，跟它所服務的城市
之間的斷裂實在太明顯了。與外隔絕的空橋和新底特律（New Detroit）的中庭區
域裡，你會對年輕黑人身上穿的保守華服感到震驚，就連店員、信差和實習生
都是如此。你很快會疑惑，穿得過分講究是不是一種生存策略，是一張進入新
加固的都市營地的入場券。就連天氣溫暖的邁阿密都決定要在市中心蓋立體橋
和單軌列車，好讓觀光客和郊區住戶跟正下方的拉丁裔街道生活隔開。至於舊
金山，天氣絕對不是要避開的因素，內河碼頭中心（Embarcadero Center）的空橋

和走道帶進了新顧客，也帶來活力，市場街（Market Street）則漸漸成為老弱者和非白人的避風港。跟新一代的空橋比起來，雙城空廊路網的沉默詭計，似乎還顯得和善許多。

探索假城市 2：卡加利的 +15 系統

　　卡加利的 +15 系統是根據明尼亞波利斯的空中走廊為範本建成的，如今已經超越它的前輩，成為世界上最大的離地行人路網。這個路網系統是根據其跨越街區的通道和空橋的高度而命名：離地十五英尺（約 4.6 公尺）[4]，最初是在 1960 年代晚期，由蒙特婁的建築師雷蒙・阿弗萊克（Ray Affleck）和卡加利的都市規畫師哈洛・韓森（Harold Hanen）合作的報告所提出，靈感來自柯比意的理論和作品、國際建築團體十人小組（Team 10）的許多作品與明尼亞波利斯空中走廊的早期報告書。+15 系統就跟其他地方類似的步行系統一樣，剛開始也是用氣候來解釋，說這方法能讓人在度過每年六個月的加拿大冬天時，可以不須使用卡加利的街道。

　　卡加利的高地下水位和不穩定土層，意味著地下道絕不可行。第一座空橋幾乎完全依靠市政基金所支付，連通起都市更新地區的公共建築。跟明尼亞波利斯一樣，這些早期的空橋展現出非凡的建築多樣性，有封閉，有開放；有壓克力圓屋頂，有磚牆；有恆溫控制，也有簡單的擋風玻璃。

　　按照韓森為卡加利所做的規畫，+15 被正式納入市中心的都市規畫政策。跟明尼亞波利斯的空廊路網不同的是，卡加利的系統是公營的，而且從一開始就二十四小時開放。首要目標是要連起兩間市中心的大型百貨商場：伊頓百貨（Eaton's）和哈德遜灣公司（Hudson's Bay Company）。最初，有附加走廊和空橋的

---

[4]　作者註 9：當加拿大在 1970 年代強制轉換為公制系統時，該系統幸運獲得了特殊豁免，可以不用被稱為「+4.6」。

大樓都會得到建築容積獎勵；到了 1970 年代中期，私人開發商被規定要在建案裡蓋 +15 的空橋，而且要捐款給一個基金，來資助整個路網裡還未相連的部分。到了 1980 年代初期，這個基金讓城市建起還缺少的走廊和空橋，成為一個更加連續的路網系統，卡加利也超越了明尼亞波利斯，成為空橋之城。

　　+15 系統之所以能快速完成，一個主要的潤滑劑就是 1970 年代的石油榮景。卡加利是加拿大能源工業的中心，也是跨國企業分部聚集的所在，在 1970 年代晚期到 1980 年代初，卡加利成長得比任何其他北美的中型城市都還要快。1979 年，卡加利所興建的辦公室面積比紐約和芝加哥加起來還要多。+15 最早的空橋和連通道位在卡加利東邊的都市更新區，第二波出現在中心向西延伸的地帶，這個區很快就擁擠不堪。隨著新企業總部、投機性的辦公大樓、零售結合旅館的複合空間進駐剩下的中心區域，整個系統在 1980 年代初期就連結完成了。如今，幾乎每棟主要建築都有連通，整個卡加利市中心都被空橋和走廊串在一起。

　　這樣的發展跟多數類似規模的大都市開發案一樣，產生了一些非預期的結果。空橋遮住了西面洛磯山脈的景致，而洛磯山脈是一個很重要的象徵，表示卡加利作為 1988 年的奧運主辦地，非常重視活躍的戶外生活。另外，空橋也把之前連續的街道空間截短成一連串各自獨立、只有半個街區大小且感覺彆扭的都市「房間」，地面上的陽光少了，風卻變大了，這一切都讓市民更想逃離街道，躲進 +15 裡，就連氣候宜人、過往街上必定熙熙攘攘的季節也一樣。+15 系統開始運作後，事情就自己接著發展下去了，產生出的社會和環境影響，恰恰是它原想要緩解的。

　　當然，如同其他地方，卡加利的空橋路網也削弱了街道的活力。+15 系統充分證明了「平和、有序、可靠的政府」有多受到加拿大人喜愛，於是整個 +15 路廊每天都二十四小時開放，這對大部分美國城市來說是很不可思議的。中產階級和管理階層從一早來到某個高架停車場開始，休息時間衝進熟食店，中午購物，下午看醫生，完全可以在密封的 +15 路廊裡完成他們一天的行程。

他們樂於避開一切地面層的活動，除了誘人難擋的夏日例外。當然，難熬的冬日裡，+15 就顯得更吸引人。1980 年的嚴冬，卡加利的娼妓都從街上移到大旅館附近的空橋和走廊。可想而知，當時引起一片譁然，當地警察被迫離開他們心愛的巡邏車，這麼多年來首度要靠步行巡邏，為的就是要恢復空中路廊的規矩。

到了 1985 年，因為 +15 系統實在太成功了，卡加利市中心最後一個大型戶外徒步區、歷史悠久的史蒂芬大街購物中心（Stephen Avenue Mall，第八大道）急速衰敗，生意下滑，還留著的居民更顯憔悴。一條輕軌運輸系統沿著旁邊的第七大道開闢之後，吸引祕書、學生、老人家和服務業工作者離開史蒂芬大街購物中心，使得之前高度融合的城市變得階層化。購物中心剩下都市裡「非上層的人」（non-of-the-aboves），像是失業的、從來就沒有就業過的、吸毒的、騎摩托車的、龐克族、都市原住民、流浪漢等等，因而加速了閉店潮，過去很活絡的街道變得空曠荒涼。可以預料的是，如此變化引來了更嚴峻的處境：一棟由鏡面構成的龐大新穎市政廳坐落在購物中心的東邊，還有一座譁眾取寵、紐約風格的奧林匹克廣場（Olympic Plaza），另外也有人跟開發商私下協議，要蓋更多醜陋、擋住陽光的高樓，來破壞購物中心的西側。

如今，卡加利市中心是由 +15 系統來主導。地面層全留給車流往來，這是前所未有的情況。無疑地，大規模的 +15 系統裡頭的銷售空間之所以會成功，是犧牲了地面層零售活動的數量跟品質所得來的。剛開始，閃亮新穎的管狀地下道和有頂棚的空橋允諾了一種新的都市空間，一種新興的全球城市新格局，但搭電梯到頂樓或來到入口處樓梯，那裡空洞和整潔呆板的感覺實在令人失望。雖說裡頭有冬日花園、藝廊跟一圈又一圈的店家，卻沒什麼理由讓人認為頭上這些類比領域（analogous realm）可以達到街道的狀態，或必然跟隨都市生活出現。

購物和閒逛已經被抽取到更上一層的平面，從街道上的情形，就連中午時分也看不太出來是美洲大陸的中型城市最稠密的市中心區。冬天時，社會階層

化更是明顯，唯一的例外是在這座熱愛健身的城市裡，慢跑人士的鮮亮服裝，讓他們經過玻璃屏障旁的模樣看起來很像阿波羅計畫的艙外活動。+15 這些乾淨、有中央空調、有品味、妥善管理、毫無驚喜的走廊、空橋和購物商場，有太多旅行文學作家珍‧莫里斯（Jan Morris）所指稱加拿大最潛在、最致命的弱點──「什麼都好」（niceness）。[7]

探索假城市 3：蒙特婁的地下城

　　北美的地下城（underground city）演變的情況，跟空中的案例差不多，蒙特婁承擔起明尼亞波利斯的角色。蒙特婁系統剛開始是一個獨立的開發案，在建築上也很有啟發性。瑪麗城廣場（Place Ville Marie，PVM）由房地產開發商威廉‧傑肯多夫（William Zeckendorf）發想，建築師亨利‧考伯（Henry Cobb）和貝聿銘設計，瑪麗城廣場及其地下購物廣場大廳對蒙特婁跟加拿大的整體都市生活都有很大的影響。這棟十字型的大樓在 1962 年啟用，裡頭有二戰以來蒙特婁最大的辦公空間。傑肯多夫對蒙特婁開發案原本的構想包括一百五十間精品店和餐廳，都設置在地下層，如此可以留出空間給上方更大的正式廣場。其地貌、附屬結構和基地下方一個先前就蓋好的通勤鐵路系統，讓這個地下開發計畫顯得更合情合理。

　　市長讓‧德拉波（Jean Drapeau）決心要讓瑪麗城廣場成為市中心重建的樞紐，並協助協調了連通伊麗莎白女王酒店（Queen Elizabeth Hotel）和主要通勤車站的通道。店鋪沿著火車站到瑪麗城廣場之間熱鬧的步行區分布，來到主要的購物軸線聖凱薩琳街（rue Ste. Catherine）。德拉波市長打算辦世界博覽會和推動膠輪捷運系統，於是考慮將瑪麗城廣場作為第一個大型開發計畫（grands projets），計畫內容包括 1976 年舉辦奧運，以及全面改造蒙特婁市中心，雖然結果多數情況是越改越糟。規畫師兼交通工程師文生‧龐德（Vincent Ponte）和市長密切配合，提出一個從瑪麗城廣場大廳放射出來的地下徒步路網。當「德

拉波—龐德計畫」就緒的時候，相關規畫如波那凡圖廣場（Place Bonaventure）就被設計成連通到瑪麗城廣場。地形是整個計畫的助力：蒙特婁市中心位在皇家山（Mount Royal）和聖羅倫斯河（St. Lawrence River）的斜平面之間，這個斜坡使得所有計畫都需要先做大範圍的開挖，也讓一些街道下方的連通變得容易。龐德認為蒙特婁的地下城「不只是個行人通道，還是人們可以享受一整天的環境」。[8] 市長、龐德、貝聿銘和相關的建築師為瑪麗城廣場找到一個先例：洛克菲勒中心。說到完整、自主的都市領域的概念，紐約案例總是一而再、再而三地被提及。

　　貝聿銘為瑪麗城廣場的購物大廳所做的設計，樹立了很高的標準。寬闊的行人專用區、有設計感的指示牌和臨街店面、能反光的內裝材料、巧妙的燈光，造就了此處寬敞明亮又開放的特質。瑪麗城廣場的地下大廳在商業方面一直很成功，有高檔零售商、有從火車站往北的通勤族客群，另外也很重要的一點就是魁北克最大的企業聚集於此——就在上方這棟優雅的大樓裡。瑪麗城廣場的購物大廳超過二十五年來的成功，證明了傑肯多夫和德拉波的遠見，甚至也證明了貝聿銘和他的蒙特婁建築師群的建築技藝。雖然他的很多概念在最近一次的公共空間和大廳翻修中做出不少讓步，還是有更多理念留了下來。這裡就跟菲力普·強生（Philip Johnson）在明尼亞波利斯的水晶閣廣場一樣，原創且縝密的建築設計會是有利的投資，不管是出現在地下或上空。

　　由於對新地鐵系統的鉅額投資，1960 年代晚期到 1970 年代早期，每個市中心發展的新週期，都會有一條地下道連結到其中一個停靠站，以及跟通勤族有關的店鋪群。但 1976 年主張獨立的魁北克人黨政府（Parti Quebecois government）的選舉，讓大部分大型私人市區開發停頓了將近十年。蒙特婁地下系統當時成了一連串從地鐵站向外放射的不連續通道，不是大家殷殷期盼由節點串起來的連續網絡。

　　1980 年代中期，魁北克分離運動在一次公投裡被否決了，新政府趨向右派，市區開發又報復性地重新啟動。在最新一波的發展中，地下行人路網真的

連續串在一起了，跟上方的街道有得比。一個重要的南北通道蓋在這座城市最大的東西向購物大街「聖凱薩琳街」底下，而且還有其他條正在計畫中。新通道連起之前各自獨立的區塊，東西向的路徑大量增生，多到不需要離開地下路廊，就可以逛完大部分蒙特婁市區的企業核心區域。蒙特婁市中心地鐵的地下層和大廳層，以及上方的高層複合建築，其零售空間都呈現爆炸式增長，城市現在已經有太多精品店。現今，據估計蒙特婁市中心有超過三分之一的零售和辦公空間直接連通到地鐵和地下城，包括「一千七百萬平方公尺的辦公大樓建築、一千四百間精品店、兩間百貨公司、三千八百間旅館房間、一萬一千五百個停車位、三間音樂廳、兩個火車站，還有大量的住宅」。[9]

　　蒙特婁系統最近新增的建設，沒怎麼從瑪麗城廣場學到寶貴經驗。現在很少蓋天井了，這樣比較省材料費，也不會有那麼多公共空間。零星的資金、蒙特婁不動產市場極端的繁榮與蕭條週期，意味著某些區域太小，某些區域又太大，建物永遠建不成。跟空廊系統一樣，種種都市權衡讓地下城漸漸被簡化成最基本的元素，同時也根除了它的活力和性格。最近爭議最大的開發案「教堂長廊購物中心」（Les Promenades de la Cathédrale），是「合作者之家」大樓群（Maison des Coopérants，KPMG 大樓的前身）的一部分。聖凱薩琳街上一個看起來很陰鬱，卻很受喜愛的哥德復興式教堂「基督教會座堂」（Christ Church Cathedral）有精緻的支柱和加固結構，原本的地下室還蓋了一座購物中心。信奉基督教的國家裡，最有錢的某些人靠著販賣上空權變得更有錢，現在則顛倒過來了，這座教堂因為地底下和正殿周邊的不動產得到很好的收入。為了促成更多交易，開發商在商場大廳設了一個快閃聖經店，皮面精裝的典籍現在可以跟這個地下市場的服飾和小飾物競爭。

　　這個新的銷售區模仿上方的石頭教堂，有相似的空間秩序和結構細節，在都市傷口處更添了點建築上的侮辱。你現在可以坐在教堂長廊購物中心的美食街，手拿一杯連鎖飲料店的飲品，再點個玻里尼西亞的奶油餐包，向上看哥德式的拱門從天花板垂掛下來，像布景用的鐘乳石，那是個蒼白的後現代仿品，

模擬上方真正的教堂。當你的目光來到花飾窗格、三葉草雕飾和扶壁上，便可以好好體會教堂長廊購物中心給予的心靈課程：禱告中心是它的市場噱頭。歡迎來到假城市。接下來上頭的教堂一定得拆，才能完成這個循環。

蒙特婁的平行城市也發生了一些非預期的影響，跟卡加利和明尼亞波利斯一樣。地下通道帶來了另一種選擇，南北向街道上的行人活動因而減少。不過，東西向的重要購物大街聖凱薩琳街還是神奇地屹立不搖，甚至連在加拿大的嚴冬時節也很活絡。這裡是蒙特婁絕無僅有的地方，所有種族、所有階級，以及這個語言分歧的城市裡的兩種人，都可以在此歡聚一堂，進行一場熱鬧的遊行。不過，雖然行人的數量仍然和從前一樣可觀，在街道上行走的人群，其社會和經濟組成卻改變了。漸漸地，聖凱薩琳街變成要穿過市中心的人在走的一條街道，而非在那裡生活或工作的人會走的。

不意外，地下城跟上頭比起來，思想並不那麼自由。省政府為了增強魁北克法語區的文化認同，規定禁用英文標示。聖凱薩琳街的獨立商人卻依然冒著坐牢的風險，用被禁止的語言來推廣生意；不過，地下城的商人很快就遵循新法，向壓力低頭，原因是購物商場老闆和零售連鎖事業的管理階層想要避免衝突。蒙特婁地下的社會強化機制沒有像底特律或明尼亞波利斯那麼明顯，但也同樣有效；蒙特婁的都市規畫師大衛‧布朗（David Brown）寫道，很多購物中心連通到地下城，

　　能夠有效地篩選客人，因為「不良份子」和「不良活動」都受到密切的監視。有時候這些定義會太寬，牽扯到所有不是來購物的人和所有的非購物活動。觀察和訪談指出，想要在這些購物中心裡小憩一下的人，坐下來的時候必須採取一種「購物累了，先休息一下」的態度。即便如此，很多地點的守衛還是奉命要把坐了超過十五分鐘以上的人趕開。[10]

居民和上班族越來越受到平行的假城市所吸引（雖然只是來購物），暴露在氣候中的地面層就留給偶爾到此一遊的觀光客、閒逛購物的人、跟著簇擁來湊熱鬧的、年輕人和靜不下來的人。蒙特婁街道還殘存著如此的活力，因此中產階級還沒有被嚇離最重要的街道，但你很容易想像它快速衰敗的樣子，尤其如果遇到長期經濟衰退，或魁北克民族主義導致社會壓力更加劇，況且此時又有一條額外的通道，為步行者提供一個連續不斷的路線選擇的話，衰敗就會更快發生。

多倫多和艾德蒙頓也以蒙特婁模型為本，選擇發展地下城市，但幅員沒有那麼廣。多倫多市政當局很快就意識到地下的新世界可不簡單，於是在 1980 年代初期就取消公共資金和相關的規畫政策。艾德蒙頓則兩邊都押寶，1980 年代從地下轉到空中的人行道（Pedways，pedestrian walkways 的縮寫），以配合該市雜亂的建築和都市規畫。這兩個城市的規畫師和評論家議論說，要是不能至少定時看到陽光或傳統街道，失去方向感（disorientation）就會是新的假城市所要面對的重大問題，無法單靠設計來解決。

同時，多倫多最重要的南北街道近期的衰退，應該要視為蒙特婁聖凱薩琳街的警訊。過去十年裡，央街（Yonge Street）已經從生氣勃勃的大道，變成俗氣且階層分明的都市區域，還有些綽號像是「企業核心區」、「粗暴交易」、「小鮮肉區」、「高檔市場」、「直通出鎮的高速公路」，央街的使用者有空間區隔的現象，不像以前那樣混在一起。新多倫多人是一群在社會、種族、階級、性別上完全分散的次類型，不可能產生接觸，彼此受到職業、地方法規、習慣或社會默認的狀態而區分開來。歡迎來到假城市乾淨整潔的獨立房間！

或許蒙特婁不像多倫多那麼有錢、那麼在乎「世界級」的地位，反而因此成了例外，比較沒有各種群體互相排斥的問題，這問題連最無偏見、最平等的北美城市都難以倖免。空橋和地下道創造出的假城市，使得北美城市的空間被區隔成一個個各自獨立、又受到控制的群體，這種手段很具有破壞力。人們有一天會發現，靠著購物中心大廳的警察來劃分社會空間，其效果跟土地使用

管制、最小化土地面積或市政命令同樣有效。假城市是在都市生活的心臟地帶表現郊區的一種手法，將最強大、最有錢、最能言善道的階級從市區街道上移開，然而市區街道才是最需要這群人關注和支持的地方。

　　還好，假城市能不能擴散開來，受限於它所需的天價投資額，通常都是由政府直接或間接來提供。為什麼發生在空中的都市實驗比地下的多，主要是因為空橋比地下道便宜。[5] 像蒙特婁這樣的地下城，只有在高強度的市中心開發跟地鐵興建的主要週期綁在一起的時候，才符合經濟原則；不然地下道和地下工程的費用實在高到令人不敢多想。由於洛杉磯是唯一一個規畫要蓋新的重型運輸系統的北美大城，蒙特婁很可能就是我們所見開發得最完全的地下城。

反抗假城市

　　相較於主題樂園、節慶市場或代用城鎮中心這些明確的象徵，地下和空中城市的類比都市生活（analogous urbanism）剛開始看起來安安靜靜，挺好的，但其根源是一樣的，而且比起北美城市裡那些正受到議論的明顯目標，假城市的長期影響甚至可能還更加深遠。空中走廊和地下道處於 1990 年代最重要的都市發展歷程之一的風口浪尖──就是市中心的郊區化。這些新路廊之所以出現，或能夠有這麼高的接受度，是因為它們被當作純粹的技術性補救措施，用來避免極端氣候，或者讓行走更舒適。地下道和空橋串接起之前因為新開發形

---

[5]　作者註：1986 年蒙特婁有人提議，說要在一條市中心街道上建造一座高架橋，引發了軒然大波。蒙特婁人對他們的地下城市以及一般城市設計議題有多麼投入，很顯而易見。有個開發商提議在麥基爾大學路（McGill College Avenue）上修建一座人行天橋，連接兩棟零售大樓。麥基爾大學路是市中心最寬的街道之一，視覺上將皇家山與港口連接起來，是很獨特的風景。在加拿大建築中心（Canadian Centre for Architecture）主任菲利斯・蘭伯特（Phyllis Lambert）的領導下，一場精心策劃的公民抗議活動最終成功用地下道取代了這座橋，而且，無論地下道的成本有多高，或者零售業的配置有多昂貴或多沒效率，也不太可能有另一家開發商會提議在蒙特婁修建高架人行道。

成的孤島，零售生意的金錢往來主要發生在路網裡，而不在外頭。更慘的是，邊緣的社會群體和政治活動從號稱公共領域的地方被默默踢除，創造出單一階級、單一型態、單調乏味又與世隔絕的群島——全都以躲夏日豔陽或冬日狂風為名。我們用便利當藉口，將中產階級的暴政，強加在市區街道這個可以容納其他生活模式和價值的最後重要都市領域之上。

新地下道和空橋就像環城公路或外環路，圍繞著美洲大陸的大都會。它們都是獨立於傳統街道的移動系統，串起工作、購物和休閒。這些行人路網跟三十年前劈過城市的高速公路一樣，在公共討論裡，被合理化說是純粹的基礎建設，一種所有人都能享用的便利設施，也不會對城市造成重大改變。現在想想，我們已經知道那些州際公路和環城道路絕非價值中立的「純粹的基礎建設」，它們對非白人和市中心鄰里的破壞力，從過去到現在都大得驚人。政治忠誠度和各種關係，決定那些州際公路和環城道路的區位以及建設與否，它們成功地資助中產階級逃出都市，來到受獨占性分區管制（exclusionary zoned）、有如堡壘的郊區——它們在避免什麼，跟它們連結起什麼一樣重要。現在，環城道路和州際公路在區域尺度面達成的影響，也在地下道和空橋構成的新的假城市裡，小規模地複製重現，它們是同樣的社會政治過程、同樣的城市意識所延伸出來的。

把中產階級從市中心街道給過濾掉，就是把我們的城市裡，越來越多不同族裔、種族、生活方式和價值的人有機會產生實體互動的最後一個地帶都給除去了。電視、電腦和新通訊科技形成的文化空間快速發展，但絕對無法取代充滿活力的街道這套資訊和經濟體系。其他城市由於同樣有氣候這組關鍵字，加上貧窮進逼，以及層出不窮的犯罪事件，都是即刻須面對的課題，因此也越來越傾向跟隨明尼亞波利斯、卡加利和蒙特婁的腳步，造成社會組成的階層化，這結果雖是無意間形成，卻確實存在。

達拉斯正是一個典型的例子，顯現出假城市的演變，產生了一些令人煩惱的趨勢。達拉斯的空橋和地下道系統的主要規畫師，正是協助提出蒙特婁地

下城的交通工程師——文生‧龐德。身為假城市的幕後操盤手，龐德竟然提議要禁止行人進入達拉斯部分區域，因為「交通壅塞的其中一個主要原因，就是大量的行人阻礙了十字路口的交通」。[11]根據龐德和其他支持者的說法，解決辦法是要把幾乎所有行人活動遷到頭上或腳下的都市領域裡。達拉斯系統造成了城市的空間不正義。雖然有人可能想為夏洛特和卡加利的社會和種族隔離辯護，說那只是小城市在自我修正時遇到的小小麻煩，但從達拉斯市中心的尺度來看，的確產生了空間種族隔離（spatial apartheid）的隱喻：非白人、不順從社會規範的人和政治異議份子，永遠都不可能被允許在城市的高架或地下購物大廳的準私人領域找到一席之地。

　　有了龐德這種技術官僚的理由，加上一大群認真的土木工程師，整個美洲大陸交通部門的統計員記錄下每次綠燈時右轉車的數量，爭取打造新的行人空橋和地下道。空橋在休士頓、丹佛、溫尼伯、巴爾的摩、克里夫蘭、波士頓都大量激增，其他城市也加入了這場實驗，或摩拳擦掌準備中。二十年來越來越提升的都市舒適性（urban amenity），卻在 1980 年代逆轉，如此只會增加打造假城市的壓力，因為我們之中太多人（尤其是處於企業和政治生活最高階的人）已經不相信社會與種族多元、具有包容力的公共都市領域的可能性。建築師、規畫師被自身的技術蒙蔽，一心追求短期目標，也算是默許了假城市。

　　很多人還沒有意識到，傳統街道所提供的社會討論平台，在被新的假城市取代的同時，有些重要的事也就永遠丟失了。區域裡的事物能夠共存、對話，甚至發生衝突，對於都市秩序的活絡非常必要。我們要嘛必須回到街道上，要嘛假城市得變得更像真正的城市和真正的街道，如其所坐落之處那般。目前有證據顯示，顛覆的策略已然出現，而且絕不要小看都市人口的潛力，他們會在自己選擇的地點、時間跟其他對象往來互動，尤其是在建築符號象徵、警衛和指標都告訴他們不可以這麼做的地方。卡加利空橋上的娼妓、底特律穿得過於講究的黑人，皆非假城市裡的失敗者，他們其實是先鋒人物，透過讓最先被排除的那些人來使用，空間才有機會被贖回。隨著外在壓力升高，在消過毒的假

城市裡維持無菌郊區生活的幻想，已經無法再繼續下去，就連郊區這概念本身都變得更複雜、重新組構過又深奧難懂。

許多當前改變北美城市的政治與社會力量，幾乎都是不可避免的，算是越來越冷漠的都市政體的冰河活動。但假城市沒有什麼不可避免的，它仰賴鉅額的公共經費，因此很容易受到公眾的影響。我們必須開始質疑某些城市和市民的動機，他們突然間對氣候變得無能為力，卻還一邊讚嘆著酷熱的開羅、多雨的米蘭、陰鬱的倫敦、冰冷的斯德哥爾摩活躍的街頭文化。對於所有激進的都市介入作為，只要把自己塑造成「公正的」（just）基礎設施，我們都應該有所警覺，因為太多事實證明它們其實「不單純是」（just）那樣。有興建假城市的地方，我們需要找方法，讓假城市可以向最完整、最具代表性的市民開放，甚至也開放給那些對假城市恐嚇威脅、提出訴訟，或者無力消費，或選擇不消費的人。我們不該仰仗著私人產權和人們想跟同類人往來這種薄弱的藉口，就犧牲城邦（polis）的生活，那可是西方城市文化最古老的優勢。

回想美第奇家族身在瓦薩利走廊，看著底下佛羅倫斯街頭的爭吵。我們身為正直的好公民，必須抵抗誘惑，別把自己想像成新的美第奇家族，讓連續又封閉的人行公路連通到藝廊、購物中心、健身房及其他美輪美奐的庇護宮殿。我們不該因為有宏偉浮誇的市民活動中心可用，就對周圍地區的生活視而不見。我們不可能憑一己之力打造出有藝術和詩歌的城市，我們必須離開新穎空橋這麼華麗的環境，回到街道上，接受街頭一切的恫嚇危險、混亂騷動和糊里糊塗的活力。要不然我們也該盡一切所能，把街頭文化帶進新領域裡，管它有多危險或混亂。我們做得越少，就代表我們願意接受替代品，願意把自己活成一個擬仿之物。

Fortress Los Angeles: The Militarization of Urban Space

洛杉磯要塞：都市空間的軍事化

邁克・戴維斯 Mike Davis

意圖保障城市安全的運動，往往造成真正民主的都市空間受到破壞。美國城市的注意力被有系統地轉向內部，新的巨型建築和大型購物中心的「公共」空間取代了傳統街道，也對這些街道上自然發生的事情加諸規訓。

這座城市滿是惡意。西區（Westside）精心打理的草坪上，林立著不祥的小小恐嚇標牌：「武裝防衛中！」峽谷和丘陵區比較富裕的鄰里蜷縮在牆後，牆前有荷槍實彈的私人警衛和最先進的電子監視系統。來到市中心區，公帑資助的「都市復興」（urban renaissance）計畫築起一座令人生畏的集體堡壘，設有槍眼的防禦牆和壕溝圍繞在外，隔開了周遭的貧窮社區。這些社區大多是黑人或拉丁裔，部分已經被警察用路障和檢查站給封鎖起來了。在好萊塢，建築師法蘭克‧蓋瑞（Frank Gehry）模仿外籍兵團要塞的外觀，設計了一棟圖書館，表現出圍困的景象。在瓦茨街區（Watts），開發商亞歷山大‧哈根（Alexander Haagen）開創了絕對安全的購物中心，它堪比當今的圓形監獄（Panopticon），是一座消費主義打造的監獄，四周被鐵柵欄和動作偵測器包圍，由中央塔樓的派出所監管。與此同時，市中心有一棟觀光客常誤認是旅館的雄偉建物，其實是新的聯邦監獄。

歡迎來到後自由時代（post-liberal）的洛杉磯，為了守護奢華的生活，這裡發展出大量的保全系統，而且很熱衷透過建築來維持社會邊界的治安。城市生活的軍事化，在 1990 年代各地的建成環境裡越來越明顯，然而當代都市理論對這種現象可能引發的後果卻異常沉默。的確，好萊塢電影裡流行的天啟末日論（apocalypticism）和低俗的科幻小說越來越寫實——也更針砭政治，呈現出都市景觀逐漸冷硬（hardening）的過程。有如監獄的市中心（《紐約大逃亡》〔Escape from New York〕、《魔鬼阿諾》〔Running Man〕）、高科技的警察屠殺小組（銀翼殺手〔Bladerunner〕）、有感知功能的摩天大樓（《終極警探》〔Die Hard〕）、街頭上的游擊戰（《彩色響尾蛇》〔Colors〕），以上意象都不是幻想，而是從現代推理出來的。

如此鮮明的敵托邦（dystopian）[1] 觀點，顯現出對安全的執著追求，取代了都市改革和社會整合的想望。1969 年，尼克森總統組建的「美國暴力肇因暨防治委員會」（National Commission of the Causes and Prevention of Violence）曾做出可怕的預言，如今在社會極化（social polarization）的雷根時代還真的悲慘地應驗了。[1] 我

們現在確實生活在「要塞城市」（fortress cities）裡，而且還殘酷地切分成兩邊：一邊是有錢人的「堅固密室」，另一邊是被當成罪犯的窮人會跟警察發生衝突的「恐怖場所」。這場從 1960 年代晚期漫漫炎夏開始的「第二次內戰」，在都市空間的架構下變成慣例。過去自由派主張採取社會控制，不過起碼是試圖在改革和鎮壓之間找平衡，後來這種手法又被開放的社會福利給取代，讓中產階級的利益跟都市貧窮階級的福利競爭。像洛杉磯這樣的城市，從後現代的剛性面看，其建築設計和警察機構已經融合到前所未有的程度。

公共空間的崩壞

　　意圖保障城市安全的運動，往往造成真正民主的都市空間受到破壞。美國城市的注意力被有系統地轉向內部，新的巨型建築和大型購物中心的「公共」空間取代了傳統街道，也對這些街道自然發生的事情加諸規訓。在購物中心、辦公大樓和文化設施裡頭，公共活動被嚴格區分成一個個功能性的隔間，並受到私人警力的監視。除了實體公共空間的建築私有化，電子空間的重組也如影隨形：層層把關、需要付費的資料庫，及訂閱制的有線電視服務，把看不見的市場（agora）據為己有。比方說，洛杉磯的貧民區並不是從缺乏公園和公共設施來定義的，而是它沒有連接到主要的訊號電路。相比之下，富有的西區大量連通到教育和文化媒體──而且通常由公帑支付。

　　無論是建築還是電子的形式，這種極化代表著都市自由主義的衰退，或許也可說是奧姆斯德式的美國公共空間理想的終結。中央公園的設計者弗雷德里

---

[1]　譯註：烏托邦（Utopia）的反義詞，又譯成「反面烏托邦」、「惡托邦」，表示一個看似美好的假想社群或社會結構，其實是極端惡劣的社會最終形態，如華麗的表面底下有貧富不均、階級主義、極權統治、環境破壞、關係崩解等狀態。敵托邦出現在許多虛構作品的背景與設定中，尤其是跟未來有關的想像敘事，用於提醒人們注意現實世界中環境、政治、經濟、宗教、道德倫理、科學技術等方面的問題，若這些問題被忽略，將有可能導致出現敵托邦的狀況。

克‧奧姆斯德（Frederick Law Olmsted）認為公共景觀和公園是社會的安全閥，使不
同階級和族裔混合出現在一般（中產階級的）娛樂和消遣活動之中。他寫道：
「曾經仔細觀察過（中央）公園遊客的人，都很肯定那裡對城市裡最不幸、最
目無法紀的階級，仍然有種獨特的和諧感和細微的影響力——一種讓人有禮
貌、自我管理和懂分寸的力量。」[2]

　　把對公共空間的改革理想，當作階級衝突的潤滑劑的這種想法，如今已經
跟羅斯福總統推動的「充分就業」和「經濟權利法案」（Economic Bill of Rights）
這兩顆萬靈丹一樣過時了。說到階級融合，當代美國都市更像是維多利亞時
代的英國，而非詩人華特‧惠特曼（Walt Whitman）或前紐約市長菲奧雷洛‧亨
利‧拉瓜迪亞（Fiorello La Guardia）時期的紐約。洛杉磯曾經是遍地免費海灘、豪
華公園和「兜風大街」的天堂，現在真正民主的空間幾乎已經消失了。在上層
階級雲集的西區，富麗堂皇的莊園要靠提供服務的第三世界工人階級處於社會
監禁（social imprisonment）狀態才能維持，這些工人來自越來越受到壓制的貧民
區和西班牙語居民聚居區。這座城市裡有著數百萬心懷抱負的移民（西班牙姓
氏的孩子幾乎是學齡人口的三分之二），公共設施正劇烈縮水，圖書館和遊戲
場關了，公園漸漸廢棄，街道變得更荒涼危險。

　　這裡跟其他美國城市一樣，由於面臨對安全的進犯，以及中產階級對空間
和社會隔離的要求，官方政策就掌握了領導權。之前用於傳統公共空間和休
閒設施的稅金，已經被改用來支持企業的重建發展。善於變通的市政府配合
讓公共空間私有化，並資助新的專屬飛地（好聽的說法叫「都市村落」〔urban
villages〕）。就拿洛杉磯來說，這城市居然還聲稱自己代表自由派白人跟黑人
的種族聯合。「都市復興」、「未來城市」等用來形容當代洛杉磯的慶祝語
言，只是一層勝利的光鮮表面，來掩蓋底下內城街坊的殘酷現狀，還有其建成
環境裡，鮮明的階級與種族割裂。都市形態也相對應地存在著打壓的功能。一
直都是領頭羊的洛杉磯，現在也引領我們看到都市建築和警察國家之間逐漸浮
現的關係，令人惶恐難安。

禁城

　　洛杉磯最早提倡空間軍事化的人，是大名鼎鼎的哈里森・格雷・奧蒂斯將軍（General Harrison Gray Otis），他也是《洛杉磯時報》的老闆，工會工人的死對頭。1890 年代，奧蒂斯封鎖了工會印刷廠，宣布「產業自由」運動之後，就躲進一棟設計成要塞的《洛杉磯時報》新大樓，醜陋的塔樓和城垛上有一隻好戰的老鷹青銅塑像。再舉一個奧蒂斯的好鬥事蹟：他後來在自己的帕卡德房車的引擎蓋上，裝上一組真的可以用的小火炮。這種充滿侵略性的態度會引發以牙還牙的後果，一點也不令人意外。戒備森嚴的《洛杉磯時報》總部是西岸開放性雇用制企業（open shop）[2] 的大本營，它在 1910 年 10 月 1 日一次爆炸災難中毀壞，責任歸咎於工會的破壞份子。

　　八十年後，奧蒂斯將軍的黷武精神也滲透到洛杉磯新市中心的設計，長排摩天大樓從邦克山街區（Bunker Hill）沿著菲格羅亞走廊（Figueroa Corridor）一路向南延伸。二十億美元的公共租稅補貼，吸引大銀行和企業總部回到 1960 年代幾乎被放棄的城市中心。針對一塊擱置中的棋盤式街道，當地開發商和境外投資客（越來越多日本人）在城市強大且不怎麼負責任的重建機構的幫助下，清除掉原本的廉價公寓，再種下一連串的街區廣場建築，包括克勞克中心（Crocker Center）、博納旺蒂爾酒店（Bonaventure Hotel）及購物城、世貿中心（World Trade Center）、加州廣場（California Plaza）、阿科中心（Arco Center）等。越來越密集且完備的循環物流系統連接起這些超級街區，這個新的金融區應被看作一個單獨、自成一格的超級結構，一種比例驚人的密斯式空中景觀（Miesian skyscape）[3]。

　　邦克山街區和菲格羅亞走廊也和別處同樣妄自尊大的建築群一樣（如

---

[2]　譯註：指可自由雇用非工會會員的事業單位，其受雇者不強制加入工會。相對的概念是封閉型企業（closed shop），雇用前受雇者一定要加入工會的事業單位。

底特律的文藝復興中心、亞特蘭大的桃樹和歐姆尼中心〔Peachtree and Omni Center〕），畫地為牢，市中心變得支離破碎又荒涼孤寂，因而惹來了一陣激烈的抗議，批評它們的尺度規模和組成不合宜，既貶損了街道生活，又把中心區域活躍的日常活動收編起來，關進地下大廳或私人廣場裡。《洛杉磯時報》的前設計評論家山姆‧霍爾‧卡普蘭（Sam Hall Kaplan）一直高聲譴責都市的重建發展存在著反對街道的偏見，他認為「密不透風的要塞」和隨意「拼湊起來的郊區」加在一起，已經「扼殺了街道」，也把市中心的「生命之流給攔腰截斷了」。[3]

然而卡普蘭在極力維護步行者的民主權利時，仍然不脫自由派的觀點，抱怨「平淡的設計」和「菁英的規畫」。他跟大部分建築評論家一樣，強烈譴責都市設計有所疏漏，沒能有前瞻性的考慮，甚至還帶有明顯的壓制意圖。要是把市中心新的「黃金海岸」（Gold Coast）跟此區其他社會景觀對照著看時，「要塞效應」（fortress effect）就暴露無遺了，其影響不是設計上的無心失誤，而是精心謀定的社會空間策略──運作也很成功。

這個策略的目標，可以歸納為雙重鎮壓：一來徹底清除任何市中心與過往的連結，再者也避免將來與任何非盎格魯都市文化發生任何接觸。洛杉磯跟各大都市中心比起來，算是很不尋常，先不管有多馬虎，它起碼還保留了大部分布雜藝術風格（Beaux Arts）[4] 的商業核心區。不過，洛杉磯卻選擇花費鉅額公帑，把整個商務金融區從百老匯街和春天街（Spring Street）向西移植到六個街區外的邦克山。

這種作法背後的邏輯很明顯。在其他城市，開發商會想辦法讓新舊城市景觀協調一致，於是運用舊城區的歷史建物來創造縉紳化的區域（例如波士頓的法尼爾廳市集廣場〔Faneuil Market〕和舊金山的吉拉德里廣場〔Ghirardelli Square〕等等），以支持中產階級的住宅區。但在洛杉磯市中心從事改造的開發商對舊百老匯核心區的價值是這麼看的：由於此區正好位於公共運輸的樞紐地帶，還有許多窮困的黑人和墨西哥人聚集，難免減損該區的土地價值。1965 年瓦茨暴

動（Watts Rebellion）的餘波一路延燒到舊市區附近幾個街區，能否恢復空間隔離的安全措施就成為眾人最關心的事。1960 至 1964「中心城邦」（Centropolis）的總體計畫本來有設想到舊城區的更新，也硬生生被取消。洛杉磯警察局散播恐嚇宣傳，說黑人青少年「幫派即將入侵」，煽動企業主離開百老匯街與春天街的區域，來到邦克山街區的堅固堡壘。[4]

　　為了強調新市中心有多「安全」，幾乎所有連接到舊中心區的傳統行人通道都被拆除了，包括知名的天使鐵路（Angels' Flight）纜索鐵道。海港高速公路（Harbor Freeway）和邦克山街區的高級柵欄，更把新的金融核心區跟四面環繞的貧窮移民社區隔絕開來。沿著加州廣場底下（當代藝術博物館〔Museum of Contemporary Art〕的館址），山丘街（Hill Street）是一條明顯的界線，切分開華麗的邦克山街區和混亂的百老匯，後者現在是拉丁裔移民主要的購物和娛樂街道。縉紳化的推動者現在的目標是百老匯走廊的北端終點（現在被稱為邦克山東段），更新機構承諾要恢復 1990 年代通往邦克山的行人通道。當然，這麼做只會讓現有的新舊、貧富空間互動所導致的偏見變得更嚴重——除非整區都縉紳化。雖然有些白領人士有時會踏足中央市場（Grand Central Market），這裡是熱帶農作物和新鮮食物的熱門賣場；但拉丁裔的購物者或週六才有空去閒逛的人卻從來不會踏入山丘街以北的高級街區。偶爾哪個赤貧遊民出現在百老匯廣場或當代藝術博物館前面時，就會引來一陣無聲的恐慌，監視攝影機開始轉動，警衛會喬一下腰帶。

　　舊市中心在 1940 年代全盛時期的照片，看得出前來此地購物的群眾，有各種年齡和階級的北美白人、黑人、墨西哥人。當代的市區「復興」讓這種異質性幾乎不可能發生，為的不只是要「消滅街道」（如卡普蘭擔心的），還

---

[3]　譯註：指德裔美國建築師路德維希・密斯・凡德羅（Ludwig Mies van der Rohe，1886-1969），最著名的現代主義建築大師之一，曾任包浩斯建築學校校長。強調素簡的設計手法，去除不必要的裝飾、隱喻，多運用鋼架結構和玻璃幕牆，以簡潔的線條強調建築本身的功能。

[4]　譯註：19 世紀末和 20 世紀初流行的建築藝術樣式，強調建築的宏偉、對稱、秩序性。

要「消滅群眾」，也就是根除民主的混融（democratic mixture），即使奧姆斯德相信，民主的混融是對付歐洲階級極化現象的靈丹妙藥。新的市中心是為了確保中產階級的工作、消費、休閒能夠無縫接軌而設計的，如此才能跟城市裡「聲名狼藉的」街道隔開。堡壘、防護牆、鏡面玻璃、人行天橋，都是建築語彙裡警告底層他者（underclass Other）的修辭。雖然建築評論家常對這種軍事化的句法（syntax）視而不見，都市裡的賤民群體卻能馬上讀懂這些訊號——無論是年輕黑人、貧窮的拉丁裔移民、無家可歸的高齡白人女性皆然。

雖然看起來很極端，邦克山只是一種在地語彙，傳達了全美正邁向「可防禦的」（defensible）都市中心的改變。大大小小的城市都急著要套用群聚發展、社會同質性和安全感的公式，企圖從中得到好處。《城市土地》雜誌（Urban Land）的一篇文章談到「如何克服在市中心時的被害恐懼」，建議說：

> 市中心的設計和開發，可以讓遊客覺得那整個區域（或絕大部分區域）很迷人，而且是像他們這類「品行端正的人」會去的地方……核心市區很稠密、高度開發、多功能、有辦公室跟中產階級及上層階級的住民……如此肯定會有很高比例的「品行端正」、守法的行人。這類迷人的改造核心區，規模也會大到足以影響市中心的整體形象。[5]

窮街陋巷

這種針對窮人的策略性城市武裝，在街道上特別明顯。威廉・懷特（William Whyte）有名的〈小都市空間的社會生活〉研究指出，要衡量都市環境的品質，首先可以看那裡有沒有便利、舒適的地方讓行人可以坐下。邦克山的高級企業區和周邊「都市村落」的設計師把這條準則銘記在心。由於洛杉磯的政策是資助市中心的白領住宅區，於是投資了數千萬美元的租稅收入在指定區

域，企圖創造迷人的「軟」環境。規畫者想像邦克山到南方公園（South Park）約莫十條街的徒步路廊沿線，有一連串豪華的露天廣場、噴泉、公共藝術、異國情調的灌木叢，還有舒適的街道家具。宣傳手冊推銷市中心的「宜居程度」（livability）時，都會附上上班族和富裕的遊客啜飲卡布奇諾、在加州廣場和希望大公園（Grand Hope Park）的露台花園裡聽爵士音樂會這類閒適的畫面。

幾個街區之外卻是強烈的對比：洛杉磯一直努力不懈，想盡辦法要讓無家可歸的人或窮人沒辦法住在街道上。邦克山和市民中心周邊上千名露宿街頭的人，使市中心設計師的形象大大受損，背叛了精心打造的都市「復興」假象。市政廳也開始用自己能做到的低強度戰爭來展開反擊。

雖然都市領導人不時提出要清除窮人的計畫，像是把他們驅逐到沙漠邊緣的救濟農場、關在山上的營地，或是拘禁在港口的廢棄渡輪上，但這類「最終解決方案」都會碰壁，因為議員害怕那些無家可歸的人最後會被安置到他們的選區。反倒是洛杉磯有意識地採用了冷戰的語彙，用來「圍堵」（官方用語）貧民窟（Skid Row）的無家者，沿著第五街有計畫地將街區轉變成戶外的貧民窟。但這種圍堵政策本身會產生一種矛盾的惡性循環：把一群絕望無助的人擠壓在這麼小的地方，沒有適當的居所，官方政策恐怕已經把貧民窟變成世界上最危險的十個街區。貧民窟的每個晚上都是十三號星期五，不意外，很多無家者想盡辦法要在晚上逃離那個區域，到市區其他地方尋找更安全的棲身之處。洛杉磯於是出動更多警力、放置更多設計高明的嚇阻物來加緊控管。

其中一個最簡單但惡意十足的嚇阻物，就是灣區捷運系統新的桶狀公車亭座椅，由於表面積很小，坐起來不舒服，睡覺就更不可能。這類「防止遊民占用」的長椅大量設在貧民窟的邊緣。另一個發明是戶外灑水車這種激烈的手段。多年前，洛杉磯開闢了貧民窟公園（Skid Row Park），為了確保公園不會被用來露宿紮營，頭上的灑水器被設定在晚上隨機對可疑的過夜者灑水。當地商家很快就模仿這套系統，來驅趕店門前人行道上的流浪漢。同時，市中心的餐廳和市場蓋起巴洛克式的圍欄，不讓無家者來翻他們的垃圾。雖然洛杉磯還沒

有人像多年前的鳳凰城那樣提議要在垃圾裡加氰化物，倒是有一家知名海鮮餐廳花了一萬二美金打造防止拾荒女人靠近的垃圾桶：7.5 公分粗的鋼條，加上合金鎖、惡意向外的尖頭，是為了保護腐爛的魚頭和走味的薯條。

　　不過，城市對戰無家者的真正戰線，當屬公共廁所。基於一項深謀遠慮的政策，洛杉磯的公共廁所數量比其他的北美大城市都來得少。洛杉磯警方現在參與了至少一個主要的市區發展計畫的「設計委員會」，他們建議更新機構拆除貧民窟少數僅存的公共廁所。更新機構的規畫師於是考慮是否要在他們為高檔的南方公園住宅區所做的設計裡頭，加上「獨立公廁」。機構主席吉姆・伍德（Jim Wood）後來承認，決定不蓋廁所，是一個「政策考量，而非設計決策」。更新機構比較傾向採取「準公共廁所」（quasi-public restrooms）這種選擇，把廁所設在餐廳、藝廊、辦公大樓裡，如此可以選擇性地開放給觀光客和白領工作者，拒絕乞丐和其他不適合的人進入。同樣的思維也給洛杉磯的交通規畫師帶來啟發，決定不在洛杉磯新地鐵裡設立廁所。[6]

　　由於缺乏廁所，山丘街以東的市區荒地也沒有室外水源供飲用或洗滌。近來很常見一種令人不安的場面，是無家者在市中心東側邊緣洗東西、游泳、甚至喝從洛杉磯河（Los Angeles River）的混凝土水道流過的下水道汙水──很多人都是來自薩爾瓦多的年輕移民。但洛杉磯的公共衛生部門沒打算要用西班牙文豎立警告標誌，或者想辦法調度其他乾淨的水資源。

　　當市中心的白領人士無法避開無家者或低薪工人的生活環境，例如在市民中心南邊，沿著百老匯街的縉紳化區域，就必須採取特別的防範措施，確保不同階層的人不會產生接觸。比方說，更新機構又找了警察幫忙，為《洛杉磯時報》總部大樓和雷根州立辦公大樓（Ronald Reagan State Office Building）的兩棟新的立體停車場設計「二十四小時最先進的保全」。跟外頭的窮街陋巷不一樣，兩棟立體停車場都有規畫景色秀麗的小公園，其中一棟甚至還有美食廣場、野餐區和歷史展廳。這兩棟的結構都是要作為「建立信心」的動線，白領員工可以直接從車上走到辦公室，或從車上走到精品店，途中跟公共街道的接觸降

到最低。特別是百老匯春天中心（Broadway-Spring Center），它連接起兩個已經縉紳化的地方樞紐，一是雷根大樓，另一是預定要蓋的中央大廣場（Grand Central Square），建築評論家讚頌此地為停車空間增添了綠意和藝術氣息。為了嚇走無家者和窮人，這裡也用上不少威懾手段，包括武裝警衛、深鎖的大門，和無所不在的監視攝影機。

市中心的街頭冷戰持續升溫。在市區商家和開發商的遊說之下，警方破壞了無家者及其盟友的每一次嘗試，不讓他們打造遮風避雨處或自己組織營地。無家運動者泰德‧海耶斯（Ted Hayes）創建的「正義村」（Justiceville）棚戶區被粗暴地驅散，那裡的居民試圖躲到威尼斯海灘（Venice Beach）去，在當地議員（一位知名的環保人士）的要求下，又被送回貧民窟。1987 年凜冬，有很多露宿在外的人凍死，為了勉強回應這樁事件，洛杉磯曾經短暫試辦將露營合法化，但只施行了四個月，就突然中止，好騰出一個地方來當公共運輸維修廠。目前的政策似乎故意跟一個著名的諷刺說法作對，刻意不讓富人和窮人都有露宿街頭的平等權利。都市規畫委員會的前主任解釋，在這個「天使之城」（City of the Angels）[5] 裡，睡在街道上本身並沒有違法——「只不過不能建立起任何種類的防護性遮蔽物」。[7] 為了執行這項針對「紙箱屋」的禁令，警方定期掃蕩尼克爾（Nickel）[6]，拆除遮蔽物、沒收他們的家當，並把反抗的人都抓起來。如此憤世嫉俗的鎮壓，讓大多數的無家者都變成都市裡的游牧民族。整個市中心都可以見到他們，推著偷來的購物車，裡頭裝著少得可憐的家當，永遠都在逃亡，永遠都在移動，夾擠在官方圍堵政策和殘酷的市中心街道之間。

---

[5]　譯註：洛杉磯的別稱，Los Angeles 為西班牙語「天使之城」的意思。

[6]　譯註：對洛杉磯市中心區第五街這一帶（位於貧民窟內）的稱呼。

窮人退散

　　一種狡詐的空間邏輯也約束著洛杉磯的低薪工人。海港高速公路的壕溝對面、邦克山以東的區域，是麥克阿瑟公園（MacArthur Park）。很久很久以前，這裡曾經是洛杉磯最有錢的街區，雖然現在常被當成是等著開發商來復興的無人地帶，該區域其實是全美最大的中美洲族群居住的地方。公園四周的街道擠著數十萬薩爾瓦多人和瓜地馬拉人，包括一大群說馬雅語系語言的人，統統塞在當地的公寓和棚屋，但這裡就算只有四分之一的人口都嫌侷促。每天早上六點，拉丁種族自治邦（Latino Bantustan）就派出大批縫紉機操作員、洗碗工和管理員，一起轉動市中心經濟的巨輪。但因為麥克阿瑟公園坐落在市中心跟知名的「奇蹟一英里」（Miracle Mile）地區之間，很快就會倒在重建的推土機底下。

　　一群實力雄厚的開發商亟欲利用該區的便宜地價，開發商的代表人物有家喻戶曉的前議員和前規畫委員會主席，他們的「西區中心城」（Central City West）願景已經通過正式批准：按照字面意義，此區是一個面積達 232 公頃、有新辦公大樓和零售空間的第二市中心。雖然當地政治人物堅持要求大量的低收入者替代住宅，但也是治標不治本，很難彌補新摩天大樓和雅痞的「都市村落」建設後，大規模人口迫遷的問題。同時間，韓國資金正在為迅速發展的韓國城尋覓生存空間（lebenstraum）[7]，於是也開始往麥克阿瑟公園這一區逼近，推倒原本的老公寓，蓋起守衛森嚴的公寓大廈和辦公建築群。其他亞洲和歐洲投機客也在盤算，希望公園對面新的地鐵站能夠吸引新投資進入該區。

　　近年許多強大的利益集團入侵該區域，警方也越來越感受到壓力，要從毒品販子、非法移民、殺人幫派這些地頭蛇手上「收復街道」。因此在 1990 年的夏天，洛杉磯警察局宣布要大規模「收復重犯罪事件連連的麥克阿瑟公園」和周邊街區，「一條街一條街、一個巷子接一個巷子地收回來」。雖然這個區域根本就是毒品市場，主要是讓美國白人通勤經過用的，但警方鎖定的對象不只藥頭和幫派份子，還有勤奮的街頭小販，他們已經讓公園周圍變成熱絡

的跳蚤市場。

幾次號稱要掃蕩「毒品恐怖主義者」（narcoterrorists）的行動中，賣熱帶水果、嬰兒服、殺蟑劑等在地用品的瑪雅女人也被包圍。[8]（其他南加州社區類似的撒網行動，主要針對拉丁裔臨時工聚集的街角「奴隸市場」。）

執法機構把窮人為了而生存使用公共空間的一切意圖當作是犯罪，無論他是貧民窟的無家者或麥克阿瑟公園的小販，如此就已經廢除了最後一道非正式的安全網，讓痛苦跟災難難以區分（很少第三國家城市會這麼殘酷的）。與此同時，警察在當地業者和地主的鼓動之下，率先採取暫時性的手段，把整個市中心的社群都當作罪犯。對付毒品和幫派成為洛杉磯警察局再次發動「戰爭」的藉口，以展開新一波令人不安的族群封鎖行動。麥克阿瑟公園南邊的匹克聯合社區（Pico-Union），大部分區域自從 1989 年夏天之後都被隔離起來，「禁毒執法區」的柵欄限制居民「僅限合法商業理由」才能進入。這種作法很受年長居民和當地政客肯定，於是警方接著又把這套「死胡同專案」（Operation Cul-de-Sac）的特許專營業務，推到其他低收入的拉丁裔和黑人社區。

1989 年 11 月（當時正在拆除柏林圍牆），洛杉磯警察局的德文郡分部（Devonshire Division）關閉了聖費爾南多谷（San Fernando Valley）北邊「毒品氾濫」的十二個街區範圍。為了控制這個偌大的拉丁社區，不讓毒品流通，警方勸說公寓屋主資助成立一間永久的警衛室。往南十九公里，黑人和拉丁裔混居的中央阿瓦隆社區（Central-Avalon）裡有 259 公頃也被改造成「禁毒執法區」，周圍都是混凝土路障。由於這些隔離區很受歡迎（除了隔離區想要引開的貧民窟年輕人不喜歡之外），市中心大部分區域最終可能會被劃分為警方監管的「禁區」。

---

[7]　譯註：此為德國地理學家拉采爾（Friedrich Ratzel，1844-1904）提出的概念，將國家比擬成具有生命的有機體，如同生物一樣，需要一定的生存空間，一個健全的國家透過武力侵略，擴張領土來增加生存空間是必然的現象。

當代對付都市底層階級的戰爭,官方言論跟一代以前的越南戰爭的相似言論可說是互相應和。洛杉磯警察局的社區封鎖行動引發了一個聲名狼藉的政策,就是把可疑人口隔離在「戰略村莊」(strategic hamlets);甚至還出現更不良的仿效:把洛杉磯的公共住宅重建成「防禦空間」(defensible spaces)。比方說,瓦茨—威洛布魯克地區(Watts-Willowbrook)三角地帶深處的貧民窟,帝國法院住宅開發案(Imperial Courts Housing Project)已經重重部署著鐵網圍欄跟「限制進入」的標示、強制出示身分證明文件,甚至還設有一間洛杉磯警察局的派出所。訪客必須停下來接受搜身檢查,警方一貫要求居民在夜間回到自己的公寓,家庭生活經常要受到警方盤查。對禁毒區域的公共住宅的租客和住戶來說,失去自由就是「安全」的代價。

安全的設計

如果說,當前公車亭座椅、巨型建築和住宅區的設計,可以被解讀為保護中產階級所做的探索,這點從風格獨具的大師身上也可以看得出來。近年的建築師沒有誰像洛杉磯的普立茲克建築獎獲獎者法蘭克·蓋瑞一樣,如此精心規畫都市安全的功能,卻也同時無所顧忌地擁抱它。他的最強項,就是直接利用粗糙的都市環境,明確地納入最粗糙的邊緣和碎屑,變成強悍的表現元素。同行暱稱蓋瑞是「老派的社會主義者」或「有良心的街頭運動者」,他很少標榜自己在從事建築改革或「為了民主設計」,而是自豪要「以事物的實相來創造非凡」。[8] 他的作品有時候令人毛骨悚然,讓我們看見洛杉磯碎裂的地景裡,充滿壓迫、監視、排除的內在關係。

蓋瑞在 1964 年成功將奢華空間(和高房價)插入衰敗中的街區,這是他的新都市現實主義的一個早期實例。他位在好萊塢的丹齊格工作室(Danziger Studio)是一個先驅例子,開創了整個洛杉磯各種「祕密住宅」(stealth houses)的先河,在工人階級或黑幫集團的外表下掩飾自己的富裕。丹齊格工作室的

街道立面是一大片灰撲撲的牆，來往交通和天氣變化免不了給它粗糙的牆面抹上厚厚的塵土，看起來跟附近的色情工作室或車庫如出一轍。蓋瑞顯然想要尋找一種「閉關自守、如同堡壘」的設計，有種「啞盒」（dumb box）的靜默氣質。[9]

從蓋瑞在好萊塢設計的美國舞蹈學校（American School of Dance，1968）到雙子座 GEI（Gemini Gei，1979），的確是由「啞盒」和螢幕牆構成他作品的循環。不過，他最影響深遠的設計，是為新墨西哥的科奇蒂湖（Cochiti Lake）設計的有圍牆的市鎮中心（1973）：極度簡樸的冰藍色防禦土牆圍起整個社區，1976 年他為洛杉磯的榮格學院（Jung Institute）所做的規畫也採取了同樣的空間格局，但尺度較小。這些案例藉由對比表現出建築的戲劇效果，一邊是充滿防禦工事的外觀，對著「無趣的街區」（引用蓋瑞的形容）或沙漠，另一邊是富麗堂皇的內裝，有朝天空敞開的天窗和天井。換句話說，蓋瑞設計的這些被圍牆包圍的樓群和城市，提供了一個有力的隱喻，可以躲開街道，向內經營空間，顯現出設計界對 1960 年代都市暴動的強烈反應。

蓋瑞在 1984 年為麥克阿瑟公園區域的洛約拉法學院（Loyola Law School）所做的設計裡，處理了同樣的問題。該學院校園位於市中心內，於是蓋瑞必須做出明確的選擇：要創造一個真正的公共空間，深入社區，還是要沿用以往的作法，設計一個安全的防禦性飛地？一位評論家解釋道，蓋瑞選擇了一種新保守主義的設計，也就是「開放，但又不會太開放。南教學大樓和禮拜堂的堅實後牆緊鄰奧林匹克大道（Olympic Boulevard），加上伯恩斯大樓（Burns Building）沒有特色的臨街立面，形成一個出入口，雖不禁止人入內，但也不歡迎人，它就跟街坊上其他一切事物一樣，就只是存在那裡而已。」[10] 這段描述很大程度輕描

---

[8]　作者註 9：「老派的社會主義者」引述自墨菲西斯建築事務所（Morphosis）的邁克・羅頓迪（Michael Rotondi）。蓋瑞自己也誇下海口：「我的靈感來自街道。與其說我是個羅馬學者，不如說我更像是街頭鬥士。」（引自 Adele Freedman, *Progressive Architecture*, Oct. 1986, p.99）

淡寫了校園的禁區特質,包括駭人的鋼樁圍籬、混凝土塊形成的金字塔結構,和一堵堵簡陋的臨街牆面。

　　不過,若要說丹齊格工作室是在自我偽裝,科奇蒂湖和洛約拉法學院的設計是帶著敵視態度的啞盒,蓋瑞為戈德溫圖書館好萊塢分館(Goldwyn Branch Library,1984)設計的巴洛克式堡壘則是樂觀地揶揄潛在的違規者「有種試試看」。這棟建築或許是有史以來最帶給人威脅感的圖書館,像停泊在乾船塢的大型戰艦和騎兵碉堡的奇異混合體。灰泥粉飾的混凝土磚安全牆高達 4.6 公尺,柵欄上頭貼滿磁磚來防止塗鴉,下沉的入口處有三公尺高的鋼製樁釘保護,牆頂各處顫巍巍地立著時髦的崗哨,戈德溫圖書館(受到蓋瑞 1980 年為大馬士革的美國大使官邸〔U.S. Chancellery〕所做的高度安全設計影響)表現出徹徹底底的侵略感。

　　有一些仰慕蓋瑞的人稱讚這棟圖書館「大方、引人注目」[11]、「老派的圖書館」,諸如此類。但他們搞錯重點了。之前的好萊塢圖書館因為縱火焚毀,捐贈一系列電影紀念物的塞繆爾.戈德溫基金會(Samuel Goldwyn Foundation)因此極度重視有形的安全措施。蓋瑞的任務是要設計一幢天生就能防止惡意破壞的建築。當然,他不肯像大部分建築師一樣,將低調的高科技安全系統含括進設計藍圖裡,反倒選擇一種高調但低技術的手段,來突顯安全功能,將之作為設計的中心主題,這正是他的創舉。蓋瑞不用形式來掩蓋功能——而且還恰恰相反。由於每個人的既有立場不同,從設計結果所感受到的趣味和詼諧也就各有千秋。戈德溫圖書館的建築物本身就令人聯想到邪惡的他者(demonic Other),例如縱火犯、塗鴉客和闖入者,它狂妄自大的偏執姿態,讓周邊骯髒破舊的街道也蒙上一層陰影,好在敵意倒不太重。

　　這些街道就是一片戰場,但不是你想像的那種。幾年前《洛杉磯時報》爆料了一樁骯髒的勾當:娛樂集團和少數幾個大地主企圖掌控在地的改造過程。他們計畫用強制徵收手段和更高的稅收,清空好萊塢街道上的窮人(從中美洲來的難民越來越多),把此區「升級」成時髦炫目的主題樂園來服務國際遊客

12，藉此賺進大筆財富。這種作法至今還備受爭議。按照這種策略來看，戈德溫圖書館就像蓋瑞之前設計的高牆建築群一樣，也是一種建築上的火力基地，一個縉紳化的灘頭陣地。挑高、明亮的室內空間被柵欄包圍，充分證明美國的公共建築為了追求安全和利益，已經實實在在地背棄了城市。

酷似圓形監獄的購物城

然而，市中心其他區域也靠著類似的「要塞」設計，使窮人再次成為消費者。如果戈德溫圖書館「出色地展現了公私部門合作的可能性」，那麼開發商亞歷山大・哈根建在貧民窟的購物中心，就真正是一個明星榜樣。哈根最初創業時，是在威爾明頓（Wilmington）的下等酒館裡推銷自動點唱機，他靠著出售街角地塊給石油公司來蓋加油站賺到第一桶金，後來他又把這塊地買回來蓋小型的購物中心。哈根現在掌握著南加州最大的零售發展王國，旗下有四十多座購物中心，被譽為洛杉磯中南部地區「零售業復興」的主要推手。

全美的大開發商裡，哈根或許最先抓住了潛在商機，將目光集中到被拋棄的市中心零售市場。1965 年瓦茨暴動之後，一堆大型折扣店從洛杉磯中南部地區出走，小生意人則因銀行的歧視規則被逼得倒閉。結果，七十五萬之眾的黑人和拉丁裔人士就算只是想要買點日常雜貨，都不得不跑到遙遠的區域型購物中心或附近的白人區裡去。哈根推斷，願意回到市中心的零售開發商就能獨占極大的銷售量。他也意識到，數十年來市政府和更新機構一直故意忽略黑人社群，導致黑人社群的怒火與日俱增；儘管更新機構已經迅速整合好土地，提供給市中心資產數十億的地產開發商，在瓦茨街區的發展卻連年碰壁，連一間願意興建街區購物中心的超市都吸引不來。哈根知道洛杉磯市長布拉德利領導的市府在中南部選區陷入困境，要是有哪家私人機構能夠採取行動，搞定主力租戶的問題，就會得到政府的慷慨回報。他提出了一個巧妙的解決方法，那就是全方位「著重安全系統的設計和管理策略」13。

哈根在 1979 年邁出了第一步，從西爾斯公司手上取得了一塊市中心的土地。更新機構對他的成就印象深刻，於是將瓦茨街區延宕已久的「馬丁·路德·金恩中心」（Martin Luther King Jr. Center）轉手交給他來完成。一年後，哈根開發公司以 1.2 億元得標克倫肖廣場商城（Crenshaw Plaza，位於貧民區西緣，是 1940 年代的先驅型商場）的翻修工程，也跟洛杉磯郡簽訂合約，要在瓦茨南邊的威洛布魯克地區蓋另一個複合式購物中心。為了這幾個開發案，哈根拍胸脯保證要採取實體的安全措施，後來終於說服零售商和保險業者進駐。其安全性的精髓，是一種空間的平面設計，概念來自邊沁提出的圓形監獄——那是十八世紀激進的模範監獄建築，一個位在中央塔裡頭的守衛就可以隨時觀察所有的犯人。

瓦茨的金恩購物中心為市中心提供了完美的原型，創造出商業的「美麗新世界」：

金恩中心的地段，四周圍繞著一道 2.4 公尺高的鐵柵欄，跟私人土地和排外的住宅區周邊的圍欄很類似。入口附近和整個購物中心都裝設有動作探測的監視攝影鏡頭。只要輕按一下開關，包括停車場在內的整個購物中心就會沐浴在明亮的光線之下。

購物中心共有六個入口：三個是汽車專用出入口、兩個是勤務大門、一條行人通道……服務區……圍著一道 1.8 公尺高的混凝土磚牆，兩個勤務大門一直都關著，由閉路電視進行監控，設有雙邊對講系統，有個保全「觀測站」負責遙控操作。有的闖入者可能會翻過高牆以避開監視器鏡頭，但從燈座上發射出的紅外線光束仍探測著他們。[14]

對這整個複雜的保全系統來說，觀測站就是它的眼睛和大腦。觀測站裡包含了購物中心的管理者、洛杉磯警察局的駐站點，還有一個調度控制員，負責

監控整個錄像和聲頻系統，並跟「其他加入這一保全系統的購物中心、警方和消防部門」保持聯絡。無論是星期幾、無論白天黑夜，至少會有四名保全人員值班——一個在觀測站、三個在巡邏。他們受過專門訓練，觀測站裡的警察駐站點也會派出洛杉磯警局的正牌警官作為他們的後援。[15]

不出所料，金恩中心和它的三個兄弟姊妹（都是圓形監獄概念的變形）都變成了大金礦，每平方公尺出租面積的平均年度銷售額將近 3800 美金，其他郊區購物中心則是大約 2100 美元。[16] 另外，哈根還意外收穫了五花八門的好處，包括減免稅額、聯邦政府和市政府的補助、大量免費宣傳、受補貼的租戶，還有六十到九十年的土地租約。難怪他會吹牛說：「我們已經證明，在商業圈裡唯一算數的顏色就是綠色。在美國已經被人棄之不顧、一片垂頭喪氣的市中心區域，其實有無窮的機會和巨大的商機。」[17]

高租金撐起的安全感

當代都市設計以安全為上，主要體現出的「草根」表達方式，可以從洛杉磯的富裕社區看出來：他們狂熱地想要貫徹空間上的隔絕，以保護自己的房地產價值和生活方式。城市邊界以外的高級開發建案常會納入「堡壘小城」，完整配備圍牆、門禁管制、私人警力、甚至私人的道路。要是沒有居民的邀請，一般市民根本不可能進入隱山（Hidden Hills，位在聖費爾南多谷西邊）、白普理（Bradbury，位於聖蓋博谷〔San Gabriel Valley〕）、蘭喬米拉（Rancho Mirage，位於低沙漠區）或帕洛斯維德斯莊園（Palos Verdes Estates，位於帕洛斯維德斯半島）的這類「小城」。白普理的確非常執著於安全問題，這裡有九百位居民和十六公里長的私用道路，甚至當地三位地方官員連媒體的電話都不敢回，因為「每刊出一篇報導……就讓人注意到這個城市，入室竊盜案就會增加。」[18]

最近，隱山因為高等法院命令要在這座小城的大門外蓋四十八套銀髮住宅，這個藏在大牆後、如同諾曼·洛克威爾（Norman Rockwell）[9] 畫中場景的小

城於是出現了嚴重的分裂。在會議上，隱山實力強大的屋主協會（成員包括演員弗蘭基‧阿瓦隆〔Frankie Avalon〕、歌手尼爾‧戴門〔Neil Diamond〕和主持人鮑伯 尤班克斯〔Bob Eubanks〕）反對聽從法院命令，慷慨激昂地論辯說這些老傢伙「會招來幫派和毒品」[19]。

與此同時，像比佛利山（Beverly Hills）與聖瑪利諾（San Marino）這類老牌的高收入城市也對公共設施加諸限制，利用各種錯綜複雜的規則，豎起隱形的高牆。聖瑪利諾可能算得上最富有的社區，也是全美共和黨勢力最大的城市（有 85% 的居民屬共和黨），現在也在週末把公園關閉起來，不許附近社區的拉丁裔和亞洲家庭進入。另一個正在討論中的替代方案是在週六重開公園，但只容許有居民證或付得起高額使用費的人出入。其他的高級區域（包括三十七個洛杉磯街區）也發展出類似的住戶特權，規定只有該區屋主才可停車。可以預料，這種優先停車政策主要都是在有三個車庫的豪宅街區裡普遍實施。

洛杉磯的富裕區一直都很羨慕像隱山、帕洛斯維德斯這種堡壘型飛地。現今，在市議會的配合之下，這些富裕區終於獲得許可，要豎起高牆，把自己跟城市其他部分隔絕開。拉布雷亞公園（Park La Brea）自從 1940 年代晚期興建以來，就一直是洛杉磯最成功的實驗，有各種收入程度的使用者和高層建築。那裡的居住人口包括單身族群、年輕家庭、退休人士，讓威爾希爾大道（Wilshire Boulevard）上的拉布雷亞瀝青坑（La Brea Tarpits）區域有點曼哈頓的味道。但那裡的新主人森林城市房地產公司（Forest City Enterprises）希望能夠「升級」整個開發案的形象，用圍欄和「禁止入 」的標示，隔開周邊街區。代表這群屋主的一位發言人淡淡地說：「封閉的社區是一種普遍趨勢。」[20]

拉布雷亞公園向北幾公里處，好萊塢露天劇場（Hollywood Bowl）再過去的惠特利高地（Whitley Heights），當地的有錢居民獲得前所未有的特權，打算收回街道，不作公共使用。八道高科技的門設有特殊的電子密碼，控管居民或訪客出入。這種「門禁狀態」（gatehood）的直接副產品，就是當地的房地產價值大漲了兩成——其他社區肯定也想發這筆橫財。於是，本來非常廣袤空曠的聖費爾

南多谷（十年前根本就沒有高牆圍起來的社區）現在屋主趕著要築圍牆蓋大門，好保護他們的資產。當地的頭牌承包商布萊恩・溫斯托克（Brian Weinstock）驕傲地吹噓，說他在聖費爾南多谷新蓋了超過一百個門禁社區，而且他們還不滿足，還在追加其他安全設施。「他們（買家）的第一個問題都是：這裡是不是門禁社區？三人之中有一人會問。」[21]

　　同時，最有錢的人渴望得到堅不可摧的高科技城堡。大門和圍牆不夠的話，就會再把房屋重新設計，納入先進的保全功能。在洛杉磯西區，眼下人們青睞「豪宅化」（mansionizing）最重要、但未被承認的動機，就是要尋找「絕對的安全」——於是三百萬的房子被拆除，準備蓋三千萬的超級豪宅。為了達到這個目標，住宅建築師從海外大使館和軍事指揮所學來設計上的祕訣。舉例來說，目前需求量很高的一項特徵，是在住宅裡面藏進一間「反恐安全室」，要進去得通過滑動隔間和暗門。美國電視節目主持人梅夫・格里芬（Merv Griffin）和他的豪宅同好正在加固自己的宮殿，把它們建得像銀行或導彈發射井。

　　但光靠科技還不夠。不論是壁壘森嚴的豪宅或一般的郊區碉堡，洛杉磯當今的住宅安全，其實大量仰賴私人保全服務。從帕利薩德（Palisade）到銀湖區（Silver Lake），幾乎每個有錢社區都透過當地的屋主協會訂立契約，招募私人警衛；因此上千戶人家的草坪都立著「武裝防衛中」的小小警告牌。最近《洛杉磯時報》的招聘廣告頁刊出了超過百則招募警衛和巡邏人員的廣告，大多是專作住宅保全服務的公司要徵人。在大洛杉磯地區，保全服務產業就像灰姑娘搖身一變，過去十年間整個銷售業績和人力都翻了三倍，從兩萬四千名警衛成長到七萬五千名。「要成為武裝警衛，比成為男仕理容師、美髮師或學成出師的木匠還容易。」琳達・威廉斯（Linda Williams）在《洛杉磯時報》的報導裡寫道。雖然巡邏人員大部分是少數族裔男性，掙的薪水基本上差不多等於最低工

---

[9]　譯註：諾曼・洛克威爾（Norman Rockwell，1894-1978），美國插圖畫家，擅長描繪小鎮的日常生活場景。

資，他們的雇主通常是跨國集團，提供琳瑯滿目的保全商品和服務。正在迅速發展的西部技術公司（Westec）是日本的 SECOM Co., Ltd. 的子公司，西部技術公司的執行長麥可‧凱伊（Michael Kaye）解釋說：「我們不是一家警衛公司，我們賣的是一種安全的理念。」[22]

　　屋主協會訂立合約的對象是西部技術公司以及它的競爭對手貝萊爾巡邏公司（Bel-Air Patro，屬於博格華納集團〔Borg-Warner〕旗下保全公司之一，該集團另外還包括伯恩斯〔Burns〕和平克頓〔Pinkerton〕兩家公司），合約內容是一整套完整的「系統包套服務」：含有警報裝置、監視器、值班巡邏、私人護衛隊，當然還有必要的「武裝防衛中」。雖然執法專家還在爭論這類系統在阻止職業犯罪方面到底有多少作用，不過它們的確成功嚇阻了碰巧經過的人和無辜的路人。誰要是試過在日暮時分散步穿過街區，街上有武裝警衛在巡邏，還立著帶有死亡威脅感的告示，他很快就會意識到，「城市自由」這個老派的觀念，如果還不至於完全廢棄過時，也不過只是名義上說說罷了。

扮演空間戰警的洛杉磯警察局

　　這種全面性的城市保全大動員，不只要把警力整併進入建成環境裡，還很仰賴警方本身的科技實力。毋庸置疑，洛杉磯警察局採取先進作法，用科技取代人力，一部分是因為洛杉磯的空間格局實在太分散，因而做出了必要的調整，另一部分也表現出警局和社區的特殊關係。尤其洛杉磯警察局呈現出一種自我形象，標榜他們有一群員警作為支援大軍，共同分擔巡邏任務，因此比傳統大城市警察局更進步。1950 年早期，傳奇的警察局長帕克（Chief Parker）力圖改革（他最崇拜海軍的菁英部隊），把洛杉磯警察局變得根本難以接近，從而達成清廉效果，並且靠著「少數幾個好人」跟天生邪惡的城市作鬥爭。電視戲劇《天羅地網》（Dragnet）裡的星期五警長（Sergeant Friday）精確體現了洛杉磯警察局在帕克指揮之下的特質，偽善地疏遠公民裡的傻瓜、墮落的人和精

神病患者。

科技幫助促進這種偏執的團隊精神（esprit de corps），而且幾乎為警察的工作建立起一套全新的定義：科技監管和回報，代替了傳統巡邏員警對特定社區的掌握度。令人回想起 1920 年代，洛杉磯警察局率先配備無線電通訊巡邏車，徒步警官和騎警被取代，從此開創出分散、機械化的警察管制方式。在帕克的治理下，洛杉磯警察局一直非常注意軍隊的技術裝備，後來引進第一架警用直升機，系統性地進行空中監管。1965 年瓦茨暴動之後，這種空中部隊成為警方應對整個市中心的戰略基礎。警用直升機是洛杉磯警察局整個空中計畫的一部分，在「高犯罪區域」上空每天維持約十九小時的監視。為了促進地上和空中的合作，上千戶住宅的屋頂被漆上容易辨識的巨大街道編號，將整個城市的俯瞰景色轉變成一張巨大的警察網格。

洛杉磯警察局的空中部隊共有五十名飛行員，最近又剛升級了配備，換成法國 Aerospatiale 公司的直升機，上面配有技術超前的監控科技。前鏡頭的紅外線攝影機有絕佳的夜視功能，很容易就可以從幾公里外一支正在燃燒的香菸形成熱感圖像，三千萬燭光的探照燈恰如其分地叫作「夜間太陽」（Night Suns），能將夜晚變成白天。同時洛杉磯警察局保有另一支隊伍「貝爾噴射機巡警隊」（Bell Jet Rangers），可以把完整的特種警力部隊和武器輸送到該市任何地方。他們的訓練有時包括市中心高樓的突襲演習，預示了一些更加令人毛骨悚然的好萊塢意象，展現出警察的空中威儀——如電影《藍色霹靂號》（Blue Thunder）和《魔鬼阿諾》呈現的樣子。

不過，說到洛杉磯警察局如何徹底轉變成技術警察（Technopolice），決定性的因素是它長期以來跟軍用航空工業保持著密切的聯繫。[23] 就在 1984 年洛杉磯奧運會開幕之際，警察局採購了「緊急命令指揮通訊系統」（Emergency Command Control Communications System，簡稱 ECCCS），這是世界上最強大的警用通訊系統。休斯航空公司（Hughes Aerospace）從 1969 年到 1971 年間構想出 ECCCS 這套系統，美國太空總署的噴射推進實驗室更進一步修正並更新了 ECCCS 的設

計，加進太空科技和控制任務的通訊裝備。

中央調度室（Central Dispatch Center）隱藏在市政廳東側能抗震又有重兵駐守的第四和第五夾層裡（而且連通到帕克中心〔Parker Center〕的警局總部），負責協調洛杉磯警察局所有複雜的路線和答詢，並使用數位通訊來消除聲音卡頓的問題，以確保訊息能夠安全傳輸。搭配洛杉磯警察局強大的訊息處理實力，加上可疑市民的數據庫不斷擴充，ECCCS 就成了一個中樞神經系統，掌管著洛杉磯龐大、類型迥異且公私兼有的安全監控作為。

監獄般的城市

這一切先進技術的警政策略，導致洛杉磯上演了一場隱形的「奧斯曼式整治」（Haussmannization）。只要控制了天空，就沒有必要清空火線戰場；只要每棟建築物都設監視器，就不需要雇用線人。不過警方用更直接的方式，重新組織了空間。我們已經見識到，他們因為「維護安全」方面的專長，已經成為不可或缺的要角，日益影響著市中心的都市設計。除此之外，他們不斷遊說，希望為執法單位爭取更多用地，像是數量不斷攀升的服刑人口需要監獄空間，警方也需要行政管理和訓練的設施。在洛杉磯，這件事實際上是以都市更新的名目出現，由警察機構負責運作，威脅要將整個洛杉磯市中心以東的區域變成一片罪犯的流放地。

周圍半徑五公里的範圍內，目前有將近兩萬五千名犯人被關押在六個嚴重爆滿的郡級監獄及聯邦監獄裡——這是郡內數量最大的監獄人口。官方眼下忙著迎接「毒品戰爭」的挑戰（在十年內拘留人數預計將會翻倍），於是努力加緊趕工，要在洛杉磯東部蓋一座充滿爭議的州立監獄，同時也在大規模擴建中國城附近的郡監獄。在此期間，美國移民暨歸化局（Immigration and Naturalization Service）也試著要把私人經營的「微型監獄」（microprisons）塞進毫無戒心的市中心街區裡。美國移民暨歸化局底下的正規機構裡，收押人數早就爆滿，於是他

們徵募了汽車旅館和公寓，找來私人承包商翻修成附屬監獄，用來關押外國僑民——很多都是華裔或中美洲的政治難民。

　　然而，在城市中心爭取更多執法空間的這種需求，難免導致警察跟開發商之間的衝突。郡級監獄打算在市中心布撒特街（Bauchet Street）擴建兩層樓、共兩千四百張床位，已經激怒了開發商，因為開發商想要把附近的聯合車站（Union Station）打造成大型建築群的中心地帶，裡頭有高樓飯店和辦公大樓。監獄和商業更新之間的衝突日益高漲，一種解決辦法是運用建築偽裝，將監獄空間安插進摩天大樓裡。說來諷刺，一般建築物和家戶越來越像監獄或堡壘，真正的監獄卻變得更崇尚美學。確實，監獄結構是公共建築的新天地。全美多數地方的辦公大樓已經過剩，為公司興建高層建築的委託案也就少了，名建築師開始設計起監獄和警察局。

　　有個特別的例子稱得上是這種新興建築類型的佼佼者，那就是位在洛杉磯市中心區，由韋爾頓‧貝克特建築事務所（Welton Becket Associates）新建的大都會拘留中心（Metropolitan Detention Center）。美國聯邦監獄管理局（Federal Bureau of Prison）轄下這棟十層樓的設施雖然是洛杉磯市最顯眼的新建築之一，每天有數十萬通勤者從它旁邊經過，卻很少人知道它的功能是作為臨時拘留中心，官方形容這裡羈押的犯人是「毒品恐怖主義活動的管理層菁英」。這座後現代的巴士底監獄稱得上是數十年來建在美國主要城市的市中心最大的一座監獄，看起來像是風格前衛的旅館或辦公樓群，上頭還帶著藝術裝飾（比如在橋式露台上的高科技格子棚架），可以媲美市中心設計最用心的新建築。郡級監獄就在幾個街區之外，擁擠不堪猶如人間煉獄，跟貝克特大廈形成強烈對比。與其說貝克特大廈是拘留中心，不如說更像是全國重犯的會議中心，而且還「出色地」增添了市中心安全與設計的連貫性。

人群恐懼症

實際上，都市空間的軍事化往往早在理論表徵形成之前，就已經發生了。不過，這並不表示沒有人擁護要塞城市。政治學家查爾斯·默里（Charles Murray）是 1980 年代反福利主義（antiwelfarism）最出類拔萃的追隨者，他近來為 1990 年代重新出現的都市隔離現象提出了雄心勃勃的正當理由。默里在《新共和》週刊（New Republic）（這本理論期刊對都市貧窮階級越來越強烈反彈）發表的文章，表示依靠「促成全國社會公益的極惡勢力之一」，也就是地主或房東，才是贏得毒品戰爭最好的辦法 24，而不是靠警察。如果想要蓋足量的監獄來容納美國大量成長的市中心吸毒人口，執行成本過高，所以默里提議要把這些人跟一般大眾在社會上和空間上區隔開來。根據他提出的三管齊下的策略，雇主可以要求做尿液檢測，並且任意開除染毒的員工；家長可以用私立學校的獎學金，把小孩從毒品氾濫的公立學校轉走；最重要的是，房東可以排除「錯誤類型的人」，來維持無毒的社區。

換句話說，默里的主張是要恢復雇主和房東歧視的權力，「而且不需要為他們的武斷來辯解」。只有讓「志趣相投的人……控制、型塑他們自己的小世界」，還有讓房東追隨天生本能「留下好租客、趕走惡房客」，大部分美國都市才能夠找回黃金年代和諧、自我約束的社區。默里看到洛杉磯的所有郊區居民爭相把他們的規格型住宅區四面圍起，必定非常驕傲。

同時，他也毫不猶豫接受了底層階級會越來越遭排斥的事實。以他的說法，最典型的例子有「懷孕的青少年還在吸大麻」跟「身揹烏茲衝鋒槍的年輕男子」。「如果實施這些政策能讓爛蘋果集中在少數幾個超級暴力、反社會的社區，那就這麼辦吧。」大概針對這些賤民社區來監控可以比較便宜。根據定義，該社區裡的每個人都是危險份子。總比要逮捕跟監禁數十萬人好。社會大眾想要生活在「無毒品區」，邏輯上就必然要有個堆放社會廢棄物的垃圾場，

來容納犯法的少數群體。起死回生的吉姆・克勞法（Jim Crow legislation）[10] 委婉地被宣傳成「地方自決」，將都市中產階級（現在包括《天才老爹》的寇司比家族 [11]）跟家門口的「萬惡城市」（New Jack City）隔絕開來。

在追求空間區別（spatial discrimination）的過程當中，當代建築和警察的目標，最驚人的共同點聚焦在如何進行群體控制（crowd control）。跟默里有同樣想法的人，肯定是把狀態異質的群眾視為一群討厭鬼，認為他們會顛覆理想中的「相似性」。我們已經看到，設計師在規畫購物中心和偽公共空間的過程中，是把群眾當作均質的團體來看待，他們設置建築和符號方面的屏障，過濾掉那些「討厭鬼」，然後把剩下的人圍起來，用行為主義的無情手段來引導人群的走向，用各種視覺的刺激來誘惑群眾，用背景音樂麻木人群，有時甚至還用隱形的芳香劑來操控整個嗅覺體驗。這種史金納式操作制約 [12] 的樂曲，如果指揮得好的話，就成了不折不扣的商業交響樂，就連單一個體也捲入蜂擁消費的熱潮當中，從一個收銀台移動到下一個收銀台。

在外頭的大街上，就更得花點功夫。洛杉磯警察局持續透過大力掃蕩和「鐵鎚行動」（Operation Hammer）、選擇性的青少年宵禁，還有定期封鎖知名的「兜風」大道，來限制公眾集會的權力，尤其限制年輕人的行動自由。就連上流階層的白人年輕人想要移動，也得遵守警方嚴格的規定。在這往昔的世界青少年之都，數百萬外國人還想像著會在深夜的海灘派對上遇見衝浪電影的主角傑傑（Gidget）。但現在海灘在黃昏就會關閉，然後配有武器的直升機和警方的

---

[10] 譯註：吉姆・克勞法為 1876 年至 1965 年間美國南部各州以及邊境各州對有色人種（主要針對非裔美國人，但同時也包含其他族群）實行種族隔離制度的法律。在當時「隔離且平等」的原則下，該法被解釋為一種不違憲的同等保護權，讓白人與非裔美國人（黑人）有所區隔。

[11] 譯註：1984 年到 1992 年間在美國播出的情境喜劇《天才老爹》（The Cosby Show），故事主角是一個上中階級黑人家庭，住在紐約市布魯克林區的一座棕色石磚屋。

[12] 譯註：引申自行為主義心理學家史金納（B. F. Skinner，1904-1990）的知名實驗：箱子裡的老鼠在只要踩到控制桿，就能得到食物，於是老鼠很快學會壓控制桿來得到東西吃。史金納因而推演出「操作制約」理論，用於探討人、環境、刺激相互之間的關係，以解釋人的學習行為。

沙灘車就開始四處巡邏。

對群眾的區域性攻擊，有一個轉折點出現在「洛杉磯街景節」（Los Angeles Street Scene）的興衰之際。這個年度節慶始於 1978 年，一向是在市民中心舉辦為期兩天的活動，當初的用意是要宣傳市中心的復甦，並按照布拉德利市長的指示舉辦民主黨傳統的烤肉聚餐。但洛杉磯警察局始終疑心重重。終於在 1986 年，由於雷蒙斯樂團（Ramones）失約沒有出場表演，一群年輕觀眾就開始拆舞台，他們很快被 150 名警官的方陣和一個騎兵隊突擊。接下來兩小時的混戰中，憤怒的龐克族向警方的騎兵隊扔出一堆石塊跟瓶子，有十五名警官和馬匹受傷。街景節的製作人是一名布拉德利市府的官員，他曾提出「增加馬路上的娛樂」或許能吸引不那麼「喧鬧的群眾」。頗有聲望的《洛杉磯市區新聞》（Downtown News）回擊：「街景節為市中心帶來了不好的名聲，跟這裡過去三十年所做的一切都背道而馳。」該報要求「為『市中心受損的名譽』做出補償」。後來市長就把街景節給取消了。[25]

街景節停止，顯現出洛杉磯官方對於群眾以及空間使用的問題已發展出更強的共識。重建過後的市中心，普通人行道上再也看不見各種階層混合的群體，街景節（這個名稱很諷刺）是所剩無幾的場景和地點之一（另外還有飽受改造壓力的好萊塢大道和威尼斯海濱大道），你會在那看到中國城的龐克族、格倫代爾（Glendale）的光頭黨、博伊爾高地（Boyle Heights）的低底盤車飆車族、聖費爾南多谷的富裕中產階級年輕女性、瑪麗安德爾灣的設計師夫婦、斯勞森大道上的饒舌歌手、貧民窟的流浪漢，來自德梅因（Des Moines）發愣傻看的閒人，仍然和睦地共處。再說，「雷蒙斯樂團之戰」後幾年，警察依然雷厲風行，令一群群年輕人激憤，1988 年萬聖節晚上的好萊塢、1991 年三月在西木村《萬惡城市》的電影首映會上，都曾引發數場暴動。話說回來，每個事件又為約束群眾和「避免外人闖入」添了新的藉口（就如某個西木村的商家在一個電視訪談裡說的）。洛杉磯一直自詡民主，然而它所面對的風險和狼藉的名聲，正在消滅這個城市最後真正的公共空間，這個現象似已難以阻攔。

Cities for Sale: Merchandising History at South Street Seaport

待售城市：在南街海港，歷史是門好生意

M·克莉斯汀·博耶 M. Christine Boyer

比如南街海港，人們可以在這裡買到世界各地的各種東西。開發商在打造這類具有歷史感的露天市集和不同時期的倉庫群時，企圖把過去的歷史痕跡鞏固在一個統一的意象裡，復原一種從未發生過的完整，因此已經將地理空間和歷史時期都混合在一起，以致於場所和脈絡的獨特性都被完全抹除。這些幻想的模擬環境為我們的消費行為提供了布景。當代的商品賣的不再只是實用性和效率，還有賦予商品附加意義的一整套價值觀。

南街海港藏身在布魯克林大橋和高架公路下方，看起來很像從一張舊城市地圖上被剪下來，然後隨意地安置在下曼哈頓極為發達的金融區旁邊。它從前是一個充滿廢棄建築、窄巷和荒廢碼頭的畸零地塊，如今是服務華爾街地區員工、好奇觀光客、都市探險家的高檔市場。南街海港令人憶起這個城市的海洋歷史，遙想過往商賈雲集的景象和各種冒險。這裡有如波士頓的昆西市場（Quincy Market）、巴爾的摩的港口市場（Harbor Place）、舊金山的漁人碼頭（Fisherman's Wharf）、紐奧良的河濱步道市集（Riverwalk），以及其他這類在 1970 到 1980 年代重建的水岸區域，搖身一變成為結合購物、娛樂跟辦公大樓與住宅區的休閒地帶。

南街海港瀰漫著濃濃的歷史氣息，中心為富爾頓街（Fulton Street）。跨過一條寬闊的路面之後，觀眾就離開了企業摩天大樓構成的現代城市，進入充滿歷史建築的海濱步道。來到南邊 [1] 會遇到謝莫洪排屋（Schermerhorn Row），那是十九世紀初期所建的商人帳房形成的街區，現在翻修成精品店、餐廳和博物館。這些紅磚地標建築對面，有一棟重建後的鑄鐵倉庫以及別出心裁重現的富爾頓街「節慶型」市集廣場，取代了 1822 年以來占據該地區的市場棚屋。從水街（WaterStreet）一路往西緣走，這個官方指定的歷史區域共有十一個街區，途中會看到南街海港的博物館、藝廊、圖書館、接待中心，還有販售文具、書籍跟航海圖的賣店。高架的東河公園大道（East River Drive）位在南街上方，高架道路底下的海濱人行道通往水岸的新船停泊區和一個全新的展館，裡頭有更多賣店和餐廳。

然而，實際上，海港周圍都是虛構的歷史博物館，觀眾沉浸在精心營造的歷史氛圍中。雜亂的富爾頓魚市場棚屋讓人想起南街海港曾經是碼頭作業區，但這景觀也給刻意遮住了。為免觀眾太往上游走而遠離這區的歷史場景，結果面對慘淡的斷垣殘壁或往日水岸揮之不去的記憶而感到黯然神傷，理察·哈斯（Richard Haas）的巨幅錯視壁畫複製了謝莫洪排屋和布魯克林大橋的圖像，很快就把觀眾的注意力帶回原本的舞台布景中。

沿著曼哈頓濱水區走一趟，會看到好幾個孤立、封閉的開發地段，接下來還會有更多。包括：（剛提議要興建的）河濱發展區；一個迷你城市位在伸進東河的平台上；南街海港和周邊的東河住宅區（East River Landing）；為了南碼頭（South Ferry）興建的龐大摩天大樓建築群；填海造陸的奇蹟「砲台公園城」（Battery Park City）面積達 37 公頃；跟賈維茨會議中心（Jacob Javits Convention Center）隔著河流相對的另一個平台「哈德遜河中心」（Hudson River Center）；最後還有川普在賓州調車場（Penn Yards）的開發案，雖然規模已經縮減，但其實還是很龐大，此案打算開拓大片荒廢的濱水區、沒有被充分利用的鐵路調車場、還有哈德遜河向上 1.6 公里範圍內的工廠。這一系列迥然相異的風景，當然並沒有顯現出什麼統一的城市形象；其願景整體規畫也沒有建構起有邏輯、有秩序的景色安排。紐約不再是懷抱著高度現代主義（high-modernist）理想的城市，意圖為社會大眾提供各種類型的住宅、有效率的大眾運輸，以及休閒和工作的空間。的確，在紐約一度被遺忘的濱水區周邊，大部分的當代飛地都是後工業的服務中心，規畫來吸引都市裡越來越多的年輕都會白領和頂客族。這些開發案都是事先搭配好的設計套裝，複製先前就存在的都市形態：辦公和住宅大樓、連棟房屋和旅館、店鋪和餐廳、健身俱樂部、表演藝術中心、博物館、濱海大道、小港口、公園和廣場。

關鍵是，這些都市景觀並不打算如東河上的聯合國總部大樓或上西城（Upper West Side）的林肯表演藝術中心（Lincoln Center for the Performing Arts）等現代主義場所那樣，讓建物脫離本來的脈絡，割斷和城市歷史的一切聯繫。這些新場所反而還有很多歷史的影子，令人聯想到傳統的都市：連續而緊密的街道，兩旁是小尺度的建築立面和購物商場，有招牌作裝飾，中間有開放空間、樹木、

---

[1] 作者註：曼哈頓的方向大概都偏離真正的南北軸線約莫 30 度，但此區的偏斜程度更大，將近 45 度。福爾頓街為西北—東南向，南街的延伸線座向則是東北—西南，竟然跟東河平行。不過慣例上，人們會說穿過福爾頓街是東 - 西向，南街是南 - 北向。

路燈柱和長凳穿插相隔。其意圖也很像戲劇：要再現某些城市視覺印象，透過想像中的前舞台，創造出透視的效果，令人憶起懷念的往日畫面。建物和劇場以類似的手法，設計出娛樂和表演場所，操控景色、裝飾、建築立面，突顯整個演出的懷舊氣息。

城市呈現出來的形象和真實情況，不管感覺有多融合、多真假難辨，當然還是有分別的。事實上，紐約已經開發的各個小區域之間，仍然有大片乏人問津的地帶。但各種城市區段如此混亂的排列、如此斷裂的並置狀態，非但沒有引起指責，反而廣為大眾所接受，甚至各界還讚揚其飛速卻健康的發展。因為每個碎片互相組合得很好，吸引了觀眾的注意力，被忽略的過渡空間因而更不引人注目。對那些沿著濱海大道散步的人來說，這裡充滿各種想像出來的建築，各種視覺奇觀（centers of spectacle）淡化了真實都市風景和表演之間的不同。

都市舞台布景的歷史

都市風光與仿造的消費地景，共同組合成一幅舞台布景，令觀眾嘆為觀止，這並不是第一次發生。巴黎拱廊最早出現在十九世紀初，是一種上方有玻璃罩、直接穿透私人建物的內部通道。拱廊和隨後出現的百貨公司都在迎接消費者蒞臨幻想與娛樂的世界：大理石、玻璃、黃金構成的內部陳設閃閃發亮，讓商品的夢幻世界發揮力量，用夢想天地來代替現實。

哲學家居伊·德波（Guy Debord）寫道，景觀（spectacle）就是資本累積到某種程度之後，所變成的意象。藝術史學家 T·J·克拉克（T.J. Clark）認為這概念解釋了拿破崙三世統治時期，巴黎歷經的奧斯曼式（Haussmann）大改造。[1]大道的新公共景觀和其他建築景觀，為有錢人的炫耀性展示提供了一個布景。奇觀無處不在：工業發展的承諾體現在龐大無比的量體上，並透過當代的紀念性建築、建築上的大量裝飾，以及建物可以容納的人數表現出來。龐大的鐵道系統直刺城市的心臟地帶，冒出了富麗堂皇的火車棚及空間寬敞的車站。國際博覽

會在更大的展覽廳當中，展示來自世界各地的商品，周圍被精心打造的露天遊樂場和休閒花園包圍。為了服務成長中的休閒遊憩市場，城市裡的部分區域變成常設的娛樂場所，裝點著全景畫、地理大圓球，另外還有冬日花園。劇院、藝廊、商店街構成引人注目的建築群，其間來來去去的每個觀眾都是這場活力四射的演出當中的一部分。[2]

除了這種十九世紀的消費景觀，此類布景式的景象，重新創造出從前的城市樣貌，看起來更容易管理，安撫了觀看者的恐懼，或起碼讓他們的目光稍微移開一下。工業化和現代化快速改造了城市景觀，透視畫（dioramas）和全景畫（panoramas）都是布景藝術常用的手法，後來也成了大眾化的娛樂跟成功的商業投資。十九世紀的都市觀眾（urban spectator）從複製過往真實的藝術手法得到安慰。劇院經過精心設計，幾何邊框鑲起的城市景觀一幅幅掛在劇院特別設計過的環形牆面上，形成一種熟悉的形象，這些城市景觀都是由人一手造就、控制，讓革命和改變造成的焦慮感平復下來。當代城市的全貌正在經歷快速的轉變，比如倫敦、巴黎、柏林，很快又加入了更有異國風情、甚至更危險的場面：莫斯科大火、耶路撒冷遭受攻擊、雅典的奇觀、開羅的神祕感，將遠在他方、疏遠陌生的事物，變得近在咫尺且貼近熟悉。

會移動的全景畫也加入固定全景畫的行列，繪製的景色在舞台上一路展開。最有名的「前電影」（pre-cinematic）是約翰‧班瓦德（John Banvard）的〈密西西比河全景〉（Trip down the Mississippi，1840），據他所稱是世界上最大的畫作。兩個大捲軸豎立在舞台兩側，班瓦德的風景畫就在捲軸之間鋪展開來，一邊往上游，另一邊往下游。這幅圖畫展示重現了實際航行的狀態，堪稱十九世紀的新聞短片和旅行紀錄片。解說員通常會和這圖畫展示一同現身，複述藝術家在尋找這些圖像時所經歷的冒險，幫故事添油加醋加上一些軼事和物件，像是跟這些地點有關的傳說、誇張的奇遇、在地動植物群，跟當地人身著服飾的圖片。

其中一個最引人注目的表演發生在倫敦大劇院，由建築師德西穆‧伯頓

（Decimus Burton）在1824年設計，目的是展示攝政公園（Regent's Park）的全景。早在幾年前，聖保羅大教堂（St. Paul's Cathedral）的穹頂進行維修時，藝術家托馬斯・霍納（Thomas Horner）爬上維修鷹架，帶著望遠鏡和其他測量工具，鉅細靡遺繪製出倫敦的景色，後來又發展成大劇院裡的巨幅全景圖。有座高台是在模仿聖保羅座堂的鷹架，讓觀眾可以置身在中心，感受這幅精心打光的倫敦圖像。昏暗寂靜的室內，環繞的全景景象一覽無遺，沒有任何事物闖進來破壞眼前的幻象——沒有城市喧囂，沒有熙來攘往，也沒有嚴酷的現實。3

　　一種城市的意象被放置在城市的空間裡，這種雙重意象的藝術開創了再現的時代（age of reproduction）。這類仿真物（simulations）把城市街道變成展出畫作的藝廊，全景將觀眾包圍起來，控管他們的愉悅感，掌握他們的目光。真正的城市已經從我們的視野中消失，也從來沒有實際顯露出來：城市裡的種種紛亂、階級劃分、陷阱和罪惡——一切的一切，都被置於這幅圓形邊框之外、置於控制著眼前景觀的地平線之外。城市的形象也成為景觀本身。不需要為眼前的景象加諸任何敘述，因為在全景畫裡，觀眾是個別孤立的，他們的觀點也屬私人所有，而且他們也受過訓練，要把周遭環境看成一系列井然有序的事物。4

　　還有其他模仿的景觀。活繪畫（tableaux vivant）[2] 在十八和十九世紀是很流行的娛樂，現場的表演者會重現知名畫作或雕塑的靜止場景。透過精緻的畫框看過去，這些「活人畫」試圖模仿藝術品的原作，讓觀眾感受到如臨現場的驚奇。5 1890年代的紐約，愛德華・基里亞尼（Edward Kilyani）把都市舞台布景帶到一個新高度。他在作曲家愛德華・E・賴斯（Edward E. Rice）的知名作品《1492》的第二幕和第三幕之間，為如癡如醉的觀眾獻上「伊莎貝拉女王的藝廊」。為了模仿大理石雕塑的效果，巧妙構圖成的「裸體」女人站定在垂掛著黑幕的舞台後方，就在背景畫的前面。最受歡迎的布景是模仿知名的畫作《黛安娜》、《牧歌》或《井邊的賽姬》。6

　　一個世紀之後，我們似乎正在見證當代城市作為虛構和模仿的事物擴散的

結果。像南街海港這種老街區，目前還看得到一些令人發思古之幽情的藝術物件，多半是從十九世紀的展覽館、全景式的景觀和活繪畫這類風格借來的。形式無論新舊，都是關於商業娛樂和虛構旅行的藝術：兩者得依靠逼真的技藝，來形成影像奇觀和布景式的畫面；兩者也都代表一種特別創造的都市現實。晚期資本主義直接了當地用充滿歷史感的徒步商圈取代了大道，用「節慶型」市集廣場取代了百貨公司，因為這些十九世紀的景觀，也提供了同樣豐富混雜的影像與幻覺。這就是觀賞藝術（spectator art），只是要你很快地掃描過去，不要仔細分析，讓視覺帶來的愉快感受把批判暫時放到一邊；它也是商業藝術，為了利益提供娛樂。現在也如同十九世紀時，一種社會不安全感似乎導致人們對模擬之物產生鍾愛。

城市布景的類型

許多美國和歐洲城市如今很普遍的城市布景（city tableaux），主要可分成三種類型。第一種是歷史街區，其形式和樣貌都受到法律規定，如雅典衛城（Acropolis）山坡上的小山城普拉卡（Plaka）、倫敦西區（West End）有許多知名廣場和排屋的街景、巴黎龐畢度中心附近的工人區瑪黑區（Le Marais），以及南街海港。第二，有些特別區域本身帶有強烈的視覺識別度或歷史認同，再透過整體風貌的管制原則或設計準則，來掌控其氛圍。舉例來說，在紐約市，原本髒亂的聯合廣場（Union Square）的改造計畫，便是由設計準則引導，在主題方面遵循 1916 年以前摩天高樓的形式，打造一種時髦的地方感。時代廣場（Times Square）的翻新也必須遵守照明和廣告招牌的指引規定，重現「白色大道」（Great White Way）的氣氛。第三，無數城市見證了住宅飛地、購物中心、

---

[2]　譯註：一種藝術形式，在真人身上作畫，此人會進入布置的畫面或舞台造型，把藝術作品、文學作品或歷史作品中的場景演繹出來。

節慶市集廣場和主題公園的激增，其視覺風格和氛圍都經過巧妙的安排跟展示。地點從小鎮的十字路口（路邊雜貨店和拴馬柱又重出江湖），到迪士尼世界（Disney World）這種令人印象深刻的主題樂園（重塑且重現了好萊塢的黃金時代），再到如砲台公園城一般的完整鄰里街區。

這些都市區域的特點，就是不斷重複利用眾人皆知的象徵符碼和歷史形式，到了一種陳腔濫調的地步。設計準則控制招牌、物質、色彩、裝飾、街道家具、街道牆壁；設計準則也規定公共空間設計、建築物類型和活動範圍。最重要的，設計準則包含一種綱要或計畫，能夠產生一套敘述模式；也包含一種回憶的手段，能夠引發連結，建立影像與地方、形似之物與意義之間的關係。

安伯托・艾可（Umberto Eco）將兩種事物做了對照：一是後現代的「連續性的新美學」（new aesthetics of seriality），二是現代主義所偏好的「新藝術的震撼」（shock of the new）以及「出乎意料、隨機、擁抱獨創性、增進創新」[7]的物質呈現。從事成批生產時，藝術家要做的就是複製正式的組合或熟悉的模式。艾可提到，電子科技的年代從不強調衝擊、干擾和新奇的經驗，而是重視重複、週期性、可預期的價值。根據艾可的說法，漫不經心的觀眾想要尋找休閒娛樂，對於故事情節並不在意，反而更在意複製品跟原件有多像、微小的變動如何為已然完整的主題錦上添花。電影和電視有大量此類自成一格的例子：賣座系列電影《教父》（The Godfather）和《洛基》（Rocky）一直都「未完待續」；白天的肥皂劇劇情很容易預期，角色也都是固定的套路。以上形式刻意重複，或巧妙利用受歡迎的敘述模式，觀眾的愉悅感一方面也來自知道接下來會發生什麼事。

歷史保存和懷舊的都市設計，都是過去的表象。它們也是設計給漫不經心的觀眾看的，因為觀光客或城市旅人一眼掃過現實生活的舞台布景時，很少意識到這些過往的遺物如何被整編、塑造、排列。經過重構的生活方式和時髦的環境，共同形成了奇怪的混合體，事實證明這些混合體是很吸引人的觀光景

點，經濟發展專家現在把每個小鎮的大街都變成主街道（Main Street）[3]，並規畫懷舊小村（雖然很不真實）來振興地方經濟。一個接一個城市發現廢棄的濱水工業區或過氣的市中心擁有巨大的觀光潛力，於是把這些區域翻修成休閒景觀區和觀光濱海步道。所有地點都成了享受美食或觀賞用的景觀，遊客四處閒逛，盡情享受地方和建築，體驗歷史和食物的滋味。

圖像敘事

這些城市布景操縱著建築和都市的型態（patterns），創造出無限重複的複製品。比方說，主街道的振興、倉庫再利用，或者水岸的更新，都是如此。都市開發者忙著創造模仿來的傳統，決心用各種可得的人造物和遺跡，儲備起城市的過去，從而掩蓋城市真正的歷史。我們的歷史市集廣場上出現的象徵物單調統一，顯示觀眾只能運用很有限的庫存意象來理解美國的歷史。作家彼得・漢德克（Peter Handke）寫出身為一個美國人的心聲：「我們在座的所有人，學到要從歷史圖像的角度來看事情。一定要有點歷史，那個景觀才有意義。一棵巨大的橡樹本身並不構成圖像，一定要跟其他什麼產生了關聯，才會成為圖像。」[8]

美國的歷史檔案充滿這類圖像式的訓誡：威廉・佩恩（William Penn）與和平樹、喬治・華盛頓與櫻桃樹、洋基傻小子（Yankee Doodle）與笛鼓樂隊、亞伯拉罕・林肯戴著煙囪帽、查理・卓別林對現代的抵抗、原子彈爆炸時的蕈狀雲。美國的城市景觀也激發了聯想意義。在美國，人人都知道主街道的意義：務實、守法的市民組成的小本生意社群，重視「自由企業」和「社會流動」。新

---

[3]　譯註：Main Street 一字，主要是代表地方金融活動的城鎮主街道，使用者多為小企業和平民階層，表徵平民階層或社會主要群體的利益，跟 Wall Street 這類表徵富有階層利益的金融商業街有別。

英格蘭的村鎮公用綠地，有著高大的榆樹、白色的隔板屋、外型簡潔的尖頂教堂，其意義同樣清楚：這裡是一個以家庭為中心、重視道德、節儉、務實的社區。[9] 紐約有自己一系列特別的圖像式場景，最明顯的就是紐約的天際線，世紀轉換交替時期以來，就表現著這座城市巨大的商業力和榮景。[10] 現在曼哈頓重建後的海港也傳達出另一種獨特的故事。

當然，每種水岸的舞台布景，都是某種形式的航海寓言，表現出人和自然競爭的狀態；每個海港節慶市集廣場都是新奇貨物的集散地，也是一種影像劇場，反映我們對新奇美妙事物的渴望。整個貿易與航海的情境展現在我們眼前，在南街海港的歷史舞台布景裡上演，裡頭有機械滑輪、槓桿、絞車，是一個需要依靠光學儀器來標示、依靠力學定律來平衡的世界。

這個特定的舞台布景是整個港灣公園（Harbor Park）的一部分。港灣公園原本是十九世紀的海港，後來被重建成一系列分立的博物館，複製海的傳說和美國移民的歷史。坐落於史泰登島（Staten Island）的史諾格港（Snug Harbor）、過去曾經作為退休水手庇護所的新古典建築，目前已經修復完成。埃利斯島（Ellis Island）的大禮堂現在開放讓遊客體驗移民來到美國的第一天。自由島（Liberty Island）的自由女神像底下還有另一個移民博物館。另外也有其他值得探訪的航海景點：布魯克林的富爾頓渡輪博物館（Fulton Ferry Museum）訴說渡輪如何穿梭跨越東河，串起過去分開的布魯克林和紐約兩個城市的故事；砲台公園城的歷史要塞曾經保護紐約免受英國海軍襲擊。

從這些舞台布景的外觀看來，一切似乎都要遵循傳統。過去長怎樣，現在也就要跟著長怎樣。不過，這些懷舊空間只能代表片面的歷史，裡頭挪用各種服裝、建築環境、布置的風格來創造某種氛圍，提供一種經過過濾的歷史來讓人感受。這些唯美的歷史舞台布景，一方面是有自覺地要恢復有中心感的世界，重新建立一種虛構的基礎，讓美國的道德、政治、社會傳統得以立足。就如東邊的「老城區」（Old Towns）、南邊的「殖民村」（Colonial Villages）、西邊的「邊城」（Frontier Towns）、西北邊的「貿易站」（Trading Posts），這些紐約的舞

台布景透過視覺再現，將過去與現在連結，利用人們對失去的純真、英雄事蹟、冒險、探索和征服的渴望，避開真正的社會變化。說穿了，這些行動劇是要彌補現今的失敗。高速公路處於失修狀態、燒毀廢棄的公寓大樓、毒品禍害、在街頭遊蕩的流浪漢、地鐵故障、破敗的公車、視覺廢棄物、聽覺轟炸……前述這些現象在觀眾眼前理想化的城市舞台布景裡，全都遭到抹除、忽略，整個場景是一齣娛樂表演。法國哲學家米歇爾‧傅柯（Michel Foucault）體認到，被圍裹住的「歷史的虛構之物」（fiction of history）是「一個可以安歇、熟悉又和諧的地方，一個可以平靜睡覺的地方。」[11]

走遍美國城市，會感覺到這些巨大的都市區域正在分裂成一群一群各不相關的購物中心、特別用地、住宅區，憑藉著高速公路和多層次的立體交流道把各區切分開來。歷史舞台布景這類特有的美國空間，在重建後的城市市中心裡擴散開，為的是要防止這種失根、缺乏地方感、分崩離析的狀態。管理規則負責控制舞台布景的空間形態：私人住宅的街景受到保護，得以避免侵入性的改動；公共空間得免於不相容的設計；臨街店面和商業招牌僅限複製品。但事實上，這些布景是真正的「非場所」（nonplace），是掏空的都市遺跡，跟城市其他地方或過去都沒有連結，等著被當代幻想填滿、受一廂情願的投射所控制，然後轉為消費的景觀。

我們可以繼續在都市的結構上鑽洞，那是讓我們回望過去的窗。從這些縫隙裡，我們藉由具有歷史感的建築形體和古蹟修復的學問，來揣摩時空旅行的奧義。我們也可以透過影像畫面和圖像史製造旅行的幻覺，讓自己彷彿「置身」航向中國的快船上，或與通過埃利斯島的移民同在。[12] 但依然還是少了什麼、關閉了什麼、忽略了什麼。

城市布景，是一個讓社會反躬自省、看看自己的表演造就了什麼景觀的場所，並把慣常的事物放在新的脈絡與正式的安排裡，使原本熟悉的變得陌生。景觀就是這麼回事：是一種括弧內的時刻（bracketed moment），是一場戲中戲，是一段「登台即演出」的時間。另外，景觀是一種視覺享受，意在「隨

便看看」的過程中，鎖定我們的注意力。當代城市布景式的場景（scenographic tableaux），無論是歷史街區、特定專用區，或精心管理的主題公園，「隨便看看」這個動作，以及表演的純可視性（pure visibility）都完全抓住了觀眾的目光。

景觀永遠都是表演的一部分，看戲永遠都是休閒體驗的一部分。城市布景處於現實的邊緣，目的是提供娛樂和滿足願望，其設計目標也很明確，就是要讓人逃避現實跟獲得滿足。城市布景宣稱自己是一種表演事業，強調自己並不嚴肅，就跟景觀一樣。這些布景把享樂和需要視為不同的兩塊，也把逃避和現實生活看成不同的兩種狀態。於是一邊是展示中的城市，另一邊是我們眼前未知的城市，這些布景加大了兩者之間的差距。這樣一來，它們就切斷了所有的連結，不用顧慮打造真正的城市所需要考量的事情，畢竟這些城市布景只聲稱要作為休閒娛樂的場所、作為遊憩時供人探索的城市區域。城市布景承諾觀眾，不會把嚴肅的現實帶到他們面前，讓他們煩心。[13]

完美建案構成的地景

由於景觀區（scenic enclave）大量激增，城市最終被化約為一張充滿觀光景點的地圖，阻礙現實的連續秩序，不讓中間地帶銜接彼此，並強加一套想像出來的秩序在事物表面。觀眾不會得到完整都會的視覺影像，由於都市的發展並不均衡，眾人都只會關注那些被認定為有生產力、有用的地點，或者被打造來滿足欲望的場所。

1970 和 1980 年代，創造這類地點變得越來越重要，這反映消費、金融、不動產開發和電信的形式已經發生了根本的變化。全球城市形成的網絡崛起，負責協調資本、商品、勞動力和企業在各國之間流通；倫敦、紐約、洛杉磯、東京等城市成為市場合作夥伴，所交換、分配的不僅止商品，還有財務、廣告、保險、時尚、設計、藝術、音樂和電影。這些一線城市的市中心很快就成為全球性的金融和商業服務中心，需要新的辦公大樓、豪宅、娛樂空間和高檔

市場。[14]

　　但全球化的力量不只在這些城市裡才能感受到。1970 和 1980 年代，電腦使得資本流通變得越來越有彈性，能夠瞬間從甲地到乙地，再加上大企業互相合併，各種業務散落四處，因此城市無論規模大小、無論在美國或他國，都可以爭奪投資的機會。另外，電腦資訊系統使得白領階級的工作更容易帶著走，美國的中型城市歷經驚人的成長，它們結合了城市和鄉村的優點，住宅價格合理，也有好的工作機會。1989 年《新聞週刊》（Newsweek）一篇關於「熱門城市」的報導詳細描述了聖保羅、伯明罕、波特蘭（奧勒岡州）、沃斯堡、奧蘭多、沙加緬度（Sacramento）、普羅維登斯（Providence）、夏洛特、哥倫布（Columbus）、阿布奎基（Albuquerque）這些城市的奇蹟重生。尤其，《新聞週刊》提到積體電路的聯合集團「半導體製造技術聯盟」（Sematech）的委員會在選址時，檢閱了 134 個城市的資格，後來才將新的總部搬遷到德州的奧斯汀。要比宜居程度和良好的商業氣氛，顯然只有兩個大城市入選最後 25 個決選城市的名單：波士頓和堪薩斯城。[15]

　　在這場選址的競爭遊戲裡，城市和地區必須想辦法自我行銷：它們的「意象力」（imageability）成為新的賣點。[16] 因此，若想把高級消費市場的外觀和充滿希望的環境當作商品來販賣，空間設計準則和建築模式語言就顯得越加重要。這場行銷戰當中，生活風格和「宜居程度」都被具象化，也透過炫耀性消費的空間表現出來，成為城市得意展示的重要資產。

　　1970 年代中期起，大部分城市的經濟發展策略，完全聚焦在吸引跨國企業總部和全球金融企業進駐，因此致力於提供這些產業需要的基礎設施、服務、旅館、會議中心。舉例來說，紐約新填埋出來的砲台公園城、時代廣場的大規模更新策略，還有南街海港，都被規畫為這類炫耀性消費的場所。建築師和藝術家為這裡所做的設計，都是為了投合白領階級的工作者和中上層階級的品味——他們是新的都會人口。但紐約賣的不只有高級消費市場的產品和服務。由紐約市商業聯盟（Alliance for New York City Business）贊助的形象宣傳，在廣告

中賣力推廣「紐約蒸蒸日上」（New York Ascendant）的樂觀願景，大讚在紐約生活和工作的優點。[17]這份廣告宣傳，掩蓋了貧窮的製造業工人和富裕起來的白領階級工作者之間日漸擴大的差距。如果富有與貧窮的二元對立製造出緊張的矛盾關係，想要迴避這些不平等，除了把紐約建築文化資產的公共意義與象徵傳統，跟砲台公園城、時代廣場和南街海港這類規畫完善的場所裡的各種虛構再現之物相連結之外，哪裡還有更好的辦法？

來到造價四十億美元的砲台公園城，這裡是哈德遜河上一塊面積達 37 公頃的填埋地，你會發現這座新建築布景，其實是按照歷史來建構組成。世界金融中心（World Financial Center）的四棟摩天大樓周圍，你會看到傳統的紅磚和石灰岩公寓建築聚集在口袋公園周邊，一條三公里長的濱海大道串接起好幾個公園和小海灣，加上一個超級豪華的遊艇俱樂部，還有一個溫室冬季花園擠在兩棟重要的辦公大樓之間。這份「都市夢想」乃由 1979 年的都市計畫主導，再利用紐約市最好的住宅區借來的建築元素及形式，靠著對曼哈頓格狀路網的記憶，加上「舊紐約」的照明、廣告招牌和色彩的精華，打造出一致的風格。砲台公園城的設計準則堪稱典範，將眾多紐約市的地標集中在一起，你會在這裡找到戰前公寓外觀的房子混雜在布魯克林高地住宅區（Brooklyn Heights）的景觀和氛圍之中，還有中央公園的路燈柱跟 1939 年世界博覽會的長凳複製品，其靈感來自格拉梅西公園住宅區（Gramercy Park）的私人社區，以及奧姆斯德式公園偉大的景觀遺產。

組織這一系列建築和都市形式的原則，是一種想要收復跟回歸紐約全盛時期的懷舊渴望——當時是兩次世界大戰之間的歲月，紐約以國際金融首都之姿崛起，風格和內涵皆然。在那段輝煌的時光，企業摩天大樓取代了較矮的建築，成為城市市民自豪感的新象徵。公園大道（Park Avenue）和中央公園西面宏偉的布雜風格（Beaux-Arts）公寓建築，以高檔材料建造而成，輔以精細的裝飾，在在宣示著財富和高雅。砲台公園城持續召喚歷史意象，讓人回憶起紐約歷史悠久的公民價值，提供了令人安心的精神支柱，因此花費公帑在根本屬於

私領域的地方也變得合理。

備受爭議的時代廣場改造案，又是這場運動裡另一種行銷「紐約蒸蒸日上」的廣告策略。全世界都讚美時代廣場是個充滿活力的劇場區，時時燈火通明。廣場位在一個重要的十字路口，結合了通訊與媒體中心以及劇院和電影區、旅館、餐廳、酒吧、辦公大樓，和附近的服裝店跟工廠。到了 1980 年代，大部分這些店家的業績都下滑或直接搬走，由夜間活動取而代之，像是賣黃色書刊的書店、情趣用品店、毒販、妓女、廉價電影、不入流的酒吧等。現在站在正義方的建商想要透過全美前所未有的大規模都市更新計畫，讓時代廣場擺脫道德敗壞的惡名。因此第 42 街的整個周邊區域跟百老匯大道（Broadway）往北全線，都追隨全世界的不動產和市場趨勢，被更新成新辦公大樓、旅館跟娛樂中心。

為了重現時代廣場特有的能量和活動，進而號召大眾的記憶，使這個更新計畫得到認可，政府頒布了一道法令，規定每棟新建築物的臨街立面必須要亮燈，像一台巨大的自動點唱機。裡頭有個隱藏的假設，便是認為這些巨型招牌能夠恢復「白色大道」的往日榮光。特別設計準則也規定要修復九間劇院、翻新地鐵站，並為摩天大樓街道地面層的零售商店擇定位置。改造工程打算用舊時代廣場的意象來取代貧民區，彷彿往昔氛圍有辦法被留存在玻璃帷幕下。然而，就算所有改造後的摩天大樓都被迫要模仿「時代廣場的樣子」，也只會是個冰冷、遙遠的提醒，讓人想起從前五光十色的時代廣場。此外，這批經過淨化的商業與文化建築群，其量體和高度必然會破壞原本脆弱的舊建物，它們看似雜亂又突兀，過去卻曾經讓時代廣場風光一時。

南街從前也是一條生氣勃勃的大道，一條從砲台公園城延伸三公里到卡利爾斯胡克公園（Corlear's Hook）的「船街」（a street of ships），整排壯麗的帆船象徵著港口的活力。不過，到了 1930 年代，南街也成了黑暗的都市叢林之一，破舊、半閒置的建物開著舊貨店和折扣商店，水手和流浪漢經常光顧。[18] 不管過去多麼輝煌，南街和富爾頓街附近已經變成一片無人之地，街道像迷宮般陰

暗又狹窄，周邊交通阻塞，還有令人產生幽閉恐懼的住宅區。當真正的水岸死去、真正的市場退出，留下一個空白，舊海港的神祕情調便有機會從此處被重新建構起來。

1950 年代，紐約的財團和建商發現，從前富爾頓街以南無庸置疑的資本中心已經過時了，而中城區域正在興起，此區有更好的交通路網、新辦公大樓，更是聯合國的所在地。由大衛・洛克菲勒（David Rockefeller）資助的「曼哈頓市區與下城商業聯盟」（Downtown Lower Manhattan Association）解決了停車場和街道拓寬的需求，如此一來車子就很容易進入金融區，為下一波的發展作準備。洛克菲勒集團指出，這個區域被迫要向上發展，因為它已經完全被頹敗荒廢的周邊地區給限制住了。在摩天大樓的陰影下，原有的肉品、乳品和農產品市場沿著哈德遜河衰敗的碼頭聚集。由於華盛頓市場（Washington Market）不再只服務曼哈頓，洛克菲勒集團就建議，把市場搬遷到城外現代化又有效率的倉庫，然後把原本的空間改建成住宅，以賺取更多獲利。東河上方，布魯克林大橋南邊的擁擠窄巷是金融區擴張的必然路徑。至於富爾頓魚市場，現在多半是從卡車上接過運輸的貨物，而不是從漁船，因此魚市場也是另一個可以搬遷的目標地點。荒廢的海濱和市政府管理的碼頭有可能改成金融區的轉運中心，還有一個直升機停機坪和臨時飛機跑道，設施完善。[19]

紐約的水岸繼續衰敗，洛克菲勒集團開始實施他們的改造計畫。1968 年，布魯克林大橋南邊的富爾頓市場附近，出現了一個都市更新區。曼哈頓島的另一側，有另一個都市更新區取代了華盛頓市場。洛克菲勒集團也有意開發世貿中心，並將挖出來的土拿來填海，建造砲台公園城。

1884 年起，當初約翰・洛克斐勒（John D. Rockefeller）是第一批進駐曼哈頓北邊的百萬富翁，在西 54 街靠近第五大道處，洛克菲勒家族打算把該曼哈頓地段更新成混合商業和文化開發的高檔區域。經濟大蕭條發生時，約翰・洛克斐勒為紐約人獻上洛克菲勒中心（Rockefeller Center），那是第一棟景觀摩天大樓，一套自成一格的多用途豪華開發案，遠離危機四伏的城市，主要活動空間在內

部的下沉式廣場、一連串屋頂花園和地下商業區。也因此，1960 年代洛克菲勒集團的提議也就不太令人驚訝：他們想把下曼哈頓的濱水區改建成六棟奢華的住宅和辦公社區，每個社區都圍繞著一個水岸廣場和小港口，可以容納一萬到一萬五千名在金融區工作的居民。

1960 年代，我們開始看到第二種景觀。由於水岸的航運活動已經衰退到無可救藥的地步，蓋個海事博物館來重溫光輝歲月，似乎也滿好的。一名廣告經理彼得・斯坦福（Peter Stanford）組成了「南街海港之友」（Friends of South Street Seaport）這個組織，來創建一個戶外博物館，紀念十九世紀的濱水區別致的帳房、船具用品店和製帆工場。[20]1967 年整併為南街海港博物館（South Street Seaport Museum），斯坦福團隊提議要保存四個街區，將之轉變成可供行人徒步的歷史街區，面向水岸開放，複製從前「船街」的氣氛。海港團隊必須很快動起來，對抗來自洛克菲勒集團的開發壓力。到了 1970 年代中期，兩種不同卻互補的地景終於正式就位：洛克菲勒集團想要保有對整個濱水區的控制，希望把這裡打造成混合用途、二十四小時運作的城市景觀，也希望能控制金融區的擴張，而博物館團隊則聚焦在濱水區的修復，想要重建富有歷史感的場景。

但誰來為修復買單？聯邦政府不再補助都市更新，銀行也在靜待更好的時機，公眾對東一點西一點的保存行動越來越不感興趣。於是又出現了另外一種景觀的指導者：1976 年紐約開始跟勞斯公司（Rouse Company）洽談。勞斯公司是一家成功的購物中心和節慶市集的開發商。勞斯公司在政府資助下，打算將富爾頓街改成行人徒步區，再在重建後的濱海碼頭區蓋一座有歷史風味的展示館，裡面有餐廳和精品店，並在已經聳立一百六十餘年的富爾頓魚市場棚屋原址，改建一個假日美食市集。[21]

勞斯公司成功的市場布局，已經演化出一種都市設計理論。這些小商業區從舊市集的原址起家，發展成為多用途中心。比起開闊的購物中心，勞斯公司更偏好歷史城區的密度，於是決定不採用像百貨公司那種大規模、單一功能的建物，而是選擇沿著行人通道分布的小商店和露天的購物大街，整個環境經過

精心監管，視覺效果卻豐富多變。這些偏好恰巧很適合博物館的歷史場景希望營造的氣氛，可以讓人遠離城市喧囂，好好靜一靜，勞斯公司也保證會精心貫徹及掌控好這種氛圍。[22]

　　儘管如此，商業振興、歷史保存、觀光、仿真的藝術，這幾件事要相互揉合可不簡單。開發勢力占上風的話，歷史保存常常就必須退居次位。南街海港在 1983 年啟用時，四分之三的博物館空間就被重新分配給大砲街（Cannon's Walk），店家沿街林立。南街海港博物館剛開始可能有心要保存一些下流酒館、魚攤、帳房，以紀念此地的航海歷史，但也有人希望可以透過歷史保存把整個東河水岸變成戶外博物館。現在這裡有一個亟待充分資金來挹注文化節目的博物館、幾艘修復過的船，還有一部供多螢幕放映的影片《海港經驗》（The Seaport Experience），影片中的影像、聲音、賣蛤商販的氣味、鵝卵石、鈴聲、煙霧、薄霧、浪花都經過巧妙的模擬。然而，其他的文化復甦卻似乎陷入停滯，開發看起來取得了上風：第一階段有班傑明‧湯普森（Benjamin Thompson）特別設計的新富爾頓市場大樓（New Fulton Market Building），1983 年啟用；第二和第三階段在 1985 年落成新的碼頭展館，以及一棟名為「海港廣場」（Seaport Plaza）的三十四層辦公大樓。而且還未完待續。

斡旋渴望

　　像砲台公園城、時代廣場、南街海港這樣的地方想要維持下去，不僅依靠圖像敘事帶給人的樂趣，還仰賴歷史觀光（historical tourism）的流行，也就是想要「隨便看看」另一個時代經過複製、再評估的人工製品與建築的欲望。只不過，賦予歷史意義（historicize）代表要疏離、要區分出差異，如此一來過去和現在、真實和模擬經驗之間的差距便漸漸加大。《觀光客》（The Tourist）一書的作者迪恩‧麥卡內爾（Dean MacCannell）嚴厲批評歷史保存是在「博物館化」不同的生活方式、社會以及過去的藝術品和建築，因而擴大了過去和現在之間的

差距。[23] 他認為觀光是一種向差異致敬的儀式，即使很多觀光客在旅行時尋找某些藝術形式，那些藝術形式被迫離開原本的脈絡，然後被重新放在博物館裡，它們還是記錄、收集到各種「獨特」的環境，累積出它們所希望達到的時空「真實感」。

但旅遊業和歷史保存似乎都有意（但不見得成功）藉由強調現在和過去、現代與傳統的斷裂，來整合、增強現時感；或者透過突顯過去某個面向，以證明現在的相關特定面向是合理的。在重建後的海港，我們會注意修理工多麼心靈手巧、進口的貨品多有異國情調，或者商人多麼有錢、水手的賣身契如何導致他們陷入貧窮嗎？每一件事都很重要。博物館、歷史街區和城市布景為過去搭建出非常具體的舞台。

小約翰・洛克斐勒（John D. Rockefeller Jr.）在 1920 和 1930 年代為威廉斯堡民俗村（Colonial Williamsburg）的整建工作提供資金，將現實重新改寫並搬上舞台。十八世紀的都市景觀經過操控後再現出來的成果，很大部分是修復工作者的想像，同時也試圖教育跟娛樂那些有錢有閒旅行的人。邁克爾・華萊士（Michael Wallace）描述威廉斯堡具有神話目的，其市鎮景觀是屬於南方種植園主階層的回憶，代表洛克斐勒這類最早的企業菁英。為了紀念這群人，洛克斐勒花了很多錢打造出一個象徵環境，整個環境的規畫和結構就像一間順利運作的企業，由文雅的貴族和粗鄙的工匠掌管。工人和奴隸從來不會出現在舞台上，即使他們是實際創造出當年威廉斯堡財富的九成人口。[24]

比如南街海港，人們可以在這裡買到世界各地的各種東西。開發商在打造這類具有歷史感的露天市集和不同時期的倉庫群時，企圖把過去的歷史痕跡鞏固在一個統一的意象裡，復原一種從未發生過的完整，因此已經將地理空間和歷史時期都混合在一起，以致於場所和脈絡的獨特性都被完全抹除。這些幻想的模擬環境為我們的消費行為提供了布景。當代的商品賣的不再只是實用性和效率，還有賦予商品附加意義的一整套價值觀。商品越不那麼功能性、實用性、必要性，就越有吸引力。商品被放在一群象徵著整套生活方式和支持環境

的符號系統之中，系統本身企圖要人增加消費，於是便暗示說，想要過上某種生活。只取得單一商品是不夠的，還得把全部商品都到手才行。[25] 因此，充滿異國風情和想像地帶的模擬景觀，清楚地結合了幻想和真實，成為當代的消費活動理想的背景道具，整個布置安排讓商品變得更加誘人。

迪士尼樂園精心打造的景觀或許可稱為最原始的歷史集市布景，各種設計都巧妙地鼓勵人消費。來到這個奇異空間的遊客都成為故事的敘述者，此故事看似融合了互相矛盾的元素。邊疆世界、探險世界、明日世界，甚至幻想世界的景觀，表現出美國人如何擊敗印第安人的故事、異國風情、外太空——簡言之，不只是關於歷史記憶。迪士尼樂園所呈現出的美國的生活方式，是普世適用的進步象徵。不管旅客選擇哪條路，他的旅程都會象徵性地在美國小鎮大街（Main Street USA）開始和結束，也就是觀光購物商店聚集的區域。因此，小鎮大街成為迪士尼樂園整個故事的中心，這是一個精明的商業童話，訴說著消費至上的美國風格。迪士尼樂園藉由呈現小鎮大街的臨街立面，以及所有各個「世界」，表現出夢幻過往的縮影，激發遊客的想像力和購買欲望。不過，重點不是這整個偽造出來的環境，畢竟迪士尼樂園的一切完全都出於想像；真正的重點在於，迪士尼樂園的景觀是典型以消費為目的，而非休閒用途。[26]

從這個角度，南街海港市集是一個不折不扣的市場，一種販賣特殊經驗的舞台——賣的是純粹的欲望，買東西的人想像出一個奇幻世界，似乎擁有某件物品就能來到那個世界。的確，市場本來就是各種欲望和渴望的載體。船、水手、海港……他們都是欲望的投射，驅動人和船旅行到世界各地，為了找一小撮的馬達加斯加胡椒來為肉增添風味，或一杯摩卡咖啡來提振精神。[27]

沒有什麼比重新振興的商業區更適合作為資本景觀的舞台。南街海港是紐約貿易史的唯美象徵，可以視為一種旅行和冒險、異國商品和貿易的集體紀念。廣告當然也利用這種組成結構來獲利，讓物品出現在虛構的海港市集懷舊的環境當中，令人產生一整套愉悅感。懷舊（Nostalgia）是一種甜蜜的惆悵感，由於覺得當下缺少某種東西而產生；懷舊也是一種渴望，因為人想要體驗到原

汁原味、也或許更完滿的過去，就算是蛛絲馬跡也好；懷舊也是欲望，希望重新擁有、體驗未受時間摧殘的事物。然而，這個過去只會以二手的形式出現，它所提供的經驗貧瘠偏頗，實在很難不激發更多的渴求和欲望。紀念品作為一個可展示的物品，能夠產生一種旅行敘事，它是一個視覺可見的提醒，令人回想起從前的旅程，並重新喚起更多旅行與冒險的渴望，但它也燃起人們想要帶著滿手戰利品回家的欲望，那些戰利品都在緬懷純真又珍貴的過去。[28] 這種擁有、占用的欲望，當然正是廣告想要促成的效果，不管人們想要的物件是歷史建築，還是待售的商品。

因此，南街海港的歷史氛圍受到精心安排，要引導人們的懷舊情懷。勞斯公司透過選擇建材，包括花崗岩、浪型鋼板、紅磚，確保濱水區會保持粗獷又風格混雜的外觀，他們也會每週跟博物館員定期開會，確認有維持住此地的歷史「氣氛」。每個街道攤販、戶外裝飾、廣告、招牌、商業空間必須符合南街海港的整體主題。招牌和廣告受到嚴格的控制：南街海港的標誌是用來辨識藝廊、展覽空間和店家，而戶外招牌則複製十九世紀的漆繪式招牌風格。博物館透過一系列常設展，探討濱水區和商業發展的關係，重新詮釋了南街海港的歷史角色：投影片播放著紐約如何一路努力成為具有全球重要性的港口；油漆業或製圖業等傳統貿易復興，說明紐約對海事技術的貢獻；定期舉辦的節慶活動令人再次體會到海洋和濱水區的社會文化面向。[29]

南街海港起初希望成為二十世紀全民的戶外博物館，但其根本核心還是商業——用於保存歷史建物和維護船街氛圍的資金，來自商店街產生的收益分配。[30] 也就是說，南街海港的確是一個訴說著貿易和商品故事的戶外廣告，這些冒險與征服故事滿足了消費者無形的懷舊欲望。此種微妙的廣告形式，模糊了充滿情調的舞台場景和促銷商品之間的差別。用心營造的歷史場景不僅提升了展示中的產品形象，也把觀眾鎖定在傳奇的店家／故事之中。

勞斯公司和博物館賣給零售商的，是接觸到特定主顧的機會，這些主顧都抱著相似的思維，因此他們商業上的成功，有賴環境和商品之間的關係看起來

多有說服力。整個歷史背景就是他們的廣告，這廣告必須令人感到安心、帶有些許教育意味，還具備娛樂的調性，[31] 進而營造出對民眾的吸引力。

因此，舉例來說，欣賞謝莫洪排屋的建築，跟欣賞待買的商品很難區分。究竟哪些算是商品？在這個航海環境裡，賣的是各種休閒生活方式，觀眾可以接二連三連續試穿自然學家、都會投資客、漁夫、運動員、野生動物探險家、異國航海家的精美裝備。服裝和飾品如同歷史建築和改造後的歷史氛圍，能夠激發回憶。就算這些商品充滿風格，形式也如出一轍， 它們越遠離日常生活中的實際狀況（也就是點綴越多探險、發現、殖民的奇幻敘事），吸引力就越大，也就似乎越能滿足人們對真實和新鮮體驗的需求。最後想買點紀念品的話，可以在「虎克船長」（Captain Hook）找到，那是一個滿是船鈴和貝殼、貝殼雕刻和小飾品的私人洞穴；或來到「自然小鋪」（Nature Shop），裡面的鳥、魚、恐龍的手工藝品、風鈴和氣象儀器、地圖集和地球儀、望遠鏡和顯微鏡、時鐘和溫度計，訴說著貿易時代的冒險。在零售品牌宏圖（Brookstone）的五金百貨，可以買到各式各樣的戶外遊戲，從槌球到羽毛球、野餐盒和烤肉架、行李箱和輔助輪，以及愛好自然的人可能需要的園藝工具，應有盡有。Laura Ashley 和 Williamson 的服裝店裡的天然染料和纖維，令人聯想到十九世紀的簡單樸實。休閒服飾品牌 A&F（Abercrombie & Fitch）的商品也隱身在殖民帝國主義風的外表底下。

要不是還有一些航海史的相關影射，南街海港的店家跟海運的關聯性已經越來越少。起初的精品店是一些賣限量特殊商品的小店家，但現在的店已經換了一副面貌，由大型連鎖企業如香蕉共和國（Banana Republic）、Laura Ashley、宏圖和自然小鋪所掌控。

就連歷史都要向消費這等大事低頭。就拿飲食店來說，因為有富爾頓魚市場，南街海港原本是展示鮮魚和各種異國食物的勝地，但節慶市集廣場剛開幕時，鮮魚和美食顯然拖住了大批觀光客探索南街海港冒險之旅的腳步，一直到速食店進駐，如紐約的煙燻牛肉工場（Pastrami Factory）、港口披薩（Pizza del

Porte）和布魯克林的漢堡男孩（Burger Boys），大眾才開始湧入節慶市集廣場。竟然只有把魚移出魚市場，才能讓此地的「歷史」場景有利可圖。

在南街海港，現下的真實和懷舊的渴望互相牴觸。華爾街的金融利益亟欲尋找新領地，因此想要把紐約市的歷史濱水區和市集廣場只當作舞台背景來保存，用來服務有機會盈利的事業。都市航海家逆著自然的力量航行，此一主題在南街海港一而再再而三出現，隱喻著舊時代的探險與殖民；過往那些旅程的記憶，被用來合理化紐約市低價的邊緣地帶在當代被據為己用，並將之轉化為營利休閒場所的行為。[32] 城市裡的空間分化越來越嚴重，導致棄置土地和增值的場所之間、被市場忽略的窮人和被賦予特權的富人之間，彼此的差距也越來越大。歷史保存和氛圍環境的營造，使得不同類型的公共空間之間的差異被固定下來——這種狀態在未來並不容易改變。

追尋公共都市空間的當代觀眾，越來越常必須漫步走過像南街海港這樣經歷過再生、增值的地區，地方被轉變為縉紳化、商品化、私有化的城市布景。這些區域從前存在於市集廣場之外，但現在它們的存續得仰賴廣告以及被創造來販賣的娛樂環境。在這些城市空間「隨便看看」仍然是愉悅的公共經驗，但這類經驗越來越集中在一個連結的瞬間：也就是個人欲望跟銷售物所提供的未來承諾接軌的時候。一方面，南街海港見證了公共集市的工具性和理性生產，慶祝活動和慶典仍在集市裡發生，不過都是刪減跟調整過的版本；另一方面，南街海港和其他類似場所靠著敘述生活風格的廣告來瞄準觀眾，直接跟個人的幻想對話，共謀了這場公共空間的私有化。這些公私領域的改變，徹底翻轉了城市裡的街道和空間。公共道路和公共空間被私部門設計成大型企業摩天大樓裡的室內購物街，或者公眾出入受到嚴格管控的節慶市集廣場。帶著懷舊渴望和想像的私領域，逐漸受到舞台場景跟城市布景的操控，企圖藉由捏造出來的歷史奇觀，來刺激我們的消費行為。

See You in Disneyland

咱們迪士尼樂園見

邁克爾·索金 Michael Sorkin

迪士尼樂園也混合了歷史與想像、現實與模仿的轉台效果，創造出一種體驗物質世界的方式，這種體驗方式漸漸已成為生活的日常。嚴格控管、完全合成的景象，提供了一種精簡、美化過的經驗，取代掉城市裡各種雜亂無章、錯綜複雜的情況。

連環殺手理察‧拉米雷茲（Richard Ramirez）是洛杉磯惡名昭彰的「暗夜魔王」（Night Stalker），他在審判後被上銬帶走時，轉身向法庭的觀眾喊道：「咱們迪士尼樂園見吧！」美國人在職棒聯賽世界大賽和超級盃美式足球賽後的某個電視廣告中，常會聽到這句話：幾場蒙太奇拼接過的重要比賽畫面之後，背景漸漸響起〈當你向星星許願〉[1] 的旋律，滿面笑容的球隊英雄大步邁出球場的途中，被節目主持人攔住，問了這麼個問題：「你現在打算做什麼？」

答案始終如一：「我要去迪士尼世界！」

迪士尼世界，主題樂園中的主題樂園，是美國「極樂世界」（Elysium）的替身，是四分衛和投手的終極獎賞，也是休閒的烏托邦。而且還不是只有美國人作此想：穿過佛羅里達州奧蘭多的天國之門，正是地球上最不折不扣、首屈一指的旅遊目的地，好天氣時一天接待將近十萬名遊客、一年遊客超過三千萬，這群人每年在這裡消費將近十億美元。這些驚人的數字還不包括加州安那罕市（Anaheim）最早的迪士尼樂園，也不含東京迪士尼樂園，或馬恩河（Marne）旁興建中的歐洲迪士尼。由於迪士尼和其他類似的景點，奧蘭多成為美國的「短暫逗留之都」（capital of transience），其旅館房間的數量比芝加哥、洛杉磯或紐約還多。

但迪士尼王國的範圍遠超過這些物理場所，其力量無孔不入。幾十年來的影片讓每個世代都知道它的圖像，現在還多了電視頻道。多年來精明的大規模推銷，已經賣出數十億件迪士尼商品，包括錄影帶、漫畫書、睡衣褲、紙杯、明信片、老鼠耳零錢包，誇耀它們在這個指數型擴展的物體系之中，占有一席之地。從紐約到上海的街道上，人們腳下盡是來自迪士尼樂園的殘餘物，認識米奇的人，比認識耶穌或毛澤東的人還多。誰不住在迪士尼世界裡呢？

「場所營造」（placemaking）這字眼可說是從迪士尼樂園開始的。根據一位專門歌功頌德的傳記作家所言，1938 年迪士尼在前往芝加哥鐵路展覽會（Chicago Railroading Fair）的途中，動念想要打造一個樂園，當時他受邀穿上工程師的工作服，爬上老火車頭後方的節流閥，實現了一個兒時的夢想。後來他在

自己的房子周圍，蓋了一個迷你鐵道，盼著被鐵道包圍的樂園能夠出現。還有另一個關於樂園起源的傳說被廣為流傳，描述迪士尼家族去到一個傳統的遊樂園，迪士尼對其衛生條件很反感。這些對交通運輸和整齊潔淨的幻想，在1955年的某一天，化為迪士尼樂園，超現實的始點。

迪士尼樂園一直都是一個烏托邦，早期的宣傳活動描寫道：

> 迪士尼樂園，將建立在美國創建的理想、夢想和明確事實之上，也為之奉獻；它也具備特有的條件，把這些夢想和事實搬上舞台，傳遞出去給全世界，成為勇氣和激勵的源頭。

> 迪士尼樂園將會像一個市集、一個展覽會場、一個遊戲場、一個社區中心、一個世間萬象的博物館、一個美和魔法的勝地；裡頭充滿世界上各種成就、樂趣和希望，提醒我們、也展現給我們看，各種驚奇如何成為生活的一部分。

如果上面這段呼喚還有點模糊，迪士尼樂園的直接起源就具體多了：電視台買單。原本討厭上電視的迪士尼因為手頭緊，不夠支應急遽上升的工程經費，便和美國廣播公司電視台（ABC）達成協議，當時該電視台還在兩個競爭對手之後苦苦追趕。作為交換條件，迪士尼端出他最珍貴的商品：米老鼠。迪士尼樂園和米老鼠俱樂部同時誕生，如湯瑪斯・韓恩（Thomas Hine）所言，迪士尼樂園是「第一個和電視劇同時一起被構思的實體場所。」

電視劇和迪士尼樂園的出現，不只是時間上的巧合，兩者運作的方式也

---

[1] 譯註：〈當你向星星許願〉（When you Wish upon a Star）是迪士尼動畫《木偶奇遇記》（Pinocchio）的經典主題曲，故事主角皮諾丘的爸爸向星星許願，希望能有個兒子。這首歌表達只要你有夢想即可實現的願景，在美國擁有非常高的知名度，也成為迪士尼電影開頭音樂的傳統主旋律。

很類似：經過選取、簡化、重組，創造出嶄新、反地理（anti-geographical）的空間。電視上，每日播送的節目構成無數怪誕並陳的組合，不斷削弱過往的連貫性。拿著遙控器在各個頻道、節目之間不斷切換，是電視帶來的典型經驗，讓人用特殊的方法穿梭在無窮盡的電視空間之中。無獨有偶，迪士尼樂園也混合了歷史與想像、現實與模仿的轉台效果，創造出一種體驗物質世界的方式，這種體驗方式漸漸已成為生活的日常。嚴格控管、完全合成的景象，提供了一種精簡、美化過的經驗，取代掉城市裡各種雜亂無章、錯綜複雜的情況。

　　這種奇怪的集成其實也不是什麼新鮮事：馬戲團、慶典、市集都歷史悠久。迪士尼堪比鬼點子多多的馬戲團泰斗巴納姆（P.T. Barnum），可說是終極版的馬戲團大帳篷（Big Top），每分鐘都有類似的把戲誕生。馬戲表演和迪士尼的娛樂都具有反狂歡（anti-carnivalesque）的性質，是一場原子化的盛宴，表面上是要逃離事物的現存秩序，其實是在慶祝那份秩序，可謂福特主義的趣味。當然，迪士尼樂園也是從遊樂園演變而來，尤其世紀轉換交替時期，康尼島（Coney Island）遊樂園開始興盛後，從美國東岸到西岸，相仿的遊樂園一個接一個冒出來。跟迪士尼樂園一樣，康尼島像是一處休閒版的亞登森林（Arden of leisure）[2]，既與日常城市（workaday city）不同又與它共生。障礙賽公園（Steeplechase Park）、月神公園（Luna Park）、夢境樂園（Dreamland）是建構起這套新休閒體系的基本元素，它們召喚出諸多想像，例如時空之旅、小人國的縮影世界、違反物理法則的穿梭移動、接觸新科技的興奮經驗、有效結合奇觀和高壓統治的建築，以及對都市生活的渴望⋯⋯這些統統都是迪士尼樂園之前的先驅典範。

　　不過，迪士尼樂園最直系的先祖，應該是世界博覽會（World's Fair）。跟著工業革命發展出來的全國製造業展，漸漸發展成這些盛大的活動。這些活動於十八世紀晚期發跡後，在 1851 年倫敦舉辦的萬國工業博覽會（Great Exhibition of the Works of Industry of All Nations）達到巔峰，舉辦地點在英國園藝師及建築師約瑟夫·帕克斯頓（Joseph Paxton）的水晶宮巨大的玻璃屋頂下。英國小說家威廉·

薩克萊（William Thackeray）在一首為了工業博覽會所寫的誦詩裡描述道：

> 如童話中王子的宮殿，
> 此珍奇之展覽場館，
> 自人類誕生，懂得蓋屋、覆罩以來，
> 前所未見。

這種陶醉得意的自信，也展現在亞伯特親王（Prince Albert）的就職演講中，當時還沒有米老鼠俱樂部成員這個詞：

> 任何人只要曾經留意過我們這個時代具備哪些特徵，都絕不會懷疑我們正處在一個最能完美的過渡時期，而且應該很快就能實現那個偉大的目標，的確，所有歷史都指向該目標——實現人類的一體性……距離原本將不同國家和地球各個角落分隔開來，如今在現代發明的成果面前，這些距離正急速消失，我們可以輕而易舉地穿越各處，所有國家的語言都能被理解，每個人都有能力習得這些語言，思想可以瞬時溝通，速度快如閃電。另一方面，分工的大原則（或許也可稱為文明社會的驅動力）也被延伸到各種科學、產業和藝術的分支……地球上四面八方的產品任君挑選，我們只需要根據目的，選擇最好、最便宜的產品，競爭的刺激和資金決定了生產的力道。[1]

1851 年的博覽會是全球資本的第一個烏托邦。亞伯特親王提及世界因為

---

[2]　譯註：亞登森林（Forest of Arden）是英國中部一處真實的森林地區，莎士比亞的喜劇《皆大歡喜》（As You Like It）以此處為故事背景，形容此地為一田園牧歌式的天堂，類似中國文學的「桃花源」概念，主角避世於林野，過著逍遙自在、無憂無慮的生活。「亞登」一詞來自代表「伊甸園」的希伯來文，意指幽居至善的地方，因此這個字也象徵著神話、想像和文學啟發之地。

科技和分工而縮小，這一點是主題樂園的主旋律。帕克斯頓的水晶宮裡頭，各種精心安排讓這一點更加突顯。首先，各國的財富都集中在一個屋簷下、收藏在單一建築空間裡；再者，其興建工程本身就體現出工業的進步——水晶宮集合了大量精確的預製建築構件，是最早期的組合屋；最後，水晶宮描繪出天堂的樣貌，不僅它的空間規畫像個教堂，有中殿和橫廊，也是當時世界上最大的溫室，內部充滿綠色植物和商品，這裡兼容了世外桃源和工業，又有空調，是一個機器花園。

十八世紀晚期，製造玻璃的效率已經純熟，這類大型建物於是逐漸成為不可言喻之事的替身，也是歐洲殖民主義各種表現形式集大成的地方。「黑暗的撒旦磨坊」（dark satanic mills）[3] 運作的年代，冬季花園漸漸變成娛樂和集會活動炙手可熱的場所。柏林和布魯塞爾所展現的熱帶風景（配上大受歡迎的歷史和地理全景）有助於發展出模擬式旅行的構想，開啟觀光體驗之中，表象與真實之間的巨大辯證。隨著十八世紀末期鐵路發展使得真正的異國旅行變得可能，這些場合受歡迎的程度也開始降低。

這種錯置（dislocation）很重要，不管還有無其他用意，主題樂園熱情稱頌著交通運輸和地理之間的關係。冬季花園喚起遠方的感覺，鐵路倒是近在咫尺。約翰・甘迺迪國際機場或倫敦希斯洛機場快速翻動的目的地指示牌，都是無名的圖卡，卻能真正帶人來一趟到摩洛哥丹吉爾（Tangier）的旅行。冬季花園如同「溫室」（hothouse），裡頭全是些把戲，創造出一種難以企及的狀態，模擬出來的事物出現在它們本來不可能存在的場景裡：那個空間不是回憶，而是幻想。溫室或迪士尼樂園的核心精神，是要提供一種外來自然的觀點，經過剪裁編輯之後，變成更好的版本，成為壯麗豐盛的狀態。的確，每個遊樂園永恆的主題，就是原本站在文明社會對立面的自然，轉變成為遊戲場的轉變過程。

這些遊樂園遲早會繼續分化，很快就會出現各種按主題分類的展覽場館（製造、交通、科學等），接著會有國家館、娛樂館，最後會有企業贊助的場館。打從一開始，這些建物雖然只是暫時的，卻一棟比一棟還奢華。而且，隨

著遊樂園的範圍越來越大，各種元素的排列、串接也更至關重要。當這些遊樂園達到小城市的規模和密度，本身便也成為一種典範，把想像中的都市主義視為目標的一部分，在把自身當作都市體系的範型的同時，也讓人對未來更進步的都市充滿憧憬。遊樂園不斷擴大，其交通運輸系統不僅有實際的需求，也是現代城市中物理關係的典範。然後，這些遊樂園很快也出現「都市問題」，尤其發生在周邊地區。雖然樂園本身被視為模範，調性很高的同時，卻常有混亂脫序的狂歡活動伴隨而生，包括一些發生在遊樂園牆外更「受歡迎」的娛樂，像是肚皮舞者「小埃及」（Little Egypt）在大道樂園（Midway）跳著她們的「異國舞蹈」，或脫衣舞女在法拉盛（Flushing）地區周邊攬客。

　　大型世界博覽會興起的那幾年，實務的烏托邦主義也興盛起來。雖然許多理論起源於歐洲，美國卻成了一張烏托邦實驗的空白大畫布。不僅一大批新城市建造起來，支持社區主義的公民，如傅立葉主義者（Fourierites）、歐文主義者（Owenites）、震教徒（Shakers）、貴格會（Quakers）、摩門教（Mormons）和其他類似的群體，也建造了許多令人讚嘆的理念社區。雖說只有少數案例稱得上在城市的實體生活方面有所突破，卻的確為創新和改革的氣氛推波助瀾，對都市生活產生直接的影響。這種積極樂觀的完美未來願景，跟移民湧入造成工業城市日益惡化的狀況之間的反差，催化了一系列越發具體的提議。

　　事實上，1892 年芝加哥博覽會代表著一個這股勢力推動出來的結果。芝加哥有個貼切的稱呼：「白城」（White City），這次博覽會被類比成城市裡的「大白艦隊」（Great White Fleet）[4]，目的是要在其他領域傳達改革的訊息。「城市美化運動」（City Beautiful movements）是美國推動新城市誕生的第一個重大典範，其指引如巴洛克式對稱、巨大的布雜風格（Beaux-Arts）建築、大量的公園

---

[3]　譯註：英國文人威廉・布雷克（William Blake）的長詩《米爾頓》（Milton）中，有一句提到「黑暗的撒旦磨坊」（dark satanic mills）這組字詞，表達對工業革命負面影響的憂心，例如摧毀自然和人際關係。本文中應指工業革命時期。

[4]　譯註：美國海軍作戰艦隊的常用暱稱。

綠地，對許多城市造成深刻的影響，造就了生氣勃勃的景象。城市美化運動
對華麗、可見的秩序和公園的著迷（也就是在意城市的紀念性與「公共」面
向），預示了主題樂園的實體模式，將城市生活中被視為良好的公共行為抽象
化。令人眼花撩亂的芝加哥博覽會，顯現出如此建築砲火集中展示下所獲得的
華麗效果，在這之後幾乎每個美國城市，都有一個受其影響而創建的市政街區
（civic quarter），不管這些街區如今剩餘的有多少。

　　城市美化運動進展的同時，大規模定居所帶來的壓力和不斷發展的科技，
創造出其他對於「控制」的想像，這些想像不太依賴過去的形式，而具體表現
在假想的建築方案，以及大量的文學作品中：如描寫快樂科技烏托邦的小說，
像愛德華‧貝拉米（Edward Bellamy）的《百年回首》，便對閒適的世界有著驚人
的先見之明。這兩種表達所聚焦的領域有點不同，許多假想的建築方案都是從
高層建築的技術發展得到靈感，希望成為充滿摩天大樓的城市，尤其期盼有錯
綜複雜的運輸系統，來支持整個城市的運作；小說則往往著重在生產關係的奇
想，以及高科技形塑的便利文化之下，各種管理控制得宜的場景。

　　這些想像預見了現代主義本身所宣揚的都市型態，其中有兩個主要的流
派。第一種是當今飽受詬病的理性主義幾何風，一群巨大的建築團組間距整齊
地落在草木蒼翠的風景中，柯比意（Le Corbusier）是此派主要的倡導者。柯比意
的想像成了異化（alienation）的圖象，跟原本想要和工業城市的骯髒荒涼一決高
下的姿態已有脫離，化身為毫無特色的都市更新和 1960 年代乏味的市中心。
迪士尼樂園建築的護教者，心中顧慮的就是這種現代主義的都市型態，因此採
取了復古的方案。

　　不過現代主義還產生了另一種城市版本，對迪士尼的美國想像更加重要。
英國人埃比尼澤‧霍華德（Ebenezer Howard）在 1902 年發表了長篇論述《明日的
田園城市》（Garden Cities for Tomorrow），提倡田園城市運動，這套論點跟柯比意
的笛卡兒式幻想之間的關係，大約就如同英國的造景園藝之於十八世紀的法
國。一個是歌頌「狂放」自然的浪漫詩篇，另一個是學術論文，事物的秩序

凌駕自然。雖然兩者都是田園牧歌的變體,認為「去自然」(denatured)的城市再自然化(renaturalization)會去除它所害怕的事物,恢復自然狀態對人性也會有益處。

作為一個實體的典範,田園城市預示著迪士尼的空間佈局,主題樂園裡的樂園。其理念包含眾多形式細節:首先,必須在現有大城市遠郊的邊緣,打造從無到有的小規模城市,扮演安全閥的功能,釋放原大城市的壓力,紓解過度擁擠的狀態。如畫美學式(picturesque)的規畫(早期郊區的要素)跟嚴格的交通規則一樣,都不可或缺。實際上,交通運輸的策略成為田園城市最重要的內在理路和裁決標準,包括人車分流,以及適合步行的距離範圍。形式上,結果通常是單一中心跟放射狀規畫,由圈狀的動線連結起來。

科技和田園城市,在 1930 年代兩大世界博覽會當中結合在一起:一是1933 年芝加哥世界博覽會,另一是 1939 年紐約世界博覽會。芝加哥世博會的會址是沿著一條蜿蜒的路規畫出來,意欲讓人聯想到「不斷演化的早期路城(roadtown)[5]」,喚起田園城市的想像。各個展示館分散在路的兩旁,對外慶賀科學的進展——這種形式強烈預示著迪士尼的空間風格。展館上方有空中纜車來來去去:芝加哥博覽會首開先河,將移動工具給真正抬升起來,成為明顯的象徵物。紐約世博會的格局則令人想起更早期的烏托邦秩序,幾何放射狀的規畫,是文藝復興時期一直到十八世紀理想社區的特色,也是田園城市的靈感來源。不過,紐約也擁有兩個未來城市巨大的等比例模型,兩者之間體現出兩種必要的秩序概念——移動和田園。

---

[5] 譯註:埃德加・錢布雷斯(Edgar Chambless)在 1910 年發表了著作《路城》(Roadtown),描述一個由交通運具構成的烏托邦。路城是一座綿長、線性的建築,底部有一條鐵路,頂部有一條步行長廊,相較於垂直發展的摩天大樓,「路城」是水平發展的城市樣態,構成一個綿延不絕的線性城市。完整的路城規畫包含地上兩層,二樓為住家,一樓為製造或輕工業場所,地下三層為鐵路,短中長途火車有各自的軌道,地下也有管線等公共設施。路線兩邊(亦即城外地區)有農田。路城構成一個自給自足的體系。

　　這兩種未來城市的模型都是工業設計師（迪士尼想像工程師的先驅）努力的成果。第一種模型「民主之城」（Democracity）是亨利・德雷福斯（Henry Dreyfus）的作品，坐落在知名的圓球體（Perisphere）之中。雖然其中心是一棟巨大的摩天大樓，該城市的規畫卻是綠色生活圈中的一群森林城鎮，完全是埃比尼澤・霍華德的風格。第二種模型是諾曼・紀迪斯（Norman Bel Geddes）的「1960年的城市」（City of 1960），是一棟為通用汽車設計的「未來圖景」（Futurama）展館。第二種模型比第一個更受歡迎，或許因為遊客經過它的時候都是搭著小馬車，很有迪士尼的風格。這裡也具有柯比意的現代性，一大群摩天大樓聳立在超大的街廊綠地之間，依據笛卡兒網格來分區。當然，直線的孔隙間滿是倏忽而過的車流，暢通無阻駛向各個方位基點，在孕育都市的矩陣裡來去移動。

　　田園城市的理念，今天已經擴散到各種各樣的環境裡。以「歐普思」（Opus）為例，那是明尼亞波利斯市外環公路上會經過的一群辦公大樓。宣傳手冊形容它是

> 富含想像力和創新精神的建案……新世代辦公園區的典範，位於明尼亞波利斯市的西南郊，地理位置優越。占地 182 公頃，園區景觀優美，行人徒步道和腳踏車道穿繞其間，百花爭艷，綠樹成蔭……充滿活力，振奮人心。歐普思坐落於大片草地、丘陵、埤塘之間，距離購物中心、體育館、國際機場、明尼亞波利斯和聖保羅的中心商業區皆僅數分之遙。18 號郡道和 62 號跨城公路，能夠快速連結州際公路系統。

　　仔細瞧瞧這些開發案的規畫內容，就明白它的賣點何在：歐普思大樓群就是個田園城市，精心將行人和車流交通分開，景色如畫的交通路線劃分出大小不一的地塊。但有一點是歐普思跟一般田園城市不同的地方：歐普思是一個辦公大樓群，住宅區是後來才添加上去的，有留下幾塊地給外來建商蓋限量

的住宅。考慮到每個辦公區的工作性質（「歐普思賦予『工作』一字新的意義」），以及基地外大部分服務和住宅的位置，實在不需要興建複雜的行人通道或周密的立體交叉系統。不過，他們的確讓該地點變「都市化」，在理論上賦予此地一個地位，即使實際使用並不符其名。步行系統象徵著良好的流動性，一個意涵有動作的地圖，但人卻沒有真正地移動。真正的連結是靠高速公路和機場的道路，而肉眼所見不到的電信系統更是關鍵，讓分散式發展成為可能，也構成美國都市發展的主要模式。

亞特蘭大的外環道路 285 號州際公路，常被當作這類新城市遠郊區（exurbia）向外擴散的原初場景。這些地區發展得很快。1980 年，亞特蘭大市中心就已成為陽光地帶（Sunbelt）再生的象徵。城市有了新的外觀：典型的中地圖像，加上一群閃閃發亮的摩天大樓，讓該地地價衝上天際。然而，到了 1985 年，整個發展模式突然變了，市中心多出 40 萬平方公尺的辦公空間的同時，另外有 70 萬平方公尺的辦公空間被蓋在某個州際公路交叉口一處有個矛盾名稱的「周邊中心」（Perimeter Center），接著還有超過 98 萬平方公尺蓋在另一個交叉口的坎伯蘭（Cumberland）／加勒里亞（Galleria）地帶，這些都市外圍的辦公區已經占有主導地位。

歐普思區內串連不同樓群的循環道路，像是環繞著歐普思園區和明尼亞波利斯、亞特蘭大等城市周邊開發區域公路環圈的簡要版。其走向是離心往邊緣，而非趨向中心，屬於一種散開的邏輯。在這樣的空間階層裡，流通（circulation）始終是最重要的事，首先它的空間需求也最大。根據標準計算，在都市周邊地區，每 100 平方公尺的辦公室必須要搭配 130 平方公尺的停車空間。交通移動的面貌決定了建築最基本的問題，使其依照需求來變形。位在移動鏈尾端的工作空間似乎被放錯位置、順序錯誤，它必須仰賴巨大的維生系統才能維持其孤立狀態，如今卻成為這套系統的囚徒，有如追著自己尾巴的狗一樣本末倒置。這種不間斷的流通，反映了資本的循環——那是一封全球的連鎖信，一直不斷在積累中。而這些位在邊緣盡處的辦公室，其功能就是要加速資

本的循環。如果這些新發展看起來過於簡化，正是因為它們基本上表現出來的就是一種抽象的東西：資本的流動促成了一切。

迪士尼世界（Disney World）[6] 和迪士尼樂園（Disneyland）[7] 的架構與尺度，完全稱得上是一座田園城市。它們也位在都市邊緣，自成一種特殊現象，堪比其他公路系統交叉口的辦公園區，其地點更是為了讓反覆前來休閒的人容易到達而擇定的。它們的內在結構根據一套嚴格的模型建立起來，園區從一個強大的中心區域（具有象徵意義的奇幻城堡）向外放射開來，依照不同主題排列（「明日世界」、「邊疆世界」等），彼此銜接。地面層主要留給行人來往，園區的邊緣和空域則是各種精密運輸系統的天下，包括火車、單軌列車、空中纜車。

移動行為無所不在，而且四通八達。按照旅行社的說法，迪士尼樂園和迪士尼世界是「目的地」（destinations）。這說法有雙重含義，包括了旅行和到達這兩種動作。抵達的元素尤其關鍵，代表某個人並不是在穿越某些中途的站點，而是來到某個明確的「他方」。在更大的旅行論述中，這些地方都被賦予某種等同性，唯一相關的變數就是動作（motion）。維吉尼亞州威廉斯堡的布希花園（Busch Gardens，靠近第一座主題樂園「威廉斯堡民俗村」），是迪士尼的競爭者，它有個口號宣稱：「你若想瞧瞧歐洲，就來維吉尼亞度個假……舊時歐洲的樂趣和繽紛一把抓……而且近多了！」（更不用說，不會有討厭的恐怖份子阿布・尼達爾（Abu Nidal）在途中威脅你，迫使你中斷旅行的樂趣！）口號還搭配了《歡樂頌》（Ode to Joy）的音樂。

布希花園和迪士尼樂園跟世界博覽會一樣，帶給我們劇烈化的當下，還有因為商品大幅增加而轉變的世界。世博會是「全球市場」的微觀演繹，是個跨國的購物中心。來到迪士尼樂園，這種為商品拜物立碑紀念的作為，已經被精簡為俳句詩的精髓。傳統的博覽會裡頭，象徵性的國際「競爭」著重在全美製造業的「最佳表現」，迪士尼樂園的商品則代表一種物品中性的美學。比方說，迪士尼世界的「國家」場館裡充斥著各種小擺設，它們不只是一種象徵，

還代表了這些場館加入了更高階的、全球性的商業企業之流，此外這些場館也替代了旅行本身，變成代用的紀念品。來一趟迪士尼樂園，就像去了一趟挪威或日本。「挪威」和「日本」的意義都被縮略，最小化成可以商討的符徵（signifier），維京人和日本武士，醃漬鮭魚和壽司。畢竟整個系統都是靠移動行為來支撐，所以重點並不是有沒有去旅行，而是所有的旅行都大同小異。

如此，抵達目的地過程的樂趣並非只有一半，而是全部。在迪士尼樂園，你會一直處在一種變化中，總會身在某個「如同」其他地方的地方。模擬物所指的物件又在另一個地方，代替品的「真實性」則仰賴於隨著真實的消失而退逝的知識。迪士尼樂園永遠都在陰影下，把遊客推向一個到不了的過去或未來，或去到某個（很難抵達的）地區。雖然整個系統還是建立在遊客實際的旅行，才有辦法運作，畢竟他選擇來到迪士尼樂園，而非任何一個真實的地理現場。他獲得去到某種地方的愉悅感，但他其實哪裡也沒去。他喜愛仿真物的程度，更勝於喜愛真實。對數百萬名遊客來說，迪士尼樂園就跟真實世界沒兩樣，但相較下還更好。

如果文化也被迪士尼化（你真的沒看錯！），面前肯定會出現一條康莊大道：那就兜風去吧！不管迪士尼地帶（Disney zones）包含什麼，都一定會有一個主題樂園，匯集了各種遊樂設施，不僅提供經過敘事安排的動作（一趟出遊，

---

[6]　譯註：迪士尼世界（Disney World）位於美國佛羅里達州奧蘭多，由華特迪士尼親自設計，1971 年開幕。迪士尼世界號稱是地球上最大的度假區，面積堪比一座小型都市，裡頭包含四個迪士尼樂園及多種球場、體育館、百貨公司、飯店、餐廳等服務設施。迪士尼世界所在的佛州與華特迪士尼公司在 1967 年達成協議，賦予迪士尼在該區治理特權，可自行收稅、建設道路、供應水電和設置各種安全、行政機構等，等同享有自治權。然而，2023 年 2 月佛州州議會通過法案，限縮迪士尼世界在該州擁有長達 56 年的自治權。

[7]　譯註：第一座迪士尼樂園（Disneyland）位於美國加州安那罕市，於 1955 年開幕，由 9 個不同主題的「世界」（land）組成：美國小鎮大街、探險世界、邊疆世界、幻想世界、明日世界、紐奧良廣場、動物天地、米奇卡通城、星球大戰：銀河邊緣。本書英文原版於 1992 年出版時，迪士尼樂園另有兩座：東京迪士尼與即將開業的巴黎迪士尼。

也是一種奇幻旅程），還有跟艾薩克‧牛頓爵士一對一測試日常物理法則，所帶來小小的興奮經驗。遊客行進的目的就是為了旅行。無論體驗的地點是在三萬七千英尺高空、在州際公路上，還是穿著新的 Nike 鞋，在迪士尼樂園內探險家邁克‧芬克（Mike Fink）的龍骨艇跟伊奧船長（Captain Eo）的太空船之間走動，「動作」這項主要的體驗，已經擴展、延伸到你的家門前。

每個迪士尼樂園都體現了一種運輸的主題。坐落在馬恩河畔的歐洲迪士尼橫跨過法國高鐵路線（法國的子彈列車──多棒的搭乘經驗！），到歐洲各處都很方便。迪士尼世界跟奧蘭多的機場存在著引力關係。迪士尼樂園，美國50 年代過時的香格里拉，是洛杉磯高速公路的一個出口。在各種情況下，迪士尼樂園都是現代網絡中服務性很強的節點，具有全球影響力。迪士尼樂園的城市主義正是普世等值（universal equivalence）的城市主義。在這個新都市中，獨特地點（distinct place）的概念，被打散成一個「無地方性」（placelessness）的狀態中，因為每個地方都成了目的地，任何目的地都可以是任何地方。傳統城市格局所構成的世界，已經被新的多國走廊所殖民，最後只會剩下唯一一種人類主體，也就是遊牧的消費者。最終的結果可能是實際的移動越來越無關緊要，取而代之的是電子「虛擬」空間與人造現實。（就如法蘭克‧扎帕（Frank Zappa）的歌詞所說，「當你不在任何地方時，又怎麼能同時出現在兩個地方？」）不過就目前而言，這套系統仍然把精力花在雕琢更多外表擬像。

想想早年去安那罕市迪士尼樂園遊玩的情景，在廉價航空讓我們想去哪裡就去哪裡之前（誰忘得了可憐的蘇聯總理尼基塔‧赫魯雪夫〔Nikita Khrushchev〕被迪士尼樂園拒之門外的挫敗感？），由於迪士尼樂園當初的構想不僅僅是為駕車到達而設計，而是像洛杉磯一樣，為汽車而誕生。人們唯有穿過南加州廣大但又被切割成最小單位的草地之後，才會接近迪士尼樂園，那是一個從前的郊區烏托邦，保證每個人都有車開。

無論迪士尼樂園還代表什麼意義，它也是洛杉磯市的範本。幻想世界、邊疆世界、明日世界──這些都是城市描述自己的歷史主題，是它主要的文化比

喻。然而，這個城市的天才之處，不僅在於分散，更在於並置，創造出羅亞爾河谷風格的平房跟都鐸式建築緊緊相依的可能性。透過車窗的窗框看出去，移動中的市鎮風景變得生動起來，城市成了一部電影。這種透過機械移動把城市作為奇觀的消費，預示著更多的全球可能性：航空旅行創造出跨國廊道，電視的同步電子化遍地開花。迪士尼樂園提供了一個空間，在這個空間裡，敘事伴隨移動發生，人被置於一個觀看自己正在觀看的位置上。

雖說汽車是洛杉磯的發動機，它同時也是洛杉磯的「問題」，是民主也是異化的引擎，壓制了徒步主義（pedestrianism）以及隨機相遇的樂趣。有一派人士（偏好早期建築後現代主義學來的媚俗路線）稱頌迪士尼樂園，說它解決了汽車造成公共領域分散的問題，作法是將汽車轉移到外圍停車場，在中心創造出無車區，採用高效率、科技化的交通工具（充滿魅力的單軌列車）來調節。

但這只是故事的一半。事實上，迪士尼樂園不僅未能贖回洛杉磯，反而還本末倒置。人們之所以在迪士尼樂園裡步行穿梭，其實是為了要搭乘遊樂設施。然而，根據經驗法則，我們主要的體驗既不是步行，也不是搭乘設施，而是排隊等待。典型的迪士尼一日遊，時間多半都花在你本想逃離的交通阻塞上，只不過這回跟車子無關。事實上，在迪士尼樂園，最要緊也最能做到的事情，就是搭乘遊樂設施。你我跟其他循規蹈矩的市民一起在太陽下蛇行數個小時後，得到了機械動力的回報：短暫、緊張刺激、完全可控，是任何交通工程師的最高夢想。

還有一件事更本末倒置，迪士尼樂園大部分要搭乘的遊樂設施都在室內進行，從「太空山」（Space Mountain）到「蟾蜍先生瘋狂大冒險」（Mr. Toad's Wild Ride）都是。在洛杉磯開車，同時是一種極度私人，卻又非常公開的活動：在路上，你既孤立，卻又很容易被看見。迪士尼樂園把開車形塑成家庭共享的室內活動，使得這種模糊性變得超現實，但即便減少控制，實際上仍不脫其監管。來到蟾蜍先生這裡，排隊的人潮最後進入別致古樸的英式莊園，開著⋯⋯一台別致古樸的英式老車在莊園內穿梭移動。你在原本所處的「真正的」城市

裡，本來期待來到這裡終於可以好好走路，結果你竟然還在開車。

　　前往迪士尼世界，在本質上更是一種長途旅程，涉及長途汽車運輸，或必須通過全球航空走廊（目前遊客經由陸路和航空來到的比例各占一半）。假設旅程從紐約甘迺迪機場開始，甘迺迪機場的空間結構，完全就是按照迪士尼樂園的環形道路原則安排的。一個大的環迴車路界定了邊界，沿線排列著各航空公司的航廈。這些建築大部分是在 1950 年代末或 60 年代初設計的，按照當時世博會國家館的形式來構思，現代主義的聖殿藉由抽象手法（abstraction）而非表現法（representation），來完成象徵性的任務：目的是要表達宏偉及重要性，而不是要刻意令人聯想起某些區域特性。這種對節點的推崇，與當前強調無縫轉乘的典範不同——芝加哥、亞特蘭大、達拉斯／沃斯堡或奧蘭多的機場，都可以見到這些典範。實際上，在甘迺迪機場，個別航廈分庭抗禮，代價就是旅客在航空公司之間轉機時會感到非常不便，有個剛開始的重建工程企圖引進「旅客自動電車輸送」系統來改善這種不便，類似迪士尼單軌列車的載運方式。

　　無論如何，最初的空間格局很符合艾森豪時代的風格，整個機場的結構就像一個郊區，那是美國版本的田園城市。當然，郊區是以家庭為優先來作設想，透過明確劃定的地塊上一棟棟獨立的建物，體現出其自主性。在充滿信心的時代，經濟單位的能見度，具有無比重要的象徵意義：甘迺迪機場跟迪士尼樂園一樣，由企業替代了家庭，就像大家的兄長一樣。以郊區為藍本的甘迺迪機場，也受到同樣的交通問題困擾：難以抵達、內部聯繫效率低落、仰賴單一運輸模式（汽車）。甘迺迪機場環狀線的一大片停車場的中心，矗立著三座混凝土小教堂，用於天主教、新教和猶太教的禮拜——等同迪士尼樂園的城堡、迪士尼世界的測地線球體（geodesic），或 1939 年世博會的尖腳塔和圓球所占據的象徵性位置。根據一項重建計畫，它們將被一個更新穎的「聖殿」給取代：也就是新機場輸送系統的中心節點。既然這三座小教堂將徹底毀棄，當然也就沒有必要討論它們代表性不足所引起的問題。雖然這種宗教上的三位一體可能

已經足夠支撐 1950 年代末和 1960 年代初的美利堅帝國，但現今全球化加速，被簡化歸類為「其他宗教」的信仰，將不太容易直接摒棄。當然，若要避免缺少清真寺的問題，這些小教堂就必須消失。在「甘迺迪」[8] 這個美國最早現代恐怖主義事件的主要紀念地，把伊斯蘭教和航空旅行放在一起，顯然太過冒險。

　　若說機場已經成為隨機恐怖活動的首選場所，它們也是其他政治活動的舞台。東京的成田機場常年都是抗議場所，這座機場位於東京市中心十公里之外的農業區，由典型的小塊土地組成，機場計畫在被徵用的農地上蓋一條長長的新跑道，屢次觸怒當地的左派，引發多起暴力的示威活動。從美國的角度來看，在日本這個已然象徵著飛速現代化和全球化資本的國家當中，這股代表傳統生活的怒火，雖說不切實際，卻也激動人心。但是，跑道的力量絕不容忽視，猶如一個具有埃及神祕力量的精神門戶。就像自動提款機一樣，跑道是一個讓龐大、控制中、看不見的網絡變得明顯的地方。當每架巨型飛機降落時，在一團燒焦的橡膠煙霧中留下了輪胎痕跡，跑道就變成了符文路（rune-way），標記著那張無法擺脫的網。

　　亞特蘭大的哈茲戴爾機場（Hartsdale airport）是達美航空（Delta）的大本營，達美也是迪士尼世界目前的「官方」航空公司。它就像任何剛起步的民族國家一樣，將自己的未來寄託在波音公司的盛世上，一家代表身份地位的航空公司，象徵一個最小規模的國家機器。實際上，世界上最簡潔、最繁榮的國家「新加坡」，完美地體現了這個縮小的願景。這裡的領土極小，但有著密集的電子和旅遊經濟，有一流的航空公司，繁華的機場憑藉著現代化的捷運通往摩天大樓密集的市中心，秩序井然，民族傳統街區和殖民區保存完善又整潔乾淨。在嚴厲的法律管制下，這裡是一個虛擬的迪士尼國家（Disney Nation），巧

---

[8]　譯註：此處有雙關意涵，除了指涉原文中談的甘迺迪機場之外，也指甘迺迪總統被暗殺的事件。

妙地用「哈利叔叔」（Uncle Harry）代替華特叔叔（Uncle Walt）[9]。對迪士尼世界來說，與達美航空的關係既打開了進入現實世界的另一條通道，也肯定了自身永遠離岸的地位。

　　跟甘迺迪機場不同的是，哈茲戴爾機場已經有一個自動的「旅客自動電車」輸送系統來連接各航站大廳。在迷戀硬體的 1960 年代，當時的願景是要讓小型、高度自動化、「使用者友善」的交通車群，在高架軌道上安靜地滑行，此作法被吹噓為解決都市壅塞的靈丹妙藥。旅客自動電車輸送系統也被視為高速公路的替代品，高速公路正是之前採用過的解決方案，後來被認為對原本欲治癒的城市空間，造成了無可救藥的破壞。儘管事實證明，旅客自動電車系統對於城市使用來說效率太低、成本太高，但它們恰恰適合機場更具體有限的要求，因為機場的指數成長，航廈入口到登機門的距離已經擴展到肢端肥大症的地步。

　　規範，支撐著旅客運輸科學的幻想，它是一種原始的秩序：就如牛頓的宇宙觀，身體錯縱複雜地交織在一起，像滴答作響的鐘錶一樣旋轉，神性在運動定律中清晰可見。規畫者面對城市的種種不合理性，增加由電腦控制的、反應迅速的旅客自動電車輸送系統，顯然意味著讓全球運動網絡（global-motion net）又近了一步地來到門口。在資本的空間裡，流通就是政治：資本流通在迪士尼樂園這類地方備受關注，跟引發十九世紀博覽會的自由貿易無障礙願景很類似。無人駕駛的旅客自動電車系統，正是這種完美自治的經濟幻想的象徵，它的動作似乎是由看不見的手，以及仰賴供需關係的機械生物所支配的。

　　在哈茲戴爾機場的旅客自動電車輸送系統裡，各站點的錄音提示聲原本是女性。由於被認為缺乏權威感，錄音被換掉了，但不是改成男聲，而是雌雄同體的電子音。這代表歡迎，一個難以指明的系統所發出的信號。車子滑行到站時喃喃自語：「下一站是 A 航廈。本車的彩色地圖和標示跟航廈的顏色一致」。事實上，機場或許已經成為一般人共同經驗中，監管最嚴格的區域（儘管有市場化「放鬆管制」），是迪士尼區帶離散與隱晦治理的直白版本。毒品

和恐怖活動構成的多種威脅，導致治安管理和監控的工作，來到前所未有的層級。信用和護照檢查、磁性檢測、行李過 X 光安檢、兇惡的地勤人員審查安全「內容表」、嗅探犬：這些都是航空旅行的日常。確切說來，每年有超過十億人通過機場安檢，他們雖然一路被驚嚇，卻也同時處在極度安全的狀態。

全球走廊是現代的圓形監獄，裡面無處不被監視。然而，這個系統的巧妙之處在於，它不僅僅是場演習，還是個邀請，讓身在其中的實驗對象都願意共同參與。以威廉斯島（Williams Island）為例，這是邁阿密一個典型的高收入飛地社區，發言人蘇菲亞·羅蘭（Sophia Loren）宣傳它是「佛羅里達的里維埃拉」（Florida Riviera）。威廉斯島至少有三個特點：它的核心區是一個有全瓦片屋頂、水濱咖啡館和漂浮的小船構成的建築群，令人想起義大利濱海漁村菲諾港（Portofino）或法國聖特羅佩（Saint Tropez），另外還有一個理想的運輸系統，由人行道和高爾夫球車組成。在田園城市不斷演化的情況下，高爾夫球車是個頗有意思的改良物。這種小車是機器和田園終極融合的結果，是一種非常適合休閒的交通工具。而高爾夫球場本身也是與這個時代相適應的自然狀態：大片綠地受到嚴格的管理，以支持小又淺的球洞網絡。

但保全措施才是最主要的特徵。威廉斯島的第一個檢查哨位在橋的另一邊，離島本身較遠。一旦認出是居民，就會揮手同意他們通過。遊客則需接受進一步的安全檢查，並被引導到一連串的檢查哨。在建築物的邊緣，維安就靠高科技來維持。這些建築裡的每個居民都有電子通行證，就像信用卡那樣。若想通過一系列的安全鎖，他必須把卡插入槽中，由中央電腦驗證通行證，門才會打開。同時，持卡人的移動紀錄會在主要的警衛室印製出來，跟搭飛機的旅客一樣，居民順服於一套精密的監視系統，其終極理由是為了自我保護。然

---

[9]　譯註：「Uncle Harry」指新加坡建國總理李光耀，Harry 是李光耀出生時，祖父為他取的英文名，這也一直是早年人們熟悉的對李光耀的稱呼。「Uncle Walt」則指迪士尼樂園的創始者華特·迪士尼。

而，在這裡，交出隱私是一種特權。穿過威廉斯島的過程，重現了穿越全球走廊的更大體驗。安全檢查、驗證信用卡和護照、紀律嚴明且精心分割的運動、仿造的地理環境、嫁接堆疊出的威望感——這就是迪士尼小鎮。

抵達奧蘭多機場時，前往迪士尼的遊客會先得到一個暗示。衛星站到主航廈之間，有一段短短的旅客自動電車輸送系統，主大廳裡有一大堆有的沒的廣告和迪士尼員工。然而，這個自動移動的繭狀防護罩在主入口處即止住，若要從機場到迪士尼世界，就必須開車。事實上，到達迪士尼世界的唯一途徑就是通過公路。這就迫使走廊要進行一個關鍵儀式：必須調整移動方式。來到迪士尼的入口處，整個過程被顛倒過來的：人們通過一個類似海關的收費站，然後把自己的車交給飯店、露營地或一日遊的停車場，進入系統之中。收費站也是貨幣區的邊界：在迪士尼世界內，遊客可以用一般貨幣或「迪士尼幣」付款。這些錢可以一比一兌換成美元，完全沒有比較划算，沒有折扣，也沒有投機避險的功能。不過，它們確實使整個交易經驗變得更具象，也更有差別感，增強了仿造的異國情調。

米老鼠會迎接遊客。米老鼠無毛、無性、無害，從他身上可以以小見大，正如迪士尼曾經說過：「米奇是一隻乾淨的老鼠」。說到這個建構出來的主體，米奇與人類主體性的關係，就如同迪士尼樂園與都市型態（urbanity）的關係一樣。這隻老鼠經過嚴格、徹底的操控，外表很討喜又可愛，牠是人類言語、動作和外觀經過修飾的結果，一種洋相百出、傻氣的變體。從認識論的角度，米奇看待事物的方式跟我們是一樣的。米奇就像大多數卡通人物一樣，在卡通的自然狀態中循環，在那個世界裡，霍布斯（Hobbes）和盧梭（Rousseau）的精華論點被瓦解；在那個世界裡，生活中不可避免的殘酷被玩弄於股掌之間；在那個世界裡，衝動不需要被審查，因為它們最終不會造成什麼後果。這隻機器老鼠是動畫師生產線上的一個作品，它也證實了一個關鍵的轉變：在迪士尼，自然只是外觀，機器才是現實。

無數塑膠紀念品上的米老鼠形象，為這些物品帶來光環和合法性，同樣

地，迪士尼空間中的烏托邦遺跡也證明了它們不僅僅是遊樂園。因為，這些迪士尼區帶，包括迪士尼樂園、迪士尼世界以及所有其他迪士尼相關的場所，都是一種自然狀態，提供豐富、休閒的共產主義，成就斐然，是真正的技術官僚後工業烏托邦。在迪士尼區帶裡，十九世紀組建而成、二十世紀被改良的工業大軍並沒有分散，而是被轉化成一支龐大的休閒軍隊，人們在消費其泰勒化的樂趣時，不會犧牲任何經營管理和紀律層面。迪士尼區帶將「生產的慶典」（celebration of production）轉變為「慶典的生產」（production of celebration），完成了世界的博覽會主義（fairism）的線路。這種轉變的關鍵，是生產者轉為消費者的疏離過程，他們跳起了別人所幻想的常規之舞。

對宰制我們集體未來的官方決策略者而言，他們當然沒忘記有效率地生產出休閒活動。茲比格涅夫・布里辛斯基（Zbigniew Brzezinski）在 1976 年的著作《兩個時代之間》（*Between Two Ages*）警告他的讀者，即將到來的「電子技術社會」將面臨一些緊急情況。布里辛斯基在描述這種新秩序中的雇主、勞動力和市場之間的關係時寫道：「在新興的新社會中，關於技能保障、假期、休閒、利潤分配等過時的相關課題，正主導著這些關係，對數百萬還算安穩但可能沒有目標的中下層藍領工人而言，他們的心理健康將成為日益嚴重的問題」。[2]

工作和休閒之間關係的問題，使迪士尼最雄心勃勃、最傳統、最烏托邦式的願景「未來社區的實驗原型」（Experimental Prototype Community of Tomorrow，簡稱 Epcot）未能完全實現。Epcot 是經過一些推波助瀾促成的，其中之一是想要全面實現 1939 年世界博覽會上的模型裡，那種管理良好的單一維度都市主義。不過，也許更強烈的動機是迪士尼在安那罕市的各種活動中，被各家媒體捕捉到的挫折感。像許多世界博覽會一樣，迪士尼樂園也因亂哄哄的外圍地區而困擾不已：樂園大獲成功，促使開發商買下周邊數公里的鄉村地帶，很快造成了一團混亂的局面，到處充斥缺乏監管的旅館和低級商業行為。迪士尼感受到雙重的挫敗：首先，迪士尼損失了幾百萬美元，把收入拱手讓給接待遊客住宿的其他單位（在頭十年中，迪士尼樂園的收入為 2.73 億美

元，外圍單位為 5.55 億美元）；第二，這一切的混亂，使迪士尼的願景被一堆醜聞給拖下水。

　　因此，爭取補償作為烏托邦的經費來源，是迪士尼下一步的主要動力。他憑藉著同業公會的力量私下運籌帷幄，在佛羅里達州奧蘭多附近為迪士尼世界及旗下的 Epcot 累積了超過一萬一千公頃的土地。原本該計畫包括主題公園（安那罕市版本的複製品）和一個完整的社區，最初是為了安置他自己的員工，最後也納入其他被吸引前來的工業和住宅開發案。迪士尼是這樣說的：「Epcot 將永遠處於一種『生成』（becoming）的狀態，它作為未來世界活藍圖的角色將永不停止，人們將在那裡過著當今世界上任何其他地方都找不到的生活」。迪士尼從佛羅里達州政府那裡獲得前所未有的讓步，確保他對自己的領地擁有幾乎完整的主控權（包括維持治安、稅收和管理的權利，以及免受環境保護管制措施約束的自由）。

　　可惜，迪士尼還沒來得及實現他的夢想前就去世了，這些願景只能留待接班人來實現。不過，接班人對這些願景的想像比較狹隘，Epcot 沒有發展成一個成熟的「社區」，它最後只是變成另一個主題樂園。確實，它原本意圖成為迪士尼帝國最貨真價實的世界博覽會化身，除了直接複製了從前博覽會的構件，也按照人們熟悉的架構來組織——一開始的「小鎮大街」（main street）與環狀的景點，這裡實現了之前迪士尼小鎮大街的祕密目的，之前的旅遊服務及遊程展館是藏在餐吧店面的後頭，新的街道兩側即是美國大企業的展館，每個展館都有某種版本的「遊樂設施」，帶人穿越未來的太平盛世。通用汽車館（GM pavilion）的汽車頌也為 Epcot 提供了主題曲，不斷重複著「世界真是小小小，小得非常妙妙妙」。這條環線上有八個入選（受補貼的）的國家展館，這一系列展館展現出充足的（一個來自亞洲、一個來自拉丁美洲……）國家多樣性。

　　Epcot 還獲得自己的象徵物———一個大的測地線球體，它的身世可以追溯到 1964 年紐約博覽會上俗氣的大地球儀（Unisphere）（迪士尼對此涉入甚

多——包括早期的林肯機械人偶），以及大地球儀的鼻祖：迷人的圓球體（Perisphere），它與 1939 年博覽會上垂直的尖腳塔（Trylon）相得益彰。事實上，透過十九世紀的「生物圈」（biosphere），這個連結還可以追朔到十八世紀法國建築師布雷（Boullée）的提議，他為了向艾薩克・牛頓致意，設計了巨大的球形紀念碑，內部塗滿了星星，代表牛頓的力學已經使宇宙變得如此容易理解。Epcot 的球體是一個退流行的普世性圖騰——如果還堪用的話。在廣告裡，米奇站在球體上，揮著手，儼然是「反巨人」（anticolossus）。

某種程度上，有點不可避免地：這個微不足道、象徵著布里辛斯基式「心理健康」的器官，很可能取代迪士尼最初更完整的願景（實際的家庭、實際的工廠）所代表的不同意義。但這兩種可能性顯然是對立的，一個注定要消滅另一種。畢竟，烏托邦是虛幻的，是一種表象。迪士尼世界的娛樂和社會關係結構（名義上是平等，但實際上分等：用餐的餐廳有高檔和低檔之分；晚上你和你同階級的人同住的旅館，也有分普通跟豪華）要是不能成為替代日常生活的選項，就會失去吸引力。

因此，迪士尼的策略是將烏托邦銘刻在人們熟悉的領域裡，反之亦然，其經濟運作取決於對差異程度的仔細計算。跟任何其他消費行為一樣，它建立在買得到與買不到的演算法上。因此，它的形象從來沒有真正創新過，它們強化和減少某些事物，以快速到手、容易消化的名義，來排除複雜性。此處所提倡的，不是事物有多麼優異非凡（exceptional），而是強調其超乎尋常（paranormal）。就跟真的一樣，只是更好。

在一篇關於蒙太奇的文章中，蘇聯電影導演列維・庫勒修（Lev Kuleshov）描述了 1920 年代早期，跟演員科克洛瓦科克洛娃（Khokhlova）和奧博連斯基（Obolensky）一起拍攝的場景：

科克洛娃在莫斯科的彼得羅夫大街上走著，來到莫斯塔爾（Mostorg）商店附近；奧博連斯基正沿著莫斯科河的堤岸行走——兩人之間的距

離大概三公里。他們看見對方，微笑，然後走向彼此。這場會面戲是在普列奇斯坦斯克大道（Boulevard Prechistensk）拍攝的，這條林蔭大道位於城市裡一個完全不同的區域。他們緊緊握著手，以果戈里的紀念碑為背景，看著——白宮！因為此時，我們插入了一部美國電影的片段。《華盛頓的白宮》（The White House in Washington）。下一個鏡頭，他倆再次出現在普列奇斯坦斯克大道上。他們決定走得更遠，於是離開那裡，爬上基督救世主大教堂的巨大樓梯。我們拍攝他們，並編輯影片，於是觀眾看到的是他們走上白宮的台階。針對這一點，我們沒有使用任何技巧、沒有雙重曝光：該效果完全是通過電影手法來組織素材所達成的。這個特別的場景展示了蒙太奇令人難以置信的力量，它看起來非常強大，足以能夠改變素材的本質。[3]

科克洛娃稱這種技術為「創造性地理」（creative geography）。就像基因剪接一樣，重點在於從舊的物質中創造出新的有機體。事實上，在另一個著名的實驗中，庫勒修用這種技術從幾位「其他」女性的碎片中，「製造」出一個新的、重組過的女人。現在的問題是，肇事者到底是普羅米修斯還是科學怪人。為了區分誰是拼貼的、誰又是連貫的事物，蒙太奇的作法（以及都市主義的實踐，也就是蒙太奇的三維對應物）需要一種並置的理論來撐腰。對於電影來說，理論要不是關於敘事就是停頓（interruption），關於一系列跟時間有關的圖像。蒙太奇讓人不禁要問，安排的邏輯到底是什麼。城市也是按照一定的序列聯接起來的，其結構和政治乃基於聚集（aggregation）的原則來移轉，這些原則的理想化創造出所謂的烏托邦。

迪士尼樂園作為一個烏托邦，其創新不在於它所幻想出來的管理手段，而在於它省略了場所營造這件事。迪士尼樂園是創造性地理的聖地，電影中短暫的現實在此被具體化成為城市裡的種種事物。至今，這種轉變最簡潔的表現形式，是最近在迪士尼世界裡開放的「迪士尼—米高梅片場」（Disney-

MGM Studios）主題園區，這點並不令人意外。在這裡，錯置的真實性（dislocated authenticity）這個議題被帶回到它的發源地。該景點（很大程度上歸功於它在洛杉磯的前身「環球片場之旅」，現在奧蘭多也有了）明確跟電影有關，包括電影的製作空間（「片場」）和特定電影的特定敘事空間。

　　儘管這個景點位於佛羅里達州的迪士尼世界，而且它的娛樂目標是為了供應「創造性地理」，但迪士尼—米高梅片場卻煞費苦心地，把自己定位在一個特別具有指標意義的空間：好萊塢，電影製作的權威之地。小鎮大街的軸線，是對好萊塢大道（Hollywood Boulevard）重新想像、塑造後的結果，重在裝飾。遊客從現已焚毀的泛太平洋禮堂（Pan-Pacific Auditorium）搬來的一個門戶進入，經過著名的世界十字路口塔（Crossroads of the World tower）的複製品、一間重生的布朗德比連鎖餐廳（Brown Derby），以及一大堆熟悉的洛杉磯建築，這些建築都被縮小並集中在一起，呈現一種來路不明的都市型態。

　　在這條軸線的頂端，矗立著重新打造的中國戲院（Grauman's Chinese），但在這裡它不是一座電影院，而是主題樂園主要活動「經典電影導覽」（Great Movie Ride）的排隊區。這趟導覽旅程長達四十二分鐘，穿越迪士尼和米高梅著名的電影場景，由電子互動人偶重現情境，極其緊湊地演繹出一切皆「迪士尼化」（Disneyfication）的體驗，讓遊客在一組組連續發生的模擬裝置中懸浮著。就像全球走廊的旅行者一樣，遊客被推著走過一系列概括的場景，這些場景代表一些更大、已被摒棄的現實記憶。當然，「經典電影導覽」的系統更勝一籌，機械式地重現機械複製品。

　　迪士尼化的主要影響之一，乃是以娛樂取代工作，按照工業的常規來生產休閒活動。現在，後工業主義的產物之一，不僅僅是解放了大量可能造成問題的閒暇時間，還有將勞動重新塑造成一種奇觀，社會學家迪恩·麥坎內爾（Dean Mac-Cannell）稱之為「內捲式的分化」（involuted differentiation）[10]。實證主義的神話已經凋零，文化將注意力轉向內部，單純把力氣花在美化自身的內部運作，尤其把過去的事情塑造得很浪漫。遊客從世界各地而來，為了就是在威廉

斯堡民俗村的模擬場景中，看到戴著假髮的麵包師傅從一個「貨真價實」的磚爐中，烤出復活節十字麵包，或者在米克諾斯島（Mykonos）的碼頭上看到希臘漁夫在修補他那上相的魚網，或者電子互動人偶金・凱利（Gene Kelly）「在雨中唱歌」（singing in the rain）[11]。

在電影主題樂園，這種奇觀不計其數。迪士尼世界的「工作」當然就是娛樂。這裡的兩萬六千名員工都被管理階層視為「演員」，假設將工人變成演員，那麼他們的工作就會被轉化成遊戲。這種作法順暢融入了人們熟悉的模式，有如脫口秀永遠談不膩的主題：一些好萊塢名流大聊他或她的「工作」，而且表現得有點過頭，好像他們從事的活動可以跟生產線上的勞動相提並論。這也是高薪體育明星的季度公開談判（連帶著經常罷工）中常有的怪誕操作，它創造了一個「老派的」勞資關係的主題，透過誇張的手法，使工會與資方的關係變得荒謬可笑。

但是，這種反轉的最重要目的，不是為了鼓勵迪士尼一些手忙腳亂的自助餐廳員工產生妄想，而是要創造出一個休閒帝國，但同時仍能將迪士尼世界與日常生活區分開來。迪士尼樂園的遊客在被問及他們最喜愛的部分時，首先提到的是清潔程度，其次是員工很友善。這肯定是工業化大都市的救贖：環境清潔衛生、工作人員都是尚未異化（unalienated）的工人，樂在他們對集體幸福的貢獻。經典電影的乘坐遊覽將這種勞動理論更往前推進一步，好比說人們會想像金・凱利電子人偶的薪資遠低於真人的標準，而且表現比聘請「理想」工人更勝一籌：娛樂本身已經完全自動化了——好玩才是王道。

再來看看更進一步的遞迴（recursion）[12]。電車駛過《魔宮傳奇》（Temple of Doom）的電子互動人偶時，很可能有一百個攝影鏡頭正嗡嗡作響，記錄下這個「事件」，供日後在家中觀看。那捲帶子是一個驚人的人工製品，在人類歷史上前所未有。如果說後現代文化是關於不斷編織更精細的仿真構造、關於「真實」符號的連續置換，那麼遠在長崎的日本家庭坐在 Sony 電視機前面觀看他們的家庭影片的這個舉動，可以說其本身的參照性（raw referentiality）已經到了

奇異的頂峰。他們看的那部片是好萊塢「原創」的創造性空間的動畫再現，一切都是在佛羅里達州中部的好萊塢模擬場景中錄製的。有趣的是，幾年前，發明家諾蘭·布希內爾（Nolan Bushnell）提議這個環遊路線應該要更有效率。他的構想是在主要的觀光城市（例如巴黎、羅馬、倫敦，甚至迪士尼世界）放置小型自動機器人，每個機器人都有一個攝錄鏡頭，然後這些機器人可以由鳳凰城或迪比克（Dubuque）的人來操控，讓人們不用真的離開家，也可以體驗在香榭麗舍大道、攝政街（Regent Street）或威尼托街（Via Veneto）等觀光勝地徘徊的感覺。但這只是一種漸進式的進步，只省了人為移動，卻仍然固守著舊觀念，認為舊式的「實境」（reality）更有優勢。

迪士尼在這方面走在更前頭。迪士尼—米高梅片場之旅提供了第三類再現的秩序，是另一種場所本質內捲的即興演奏。該建築群的一部分是一個運作中的電影製片廠，遊客有機會跟活生生的明星擦身而過，體驗貨真價實的「生產」。漫步在外景場地時，遊客可能會經過紐約市街道的布景。儘管這個布景的構建方式跟附近的「好萊塢大道」一樣，都屬於創造性的添入式地理（interpolative geography），但觀眾與它的關係卻是不同的。此地的成功，取決於人們對這個空間的理解，知道它不是一個休閒區（如經典電影導覽或沿著林蔭大道漫步那樣），而是工作場所。這是另一種旅遊秩序，就像在威廉斯堡民俗

---

[10] 譯註：「內捲」（involution）一詞源於美國人類學家紀爾茲（Clifford Geertz）的知名著作《農業的內捲化：印度尼西亞生態變遷的過程》（*Agricultural Involution: The Processes of Ecological Change in Indonesia*）。他研究印尼爪哇的水稻農業，發現長期精耕細作投入大量勞動力，在土地使用、租佃關係、勞動力安排等方面變得越來越複雜，經濟卻沒有相應提升。延伸來看，「內捲化」（Involution）這個人類學和社會學的概念，可指某一社會或文化模式在發展到某種形式之後，便停滯不前，甚至因內部競爭而產生內耗的情況。

[11] 譯註：與經典歌舞片《萬花嬉春》（Singin' in the Rain，1952）同名的歌曲，由金·凱利飾演的角色手拿雨傘漫步在雨中時，所獨唱獨舞的歌曲片段。

[12] 譯註：遞迴（recursion），又譯為遞歸，在數學與電腦科學中，是指在函數的定義中使用函數自身的方法，也就是使用一個物件本身來定義它自己的過程。此詞還常用於描述以自身相似的方法，重複事物的過程。

村看著烤鬆餅的麵包師跟吹玻璃的工匠一樣，在單純的消遣之餘，還增添了偷窺的樂趣。

如果說遊客得以在電影製片廠享受逛「後台」的樂趣，那麼還有另一個後台仍然是無法進入的。按照真正理性的現代主義作風，迪士尼樂園乃是建立在巨大的平台上，各個景點下方有著迷宮般的隧道，為上頭的公共活動提供服務，也供工作人員來去移動。這些區域禁止遊客進入，儘管它們經常被宣傳說是迪士尼卓越效率的關鍵之一，照片也廣為傳播——巨大的米老鼠躡手躡腳地走過螢光燈下的混凝土走廊。這個地下空間難免讓人聯想到其他類似敵托邦（dystopian）的意象，最有名的就是德國導演佛列茲朗（Fritz Lang）的《大都會》（Metropolis）片中的地下世界，它的工人被困在監獄洞穴中，跳著機器人芭蕾舞，像瑪莎‧葛蘭姆（Martha Graham）服用了抗精神失常藥物冬眠靈（Thorazine）的樣子。

但是，用路易斯‧康（Louis Kahn）的話說，這種「服務空間」（servant space）通常有比較歡樂的風評（也許部分是因為，比起一個戴著鎖鏈的窮鬼，一個穿著老鼠服裝的人所呈現出的非人形象更為親切）。事實上，這正是迪士尼樂園之所以「乾淨」的原因，它不僅勤快地清除娛樂垃圾，像是每天產生的大量冰棒棍和熱狗包裝紙，這個地方還把勞動分為乾淨、公開的一面，跟不那麼有趣、不那麼「神奇」的另一面。就像巴黎深受遊客歡迎的下水道一樣，這個地下世界既陌生又奇妙，裡面「住著」奇怪的居民，他們很不起眼，卻又不可或缺，支撐著上頭那個更純淨的城市。每個飽受困擾的城市居民，都有這樣的夢想：希望有一個制度能把所有城市問題統統趕出視線之外。但事實上，迪士尼樂園反轉了佛列茲朗的藍圖。這個紀律制度不是在地表上，而是在地下，一個地下的圓形監獄，隨時準備冒出無數隱蔽的通道，來監視跟服務上面辛苦勞作的龐大休閒大軍。

這種對自律的幻想，已經歷史悠久。斯圖爾特‧艾文（Stuart Ewen）引用了各種資料，稱讚 1892 年白城遊客的自我調整行為。某人寫道：「到處都很有

秩序，沒有喧鬧，沒有不體面的歡樂。此地的美似乎為遊客帶來了一種平和、幸福和有自尊的感受」。另一位觀察到，「沒有人比當場的群眾展現出更熱衷秩序的樣子，他們的克制和紀律非常出色」。還有人說：「凡爾賽宮和楓丹白露的朝臣，也不會比這些沒沒無聞的無數勞動者更恭敬和遵守……地方和場合的禮儀」。就連英國作家夏綠蒂‧勃朗特（Charlotte Bronte）在 1851 年參觀水晶宮時，也認為「群眾……似乎被某種無形的影響力給統馭和壓制著」。[4]

迪士尼電影部門的負責人傑弗瑞‧卡森伯格（Jeffrey Katzenberg）建議我們「將迪士尼世界視為一個犯罪率為零的中型城市」。儘管這種說法很誇張（若有輕微的竊盜行為，後果是被驅逐出王國，更嚴重的違規行為則會喚來周邊的警察部隊），但感官上卻一點也不：這個環境基本上就處在一種自我管制的狀態。迪士尼世界顯然是一種城鎮的變體（「想像一個跟舊金山市一樣大的迪士尼樂園」，最近的一則廣告台詞這麼說），它以一種特殊的都市主義為根基，裡頭有輕快加速的潮流，隨處可見，但不曾被如此精確闡述。迪士尼地帶要解決的問題是典型的現代問題：犯罪、交通、廢棄物、工作和休閒的關係、人口流動，以及不斷壯大的擬像霸權。

但終究，迪士尼區帶本質上並非城市。就像某個大力推銷成藥的演員，靠著「我不是醫生，但我在電視上演醫生」的說法來宣傳自己的真誠。迪士尼援用了一種城市主義，但實際上並沒有真正創造出一個城市，反倒建立起一種光環被抽走的「超都市」（hypercity），這個都市裡有數十億公民（所有會消費的人），卻沒有居民。它具有實體，卻又很概念性，是短暫的烏托邦，裡頭的每個人都只是過客。它給了未來城市這樣的訊息：未來的城市無處不在、無處不有，必須透過不斷移動，才能把它組裝起來。迪士尼地帶的遊客被簡化成一個個的卡通人物。（確實，參觀片場的一個特點是遊客有機會在電影《威探闖通關》〔Who Framed Roger Rabbit?〕裡參一腳）這是烏托邦主體性一個常見的失敗，當它是被建立於一種同質化、維度不足的公民權上。然而，也確實沒有什麼比後工業時代的遊客更順從的主體了。毫無疑問，來度假的人想要的是一種去除

刺痛的生活，希望從逃避中找到假期的滿足感。迪士尼遊客在尋求一種關係，並且樂於從這種關係中，看到有別於自家犯罪、雜亂跟乖戾粗暴的事物。

在迪士尼的烏托邦中，我們都成了不由自主的漫遊者（flaneurs）、女漫遊者（flaneuses），以及漂泊於世界之中的人，高舉著我們的燈，到處尋找一個誠實的影像。對社會裡的廣大群眾而言，隨著組合景觀在全球突然湧現，這個尋找的過程將變得越來越艱難。最新的一個節點似乎即將在新德里附近的蘇拉奇湖（Surajkund）出現，印度的第一個主題樂園在當地旅遊業眼中熠熠生輝。「我們已經規畫了一個完整的娛樂中心」，《紐約時報》（New York Times）引用旅遊國務秘書夏爾馬（S.K. Sharma）的話，「德里跟所有大城市一樣，正在受到汙染，而且人滿為患，人們需要娛樂和清新的空氣」。5

哲學家馬庫色（Herbert Marcuse）稱烏托邦是「對現存事物明確的社會歷史性否定」6。迪士尼區帶這個真正的灰泥和金屬風格構成的卡通城（Toon Town）是一個卡通烏托邦，一個電子時代的城市主義。就像電視一樣，它是一台機器，將存在的東西（從生活中提取的大量圖像）不斷轉化為不存在的東西（持續增加的怪異並置）。它是一個基因烏托邦，每件產品都是某種突變體，美達施膳食纖維品牌（Metamucil）贊助的夜間新聞為你帶來喀布爾傷殘兒童的消息，小飛象（Dumbo）出現在佛羅里達裡的日本。消費這種敘事的唯一方法是繼續前進，不斷更換頻道，不斷往前走，搭上另一架飛機，經過另一個機場，住進另一間華美達酒店（Ramada Inn）。唯一的邏輯是似曾相似的記憶的微弱嗡嗡聲⋯⋯很久以前，也許是昨天。

| 資料出處 |

世界盡在購物中心

1. Gordon M. Henry, "Welcome to the Pleasure Dome," *Time*, Oct. 27, 1986. p. 60. Other descriptions of the WEM include William S. Kowinski, "Endless Summer at the World's Biggest Shopping Wonderland." *Smithsonian*, Dec. 1986, pp. 35-41; Ian Pearson, "Shop Till You Drop," *Saturday Night*, May 1986, pp. 48-56. A more scholarly approach is offered by R. Shields, "Social Spatialization and the Built Environment: The West Edmonton Mall," *Environment and Planning D: Society and Space*, vol. 7, 1989, pp. 147-64.

2. Leonard Zehr, "Shopping and Show Biz Blend in Giant Center at Edmonton, Alberta," *Wall Street Journal*, Oct. 7, 1985.

3. Mary Ann Galante, "Mixing Marts and Theme Parks," *Los Angeles Times*, June 14, 1989.

4. *Newsweek*, June 19, 1989, p. 36.

5. Margaret Crawford, "I've Seen the Future and It's Fake," *L.A. Architect*. Nov. 1988, pp. 6-7.

6. N. R. Kleinfeld, "Why Everyone Goes to the Mall," *New York Times*, Dec. 21, 1986.

7. John Dawson and J. Dennis Lord, *Shopping Centre Development: Policies and Prospects* (Beckenham, Kent: Croom Helm, 1983), p. 123.

8. Peter Muller, *Contemporary Suburban America* (Englewood Cliffs, N.J.: Prentice-Hall, 1981), pp. 123-30.

9. "Why Shopping Centers Rode Out the Storm," *Forbes*, June 1, 1976, p. 35.

10. 論點取自與 Linda Conngleton（加州爾灣市 Linda Congleton and Associates: Market Research for Real Estate 的執行長）的訪談，她用了這兩個市場分析系統來比較購物中心的發展。

11. Kay Miller, "Southdale's Perpetual Spring," *Minneapolis Star and Tribune Sunday Magazine*, Sept. 28, 1986; Kleinfeld, "Why Everyone Goes."

12. William S. Kowinski, *The Malling of America* (New York: William Morrow, 1985). p. 218.

13. "Metropolitan Roundup," *New York Times*, Jan. 29, 1984.

14. William Leiss, *The Limits to Satisfaction* (Toronto: University of Toronto Press, 1976), p. 4; Lewis Mandell et al., *Surveys of Consumers 1971-72* (Ann Arbor: Institute for Social Research, University of Michigan, 1973), pp. 253-62, 274-75.

15. Leiss, *Limits*, pp. 19, 61.

16. Ibid .. p. 92.

17. Rachel Bowlby, *Just Looking* (New York: Methuen, 1985), pp. 1-30.

18. Joan Didion, "On the Mall," *The White Notebook* (New York: Simon and Schuster, 1979), p. 183; Kowinski, *Malling*, pp. 339-42.

19. Richard Sennett, *The Fall of Public Man* (New York: Vintage, 1976), pp. 144-45.

20. Muller, *Contemporary*, p. 92; Ryan Woodward, *Beverly Center* (New York: Leisure, 1985).

21. Galante, "Mixing Marts."

22. Ian Brown in the *Toronto Globe and Mail*, quoted in Kowinski, "Endless Summer," p. 41.

23. Michael Demarest, "He Digs Downtowns," *Time*, Aug. 24, 1981, p.46.

24. Richard Cobb, "The Great Bourgeois Bargain," *New York Review of Books*, July 16, 1981, pp. 35-40.

25. Sennett, *Fall of Public Man*, p. 142.

26. Emile Zola, *Au Bonheur des Dames* (Paris, 1897); Rosalind Williams, *Dream Worlds* (Berkeley: California, 1982); Bowlby, *Just Looking*.

27. Cobb, "Bourgeois Bargain," p. 38; Meredith Clausen, "The Department Store-Development of the Type," *Journal of Architectural Education*, vol. 39, no. 1. (Fall, 1985), pp. 20-27.

28. Edward Bellamy, *Looking Backward* (New York: Penguin, 1982; reprint of 1888 original); Bradford Peck, *The World a Department Store* (Boston, 1900).

29. Didion, "On the Mall," p. 34.

30. Meredith Clausen, "Northgate Regional Shopping Center-Paradigm from the Provinces," *Journal of the Society of Architectural Historians*, vol. 43, no. 2 (May 1984), p. 160.

31. Urban Land Institute, *Shopping Center Development Handbook* (Washington D.C .: Urban Land Institute, 1977), pp. 29-31.

32. David Harvey, *The Urbanization of Capital* (Baltimore: Johns Hopkins, 1985), p. 128.

33. Clausen, "Northgate," p. 157.

34. Kowinski, *Malling*, p. 356.

35. "Shopping Centers," *Dollars and Sense*, July-Aug. 1978, p. 9.

36. Muller, *Suburban America*, p. 128.

37. Paolo Riani, "Metropolis Times Square," *L'Arca*, vol. 29 (July 1989), pp. 43-49.

38. E. B. Wallace "Houston's Clusters and the Texas Urban Agenda," *Texas Architect*, Sept .- Oct. 1984, p. 4.

39. Graham Shane, "The Architecture of the Street" (unpublished manuscript), chapt. 5, p. 10.

40. Mark McCAin, "After the Boom, Vacant Stores and Slow Sales," *New York Times*, June 5, 1988.

41. Richard Nordwind, "Cornering L.A.'s Markets," *Los Angeles Herald-Examiner*, June 28, 1987.

42. Linda Weber, "Protect Yourself from Shopping Mall Crime," *Good Housekeeping*, Mar. 1988, pp. 191-92.

43. Harvey, *Urbanization*, p. 68.

44. David Meyers, "Horton Plaza's Sales Booming," *Los Angeles Times*, Oct. 4, 1987.

45. Michele Beher and Manuelle Salama, *New/Nouvelle Architecture* (Paris: Editions Regirex-France, 1988), p. 44.

46. Robert Brueggmann, Suburban Downtowns Tour, Society of Architectural Historians Annual Meeting, Chicago, April 1988.

47. Ivon Forest, "Les Impacts des Aménagements pour Piétons dans les Centres Anciens des Villes en France" (M.A. thesis, Laval University, Quebec, 1982), pp. 47-57.

48. 我很感謝〈The Malling of the Mall〉這篇手稿的不知名作者，他對博物館和商場之間的關係有很多洞見。幾年前看到這份手稿後，我試圖追查它的作者，但沒有成功。我想對他表示感謝，因為他不僅刺激了我對這個主題的思考，還提供了有用的概念和例子。

49. "The Malling of the Mall."

矽谷神祕屋

1. 關於莎拉‧溫徹斯特的生活和她的房屋的敘述，參見 William R. Rambo, ed .. Lady of Mystery (Santa Clara: Rosicrucian Press, 1967); Phyllis Zauner, Those Spirited Women of the Early West (Sonoma. Calif .: Zanel Publications, 1989); Laura Bergheim, Weird, Wonderful America (New York: Collier, 1988)。

2. 谷地過往的樣貌，參見 Yvonne Jacobson, Passing Farms, Enduring Values: California's Santa Clara Valley (Los Altos, Calif .: William Kaufmann, 1984)。

3. Roger Miller and Marcel Cote, Growing the Next Silicon Valley: A Guide for Successful Regional Planning (Lexington,

Mass .: Lexington Books, 1987). See also Peter Hall and Ann Markusen, eds., Silicon Landscapes (Boston: Allen and Unwin, 1985).

4. Frederick Emmon Terman, "The Electrical Engineering Research Situation in the American Universities," *Science*, vol. LXV, no. 1686 (April 22, 1927), p. 386.

5. Quoted in A. Bernstein et al., *Silicon Valtey: Paradise or Paradox?* (Mountain View, Calif .: Pacific Studies Center, 1977).

6. Everett M. Rogers and Judith K. Larsen, *Silicon Valley Fever: Growth of High-Technology Culture* (New York: Basic Books, 1984), pp. 32-34.

7. 針對惠普公司的描述和它對矽谷的影響，參見 Michael S. Malone, "The Aristocrats," in The Big Score: The Billion-Dollar Story of Silicon Valley (New York: Doubleday, 1985), pp. 25-49。

8. James Treybig, quoted in *The Big Score*, p. 285.

9. 威廉・肖克利・羅伯特・諾伊斯其他矽谷名人的小傳和照片，見 Carolyn Caddes, *Portraits of Success: Impressions of Silicon Valley Pioneers* (Palo Alto: Tioga Publishing, 1986)。

10. 關於軍事承包商在矽谷發展過程中的角色分析，見 AnnaLee Saxenian, "Silicon Chips and Spatial Structure: The Industrial Basis of Urbanization in Santa Clara County, California," Institute of Urban and Regional Development, University of California, Berkeley, Working Paper 345, March 1981。

11. 美國在國際微電子領域的相對地位，參見以下討論：Michael Borus, *Competing for Control: America's Stake in Microelectronics* (New York: Ballinger, 1988)。

12. 關於矽谷工作情況的描述，可參考 Lenny Siegel and John Markoff, *The High Cost of High Tech: The Dark Side of the Chip* (New York: Harper and Row, 1985) and Dennis Hayes, *Behind the Silicon Curtain: The Seductions of Work in a Lonely Era* (Boston: South End, 1989)。

13. *The High Cost of High Tech*, p. 149.

14. 引自 Robert Howard, *Brave New Workplace* (New York: Viking, 1985), p. 136。

15. 關於矽谷的社會分歧及後果的討論，見 AnnaLee Saxenian, "Urban Contradictions of Silicon Valley: Regional Growth and the Restructuring of the Semiconductor Industry," in *International Journal of Urban and Regional Research*, vol. 7 (June 1983), pp. 237-61; and "Silicon Valley and Route 128: Regional Prototypes or Historic Exceptions?" in Manuel Castells, ed., *High Technology, Space, and Society*, vol. 28 of *Urban Affairs Annual Reviews* (Beverly Hills: Sage, 1985), pp. 81-105。

16. *San Jose Mercury News*, editorial, February 27, 1983.

17. Susan Yoachum et al., "Clean Industry, Dirty Water," 特別報告的重印本 (San Jose: *San Jose Mercury News*, 1983)。關於環境組織對這些問題所做的努力，見 "Ted Smith, Environmental Activist," chapter 18 of Thomas Mahon. *Charged Bodies: People, Power, and Paradox in Silicon Valley* (New York: New American Library, 1985)。

18. 引自日本通商產業省 (MITI) 發布的準則，引文者為 Sheridan Tatsuno, *The Technopolis Strategy: Japan, High Technology, and the Control of the Twenty-First Century* (New York: Prentice-Hall, 1986), p. 128。

19. 關於日本科技城市規畫，與投入複製美國矽谷或其他地方的行動，這兩者之間的比較，見 Raymond W. Smilor, George Zozmetsky, and David Gison, eds., *Creating the Technopolis: Linking Technology Commercialization and Economic Development* (New York: Ballinger, 1988)。

20. *The Electronic Supervisor: New Technology, New Tensions* (Washington, D.C .: Congress of the United States, Office of Technology Assessment. 1987), OTA-CIT-333.

21. Stewart Brand, quoted in Siegel and Markoff, *The High Cost of High Tech*, p. 204.

22. Rogers and Larsen, *Silicon Valley Fever*, p. 276. 我對這類思想的批評，見 "Mythinformation," chapter 6 in *The Whale and the Reactor: A Search for Limits in an Age of High Technology*. (Chicago: University of Chicago Press,

1986)。

新城市，新邊疆：猶如蠻荒西部的下東城

本文的部分研究工作受到美國國家科學基金會（National Science Foundation）SE87-13043 號基金的贊助，並借鑒了早期的一篇文章〈湯普金斯廣場公園：騷亂、租金和紅人〉（Tompkins Square Park: Riots, Rents and Redskins），發表於《帶走下東城》（The Portable Lower East Side）6.1（1989）。感謝 Kurt Hollander、Sara Bershtel 和 Michael Sorkin 提出的寶貴意見和批評。

1. Michael Wines, "Class Struggle Erupts Along Avenue B," *New York Times*, Aug. 10, 1988.

2. Leslie Gevirtz, "Slam Dancer at NYPD," *Village Voice*, Sept. 6, 1988; David E. Pitt, "PBA Leader Assails Report on Tompkins Square Melee," *New York Times*, Apr. 21, 1989.

3. Bill Weinberg, "Is Gentrification Genocide? Squatters Build an Alternative Vision for the Lower East Side," *Downtown*, no. 181 (Feb. 14. 1990), p. 1a.

4. Sarah Ferguson, "Should Tompkins Square Be Like Gramercy?" *Village Voice*, June 11, 1991; Dinkins is quoted in John Kifner, "New York Closes Park to Homeless," *New York Times*, June 4, 1991.

5. Joel Rose and Catherine Texier, eds., *Between C & D: New Writing from the Lower East Side Fiction Magazine* (New York: Penguin, 1988), p. xi; Jerome Charyn, *War Cries Over Avenue C* (New York: Donald I. Fine, 1985), p. 7.

6. Carr, "Night Clubbing," p. 17.

7. 作者註 8：Philip S. Foner, *The Labor Movement in the United States*, vol. 1 (New York: International Publishers, 1978), p. 448. 也可參見 Richard Slotkin, *Fatal Environment: The Myth of the Frontier in the Age of Industrialization 1800-1890* (New York: Atheneum, 1985). p. 338。關於這場暴動的最佳描述來自 Herbert Gutman, "The Tompkins Square 'Riot' in New York City on January 13, 1874: A Re-examination of Its Causes and Its Aftermath," *Labor History*, vol. 6 (1965), p. 55。

8. Gutman, "Tompkins Square 'Riot.'"

9. Roland Barthes, *Mythologies* (New York: Hill & Wang, 1972), p. 129; Slotkin, *Fatal Environment*, pp. 16, 21-32.

10. "Ludlow Street," *New Yorker*, Feb. 8, 1988, p. 29.

11. *New York Times*, Mar. 27, 1983.

12. *New York Times Magazine*, Aug. 6, 1989, p. 37.

13. *New York Times*, Feb. 8, 1990.

14. Ibid.

15. Ibid.

16. Slotkin, *Fatal Environment*, pp. 33, 47.

17. Ibid., p. 375.

18. rederick Jackson Turner, *The Frontier in American History* (New York: Holt, Rinehart and Winston, 1958).

19. Walter Robinson and Carlo McCormick, "Slouching Toward Avenue D." *Art in America*, vol. 72, no. 6 (1984), pp. 138, 158.

20. Roger Ricklefs, "The Bowery Today: A Skid Row Area Invaded by Yuppies," *Wall Street Journal*, Nov. 13, 1988. See also Kim Levin, "The Neo-Frontier," *Village Voice*, Jan. 4, 1983.

21. Robinson and McCormick, "Slouching Toward Avenue D," pp. 138, 158; Nicolas Moufarrege, "Another Wave, Still More Savagely Than the First: Lower East Side, 1982," *Arts*, vol. 57, no. 1 (1982), p. 73; Moufarrege, "The Years After," *Flash Art*, no. 118 (1984), p. 51.

22. Rosalyn Deutsche and Cara Gendel Ryan, "The Fine Art of Gentrification," *October*, vol. 13 (1984), p. 92.

23. Craig Owens, "Commentary: The Problem with Puerilism," *Art in America*, vol. 72, no. 6 (1984), pp. 162-63.

24. Anne E. Bowler and Blaine McBurney, "Gentrification and the Avant Garde in New York's East Village: The Good, the Bad and the Ugly." 此為美國社會學協會 (American Sociological Association) 年會發表論文，Aug. 1989, San Francisco, pp. 25, 27。

25. Robinson and McCormick, "Slouching Toward Avenue D," p. 135.

26. Gwendolyn Wright, *Building the Dream: A Social History of Housing in America* (Cambridge, Mass .: MIT, 1981), p. 123.

27. Regional Plan Association of America, *New York Regional Plan* (New York: RPA, 1929), quoted in Martin Gottlieb, "Space Invaders: Land Grab on the Lower East Side," *Village Voice*, Dec. 14, 1982.

28. Gottlieb, "Space Invaders."

29. Craig Unger, "The Lower East Side: There Goes the Neighborhood," *New York*, May 28, 1984, pp. 32-41; Anthony DePalma, "Can City's Plan Rebuild the Lower East Side?" *New York Times*, Oct. 14, 1988.

30. Frank DeGiovanni, *Displacement Pressures in the Lower East Side*. Community Services Society of New York, Working Paper, 1987. p. 27.

31. Diana Shaman, "Lower East Side Buildings Rehabilitated," *New York Times*. Apr. 1. 1988.

32. Unger. "The Lower East Side."

33. Neil Smith. "Toward a Theory of Gentrification: A Back to the City Movement by Capital not People," *Journal of the American Planning Association* vol. 45 (1979), pp. 538-48; Eric Clark. *The Rent Gap and Urban Change* (Lund: Lund University Press, 1987).

34. Gottlieb. "Space Invaders."

35. 引自 1986 年與布魯克林區不動產經理人山姆・貝斯 (Sam Bass) 的訪談。

36. Doug Henwood. "Subsidizing the Rich," *Village Voice*, Aug. 30, 1988, p. 10; see also Peter Marcuse, "Abandonment, Gentrification, and Displacement: The Linkages in New York City," in Neil Smith and Peter Williams, eds., *Gentrification of the City* (Boston: Allen and Unwin. 1986).

37. 引自與哈林區都市開發公司執行長唐納德・科斯維爾 (Donald Cogsville) 的訪談，1984 年 4 月 20 日。Neil Smith and Richard Schaffer, "Harlem Gentrification-A Catch-22?" *New York Affairs*, vol. 10 (1987), pp. 59-78.

38. Lisa Foderaro, "ABC's of Conversion: 21 Loft Condos," *New York Times*, Mar. 22, 1987. For a mapping of the gentrification frontier, see Neil Smith, Betsy Duncan, and Laura Reid. "From Disinvestment to Reinvestment: Tax Arrears and Turning Points in the East Village," *Housing Studies*, vol. 4 (1989), pp. 238-52.

39. Oreo Construction Services, *An Analysis of Investment Opportunities in the East Village* (cited in Richard Goldstein, "Here Comes the Neighborhood," *Village Voice*. Mar. 2, 1982).

40. Leslie Bennetts, "16 Tenements to Become Artist Units in City Plan," *New York Times*, May 4. 1982; Maurice Carroll, "A Housing Plan for Artists Loses in Board of Estimates," *New York Times*, Feb. 11, 1983; Deutsche and Ryan, "The Fine Art of Gentrification," pp. 100-102.

41. Lisa Glazer, "Heavenly Developers: Building Houses for the Poor Rich?" *Village Voice*, Oct. 11. 1988; Matthew Reiss, "Luxury Housing Opposed by Community," *The New Common Good*, July 1988, p. 15.

42. William R. Greer, "The Fortunes of the Lower East Side Are Rising," *New York Times*, Aug. 4, 1985.

43. Quoted in Deirdre Carmody, "New Day Is Celebrated for Union Square Park," *New York Times*, Apr. 20, 1984.

44. Carter Wiseman, "The Housing Squeeze-It's Worse Than You Think." *New York*. Oct. 10. 1983. p. 54; Nicolas Moufarrege, "Another Wave."

45. Michael Jager. "Class Definition and the Esthetics of Gentrification: Victoriana in Melbourne." In Smith and Williams, *Gentrification*, pp. 79-80.83. 85.

46. *New York Regional Plan*, quoted in Gottlieb, "Space Invaders," p. 16.

47. 引自 Unger. "The Lower East Side," p. 41; Gottlieb, "Space Invaders." p. 13。

48. Wills quoted in Peter Marcuse, "Neutralizing Homelessness," *Socialist Review*. vol. 80. no. 1 (1988), p. 70.

49. Friedrich Engels. *The Housing Question* (Moscow: Progress Publishers, 1975 ed.). pp. 71, 73-74.

50. Kristin Koptiuch. "Third-Worlding at Home, " *Social Text*, vol. 28 (1991). pp. 87-89.

51. Cindi J. Katz. "A Cable to Cross a Curse: Everyday Cultural Practices of Resistance and Reproduction Among Youth in New York City," *Socialist Review* (1991. forthcoming); "Sow What You Know: The Struggle for Social Reproduction in Rural Sudan," *Annals of the Association of American Geographers*, vol. 81, no. 3 (1991, forthcoming).

52. Koptiuch, "Third-Worlding at Home." 湯姆・沃爾夫 (Tom Wolfe) 把紐約絕望地描繪成白人中上階層無法控制的第三世界：*Bonfire of the Vanities* (New York: Farrar, Straus. and Giroux, 1987), p. 7, *inter alia*。

53. Harold M. Rose, "The Future of the Black Ghettos," in Gary Gappert and Richard V. Knight, eds., *Cities in the 21st Century*, Urban Affairs Annual Reviews. vol. 23 (Beverly Hills: Sage, 1982), pp. 139, 148.

深入外都市：橘郡十景

1. 摘自加州旅遊局出版的《加州》（*The Californias*）裡的廣告，這是一本「144 頁的免費旅遊指南，為人們帶來認識加州的全新眼光」。

2. Allen J. Scott. "New Frontiers of Industrial-Urban Development: The Rise of the Orange County High Technology Complex, 1955-1984," chapter 9 in *Metropolis: From the Division of Labor to Urban Form* (Berkeley: California. 1988), pp. 167-71.

3. Umberto Eco. *Travels in Hyperreality*, trans. William Weaver (San Diego: Harcourt, 1986), p. 13. Other quotations in this section are taken from pp. 18, 40-41, 43-46, 58.

4. *Orange Coast*, July 1990. p. 46.

5. 尼克森總統訪談，*Orange Coast*, July 1990, p. 77。

6. 這段和後面的引文，來自 Leon Whiteson, "Campus by Design-UC Irvine Hopes to Avoid Boring, Boxy Buildings and Add a Degree of Sophistication As It Expands," *Los Angeles Times*, Dec. 12. 1988

7. Jean Baudrillard, *America*, trans. Chris Turner (London: Verso, 1988), p. 8.

8. Maria L. La Ganga, "Mixing It Up in Irvine-City's First Bar Carries the Official Stamp of Approval for Style, Location, Appeal," *Los Angeles Times*, Dec. 12, 1988.

9. "The Sky's the Limit! Steel and Concrete Fly as Developments Boom." *Airport Business Journal*, Sept. 1984, p. 18.

10. Jean Baudrillard, *America*, p. 7.

11. Allen Temko, "The Fine Sound and Flawed Design of a Grand Orange County OCPAC," *Los Angeles Times*, Dec. 20, 1987.

12. Baudrillard, *America*, p. 28.

13. Peter Halley, "Notes on Nostalgia," in *Peter Halley Collected Essays 1981-1987* (Zurich: Bruno Bischofberger Gallery, 1988), p. 135.

14. Mark Landesbaum and Heidi Evans, "Mission Viejo: Winning Is the Only Game in Town," *Los Angeles Times*, Aug. 22, 1984.

15. See M. Moskowitz, M. Katz, and R. Lovering, eds., *Everybody's Business-The Irreverent Guide to Corporate America* (New York: Harper and Row. 1980), p. 52.

16. James S. Granelli, "Prokerages Find a Gold Mine in Leisure World," *Los Angeles Times*, Feb. 2, 1986.

17. George Frank. "Urban Sprawl: A New Foe Surrounds the Military," *Los Angeles Times*, Dec. 24, 1988.

18. 關於從中心城市「大洛杉磯地區」（Great Los Angeles Region，GLARE）向外輻射 96 公里範圍內，一連串軍事城牆的高空之旅，請參閱 Edward W. Soja 著《*Postmodern Geographies*》（London: Verso, 1989）第九章。

19. Fred Grumm, "Make-Believe Sunshine in the Shadows of San Onofre," *Los Angeles Times*, Oct. 11, 1987.

20. Frank, "Urban Sprawl."

21. Richard Beene and John Broder, "Fire at TRW Delays Final Testing of Alpha Laser, Key 'Star Wars' Weapon," *Los Angeles Times*, Jan. 29, 1988.

22. Reported in the Los Angeles *Daily Journal*, Mar. 24, 1987.

飛天遁地：打造假城市

1. William H. Whyte, *City: Rediscovering the Center* (New York: Doubleday, 1988), p. 199.

2. Charles Moore, "You Have to Pay for the Public Life," in *Perspecta*, nos. 9-10 (1965), pp. 57-106.

3. Le Corbusier, *Towards a New Architecture*, trans. Frederick Etchells (London: Architectural Press, 1927), p. 59.

4. Judith Martin, quoted in the special Skyways issue of *Design Quarterly*, no. 129, p. 21.

5. Jaquelin Robertson, "Private Space in the Public Realm," ibid., p. 7.

6. William H. Whyte, *City* (New York: Doubleday, 1988), p. 203.

7. 珍・莫里斯關於加拿大城市的文章，及其對卡加利、多倫多和蒙特婁類似領域的洞見評論，都收錄在 City to City (Toronto:Macfarland, Walter, and Ross, 1990)。

8. "Vincent Ponte-A New Kind of Urban Designer," *Art in America*, vol. 57 (Sept .- Oct., 1969), p. 66.

9. David Brown, "The Indoor City: From Organic Beginning to Guided Growth" in Bryan Demchinsky, ed., *Grassroots, Greystones, and Glass Towers* (Montreal: Vehicule Press, 1989), p. 72.

10. Ibid., p. 77.

11. Vincent Ponte, quoted in William H. Whyte, *City*, p. 198.

洛杉磯要塞：都市空間的軍事化

1. 全美暴力肇因暨防治委員會。*To Establish Justice, to Ensure Domestic Tranquility* (Final Report; Washington D.C .: USGPO, 1969.)

2. 引述自 John F. Kasson, *Amusing the Million* (New York: Hill and Wang, 1978), p. 15。

3. *Los Angeles Times*, Nov. 4, 1978.

4. Ibid., Dec. 24, 1972.

5. N. David Milder, "Crime and Downtown Revitalization," *Urban Land*, Sept. 1987, p. 18.

6. Tom Chorneau, "Quandary Over a Park Restroom," *Downtown News*, Aug. 25, 1986.

7. See "Cold Snap's Toll at 5 as Its Iciest Night Arrives," *Los Angeles Times*, Dec. 29, 1988.

8. Ibid., June 17, 1990.

9. 關於蓋瑞的作品，最完整的目錄見 Peter Arnell 和 Ted Bickford 編輯的 *Frank Gehry: Buildings and Projects* (New York: 1985)

10. Milfred Friedman, ed., *The Architecture of Frank Gehry*, (New York: 1986), p. 175.

11. Pilar Viladas, "Illuminated Manuscripts," *Progressive Architecture*, Oct. 1986, pp. 76, 84.

12. See David Ferrell's articles in the *Los Angeles Times*, Aug. 31 and Oct. 16, 1987.

13. Ibid., Oct. 7, 1987.

14. Jane Bukwalter, "Securing Shopping Centers for Inner Cities," *Urban Land*, Apr. 1987, p. 24.

15. Ibid.

16. Richard Titus, "Security Works," *Urban Land*, Jan. 1990, p. 2.

17. Buckwalter, "Securing," p. 25.

18. *Los Angeles Daily News*, Nov. 1, 1987.

19. Interview, Fox News, Mar. 1990.

20. *Los Angeles Times*, July 25, 1989.

21. Jim Carlton, quoted in *Los Angeles Times*, Oct. 8, 1988.

22. 引述自 *Los Angeles Times*, Aug. 29, 1988。

23. Interviews with LAPD personnel; also Don Rosen, "Bleu Thunder," *Los Angeles Herald Examiner*, May 28, 1989.

24. Charles Murray, "How to Win the War on Drugs," *New Republic*, May 21. 1990, pp. 19-25.

25. *Los Angeles Times*, Sept. 22 and 25, 1986.

待售城市：在南街海港，歷史是門好生意

這篇文章的主題在作者的書中有進一步的闡述：《集體記憶之城：其歷史意象與建築娛樂》（*The City of Collective Memory: Its Historical Imagery and Architectural Entertainments*）。

1. Guy Debord, *Society of the Spectacle*, no. 34 (Detroit: Black and Red, 1983); T. J. Clark, *The Painting of Modern Life: Paris in the Art of Manet and His Followers* (London: Thames and Hudson, 1985), pp. 9, 23, 78.

2. Susan Buck-Morss, *The Dialectics of Seeing: Walter Benjamin and the Arcades Project* (Cambridge: MIT, 1989), pp. 89-91.

3. Richard Altick. *The Shows of London* (Cambridge: Harvard, 1978); Renzo Dubbini. "Views and Panoramas: Representations of Landscapes and Towns," *Lotus*, no. 52 (1986), pp. 98-111.

4. Altick. *Shows of London*, pp. 136, 147, 188.

5. Jay Caplan. *Framed Narratives: Diderot's Genealogy of the Beholder* (Minneapolis: Minnesota, 1985).

6. Jack W. McCullough, "Edward Kilanyi and American Tableaux Vivants," *Theatre Survey*, vol. 16 (1975), pp. 25-41.

7. Umberto Eco. "Innovation and Repetition: Between Modern and Postmodern Aesthetics," *Daedalus*, Fall 1985, pp. 161-84.

8. Peter Handke, "Short Letter, Long Farewell," quoted in Jerome Klinkowitze and James Knowlton. *Peter Handke and the Postmodern Transformation* (Columbia: Missouri, 1983), p. 44.

9. D. W. Meining, "Symbolic Landscapes," in *The Interpretation of Ordinary Landscapes* (New York: Oxford, 1979), pp. 165-67.

10. "The Sky-line of New York (1881-1897)," *Harper's Weekly*, vol. 41 (Mar. 20, 1897), p. 292.

11. Michel Foucault. *The Archaeology of Knowledge*, trans. A. M. Sheridan Smith (New York: Pantheon, 1972), p. 14.

12. "Video Cassettes Bring History to Life," *New York Times*, Jan. 4, 1986.

13. Andrew Britton, "Blissing Out: The Politics of Reaganite Entertainment," *Movie*, nos. 31-32 (1986), pp. 1-42; and M. Christine Boyer, "The Return of Aesthetics to City Planning," *Society*, vol. 25, no. 4 (May-June 1988), pp. 49-56.

14. David Harvey, *The Condition of Postmodernity* (New York: Basil Blackwell, 1989).

15. "America's Hot Cities," *Newsweek*, Feb. 6, 1989, pp. 42-50.

16. John K. Ryans, Jr., and William L. Shanking, *Guide to Marketing for Economic Development: Competing in America's Second Civil War* (Columbus: Publishing Horizons, 1986).

17. *New York Ascendant* is the title of the report of the Commission on the Year 2000 (New York: Harper and Row, 1988).

18. *The WPA Guide to New York City* (New York: Pantheon, 1982), pp. 80-84.

19. James Felt and Co., Voorhees, Walker Foley & Smith, *Recommendation for a Redevelopment Study of Lower Manhattan South of Fulton Street*, June 12, 1950; David Rockefeller, John D. Butt, *Lower Manhattan Recommended Land Use Redevelopment Areas and Traffic Improvements* (New York: Lower-Manhattan Association, 1958); "Back to the Waterfront: Chaos or Control?" *Progressive Architecture*, vol. 47, no. 8 (Aug. 1966), pp. 128-39; New York City Planning Commission, *The Lower Manhattan Plan* (New York: NYC Planning Commission, 1966); and Hilary Silver, "The Last Frontier: Politics and Redevelopment on the New York Waterfront" (unpublished paper, 1988).

20. Nancy Bloom and Jo Ellen Freese, "Planning for the Preservation of South Street Seaport"（未發表，哥倫比亞大學，1977）。這篇報告來自數個訪談，包含曼哈頓下城開發辦公室的 Robin Burns、紐約州海事博物館的 Brian McMahon 和國家海事歷史學會的 Peter Standford，以及多篇已出版的報告、契約與 *New York Times* 的文章（Dec. 17, 1966, Oct.15, 1967, Mar. 28 and Dec. 18, 1968, June 11, 1970, and July 30, 1973）。

21. Rouse Company, McKeown & Franze, the Ehrenkrantz Group, *The Final EIS Statement: Seaport Market Place*, Sept. 1980.

22. Ronald M. Blatman, "The Misuse of Mixed-Use Centers." *Real Estate Review*, vol. 13. no. 2 (Summer 1983), pp. 93-96.

23. Dean MacCannell. *The Tourist: A New Theory of the Leisure Class* (New York: Schocken, 1976).

24. Michael Wallace, "Visiting the Past," in Susan P. Benson, Stephen Brier, and Roy Rosenzweig, eds., *Presenting the Past* (Philadelphia: Temple. 1986), pp. 148-49.

25. Gail Faurschou, "Obsolescence and Desire: Fashion and the Commodity Form," in H. J. Silverman, ed., *Philosophy and the Arts* (New York: Routledge, 1990), pp. 234-59.

26. Louis Marin, *Utopics: Spatial Play* (Atlantic Highlands, N.J .: Humanities Press, 1984), pp. 203-19; Umberto Eco, *Travels in Hyperreality*, trans. William Weaver (New York: Harcourt, 1983), p.43.

27. Rachel Bowlby, *Just Looking: Consumer Culture in Dreiser, Gissing, and Zola* (New York: Methuen, 1985), pp. 18-24: Philip Fisher, *Hard Facts: Setting and Form in the American Novel* (New York: Oxford, 1985), p. 133.

28. Susan Stewart, *On Longing: Narratives of the Miniature, the Gigantic, the Souvenir, the Collection* (Baltimore: Johns Hopkins, 1984), pp. 23, 135, 147.

29. Ellen Fletcher, "Museum Program Plan," Aug. 7, 1984, and Snedcof, *Cultural Facilities*.

30. 「南街海港博物館規畫會議」，1976 年 11 月 7 日。勞斯公司沒有繳納房地產稅和租金給市政府，而是向博物館支付每平方公尺約 38 美元或者零售商租金收入的 15%，以兩者中金額較高的為主。另外，在支付其營運成本和債務利息之後，再扣除 15% 的預期投資回報，其商業收入將與博物館平分。博物館也會跟城市跟州政府分享其租金收入作為回饋，因為實際上這些財產是向城市跟州政府租賃來的。Snedcof, *Cultural Facilities*; Rouse Company, et al., *Final EIS Statement*. 公共資金為南街海港的私人投資發揮了重要的作用：公共開發成本，共計 6105 萬美元（修復博物館街區，430 萬美元；改善富爾頓魚市場，330 萬美元；加固和修復謝莫洪排屋，1000 萬美元；改善基礎設施和建設海濱街景，2300 萬美元；建設碼頭平台和行人步道，2045 萬美元）；私人開發成本，總計 2.895 億美元（海港廣場辦公大樓，1.76 億美元；開發面向富爾頓街的三個街區〔市場、博物館、Telco 街區〕；碼頭涼亭和改善謝莫洪排屋的零售空間，1.025 億美元；開發多螢幕劇院，300 萬美元；開發博物館和謝莫洪排屋的出租辦公室，800 萬美元）。以上資料為南街海港博物館檔案彙編，由 Snefcof 編寫，第 173 頁。

31. Sut Jhally, *The Codes of Advertising: Fetishism and the Political Economy of Meaning in the Consumer Society* (New York: St. Martin's. 1987), pp. 130-31; Sut Jhally, "The Political Economy of Culture," in Ian Angus and Sut Jhally, *Cultural Politics in Contemporary American Society* (New York: Routledge, 1989), pp. 65-81.

32. 尼爾‧史密斯 (Neil Smith) 在〈縉紳化、邊疆與都市空間的重構〉(Gentrification, the Frontier, and the Resturing of Urban space) 一文中也用「先鋒」和「邊疆」作為隱喻手段，提出了同樣的論點。參見 Neil Smith 和 Peter Williams 主編的《城市的縉紳化》(*Gentrification of the City*, Boston: Allen and Unwin, 1986)，頁 15-34。

咱們迪士尼樂園見

1. "Inaugural Address of the Prince Consort Albert, May 1, 1851," quoted in Wolfgang Freibe, *Buildings of the World Exhibitions* （Leipzig: Editions Leipzig, 1985）. p. 13.

2. Zbigniew Brzezinski, *Between Two Ages: America's Role in the Technotronic Era* （New York: Viking, 1976）, quoted in Collettivo Strategie, *Strategie* （Milan: Macchina Libri, 1981） included in Tony Solomonides and Les Levidow, eds., *Compulsive Technology: Computers as Culture* （London: Free Association, 1985）, p. 130.

3. Lev Kuleshov, "Art of the Cinema." in Ronald Levaco, *Kuleshov on Film: Writings by Lev Kuleshov* （Berkeley: California, 1974）, p. 52.

4. Stewart Ewen, *All Consuming Images: The Politics of Style in Contemporary Culture* （New York: Basic Books, 1988）, pp. 204-5.

5. *New York Times*, February 10, 1990.

6. Herbert Marcuse, "The End of Utopia." in *Five Lectures* （Boston: Beacon. 1970）. p. 69.

Common 75

失根城市
當代都市的斷裂、擬仿與公共空間的消失

編　　　　著	邁克爾·索金
共 同 作 者	瑪格麗特·克勞福德、蘭登·溫納、尼爾·史密斯、愛德華·索雅、特雷弗·波迪、邁克·戴維斯、M·克莉斯汀·博耶
譯　　　　者	賴彥如
部分章節審定	侯志仁
校　　　　對	魏秋綢
封 面 設 計	馮議徹
內 頁 排 版	謝青秀
責 任 編 輯	楊琇茹
行 銷 企 畫	陳詩韻
總 　 編 　 輯	賴淑玲
出 　 版 　 者	大家出版／遠足文化事業股份有限公司
發　　　　行	遠足文化事業股份有限公司（讀書共和國出版集團）
地　　　　址	231 新北市新店區民權路 108-2 號 9 樓
電　　　　話	(02)2218-1417
傳　　　　真	(02)8667-1065
劃 撥 帳 號	19504465 戶名｜遠足文化事業有限公司
法 律 顧 問	華洋法律事務所 蘇文生律師
I　S　B　N	978-626-7283-61-5 9786267283592（PDF） 9786267283608（EPUB）
定　　　　價	580 元
初　　　　版	2024 年 03 月

VARIATIONS ON A THEME PARK: The New American City and the End of Public Space by Michael Sorkin
Copyright © 1992 by Michael Sorkin
Copyright © 1992 by Langdon Winner
Copyright © 1992 by Trevor Boddy
Copyright © 1992 by Margaret Crawford
Copyright © 1992 by Neil Smith
Copyright © 1992 by Edward W. Soja
Copyright © 1990 by Mike Davis
Copyright © 1992 by M. Christine Boyer
Published by arrangement with Hill and Wang, a division of Farrar, Straus and Giroux, New York.
Traditional Chinese edition copyright: Common Master Press, an imprint of Walkers Cultural Enterprises, Ltd. All rights reserved.
Jacket image: Paul Citroen (1896-1983), Metropolis, 1923. Gelatin silver print, 8 x 6′ (20.3 x 15.3 cm). Thomas Walther Collection. Gift of Thomas Walther. Acc. no.: 1651.2001.
2024©Photo Scala, Florence/ 2004 Museum of Modern Art (MoMA), New York, USA

國家圖書館出版品預行編目 (CIP) 資料

失根城市：當代都市的斷裂、擬仿，與公共空間的消失 / 邁克
爾 . 索金 (Michael Sorkin) 編著 ; 賴彥如譯 . -- 初版 . -- 新北市 : 大
家出版 , 遠足文化事業股份有限公司 , 2024.03
　　面 ;　　公分 . -- (Common ; 75)
譯自 : Variations on a theme park : the new American city and the
end of public space
ISBN 978-626-7283-61-5(平裝)

1. CST: 都市 2. CST: 都市計畫 3. CST: 空間設計 4. CST: 美國

545.14   113000562